AtV

HORST HERRMANN, Jahrgang 1940, war von 1970 bis 1981 Professor der Theologie an der Universität Münster. Seither lehrt er als ordentlicher Professor der Religionssoziologie in Münster. Er gilt als profiliertester Vertreter seines Fachgebietes und hat zahlreiche vielbeachtete Bücher veröffentlicht.

Im Aufbau Taschenbuch Verlag erschien von ihm »Martin Luther – Eine Biographie«. Im Verlag Rütten & Loening ist lieferbar: »Lexikon der kuriosesten Reliquien«.

Es gehört noch immer zu den Tabus der Kirchengeschichte: Viele Päpste haben – bei gleichzeitiger Betonung der Zölibatspflicht – Kinder gezeugt und sie nach Kräften gefördert. Für Papstkinder wurden nicht nur auf Kosten der Kirche Hochzeiten ausgerichtet, sondern der Nachwuchs wurde auch in höchste Positionen gehievt. Verschiedene anerkannte Päpste waren selbst Söhne früherer in den offiziellen Listen geführter Päpste. Bis in das 20. Jahrhundert reichen die Beispiele dieser besonderen Verwandtschaftspflege, auch wenn sich die neueren Exempel verschämter ausmachen als zu den Zeiten eines Alexander VI. Borgia, den die Amtskirche fälschlicherweise zur Ausnahme von der Regel erklären will.

Horst Herrmann

Die Heiligen Väter

Päpste und ihre Kinder

Aufbau Taschenbuch Verlag

ISBN 3-7466-8110-3

1. Auflage 2004

Umschlaggestaltung Preuße & Hülpüsch Grafik Design
unter Verwendung eines Gemäldes von Fra Angelico, 1450
Druck C. H. Beck, Nördlingen
Printed in Germany

www.aufbau-taschenbuch.de

Für meine Söhne Fabian und Sebastian

»Als ich selber noch glaubte, wäre mir ein Buch dieser Art unglaubhaft erschienen, was sage ich, verrucht, sein Autor als schierer Teufel. Denn als gläubiger Katholik hatte ich, wie fast alle gläubigen Katholiken, von der Geschichte des Katholizismus keine Ahnung. Von solcher Ahnungslosigkeit lebt das Papsttum, seit es ein Papsttum gibt.«

K. Deschner, 1982

Inhalt

Etwas Licht fiel doch ins Dunkel

Das päpstliche Rom mühte sich im Frühjahr 2002 um die medienweit aufgedeckten Sexskandale seiner Priester in den USA, in Australien, Frankreich, Spanien, Italien, Polen, Österreich, Deutschland. Das geschah nicht aus freien Stücken. Wie üblich war der Vatikan von außen – und nicht von Theologen! – aufgeweckt worden. Das Augenmerk richtete sich auf pädophile Kleriker, lauter »Einzelfälle«. Der Vatikan war nicht zuletzt um die finanziellen Folgen der Affären besorgt. Sie ließen ihn Zigmillionen Spendengelder verlieren, die sich für »Seelsorgszwecke« hätten verwenden lassen. Papst Johannes Paul II. sprach pflichtgemäß von Schande und Scham.

Zwar schien sich die Kirche eher den Opfern und ihren Eltern zuwenden zu wollen, als wie gewohnt die Täter zu decken. Doch Grundprobleme des katholischen Amtsverständnisses wurden ausgeklammert. Der Pflichtzölibat und die auch im Postkatholizismus noch weit verbreitete Rollenerwartung an den tabuierten Beruf eines »geweihten Priesters«, ja des Papstamtes schlechthin waren offenbar keine Diskussion wert. Schon eine diesbezügliche Frage galt als inopportun. Würden solche Probleme offen angesprochen, wäre dies in der Tat für das System gefährlich: Sie reichen tief in das katholische Selbstverständnis hinein, auf sie stützen sich Einfluß und Macht der Päpste.

Kein Wunder, daß unter solchen Bedingungen eine historische Variante des Themas, nämlich die Kinder der Heiligen Väter, kaum in das Blickfeld gerät. Und wenn dies doch geschieht, dann ist meist von dem Renaissancepapst Alexander VI. Borgia die Rede. Unter den Schirm dieses Verfemten schlüpft allerdings manch ein Schlimmerer.

Das könnte sich ändern.

I.
Der Papst als Ehemann
Am besten bleibt alles in der Familie

»Und auf diesen Felsen will ich meine Kirche bauen, und die Pforten der Hölle werden sie nicht überwältigen.«

Mt 16, 18

»Seit Anfang der Kirche bieten sich ihren Kindern zwei Lebensformen an; die eine, um die Schwäche der Gebrechlichen zu schützen, die andere, um das Glück der Starken zu vollenden.«

Papst Honorius II., † 1130

Pintoricchio
Pius II.

Der Name Papst, *papa*, bedeutet »Vater«. Während in der kirchlichen Frühzeit auch Bischöfe und Äbte als *papa* angeredet wurden, engt sich der Gebrauch des Wortes im 5. Jahrhundert auf den römischen Bischof ein (H. Fuhrmann). Im 11. Jahrhundert wird schließlich dekretiert, daß sich nur dieser, jetzt als Papst betrachtet, mit dem Vater-Namen schmücken dürfe. Der Name wird Programm. Für andere machtpolitisch durchgesetzte Bezeichnungen wie *servus servorum Dei* (Diener der Diener Gottes) oder *vicarius Petri (Christi)*, also »Stellvertreter des hl. Petrus oder gar Christi auf Erden«, gilt dasselbe. An den verwandten Namen läßt sich ablesen, wessen Geistes Kind diejenigen waren, die sich so ansprechen ließen. Und was diejenigen empfunden haben müssen, die solche Bezeichnungen devotest benutzten.

Die offiziellen Titel des Papstes zeugen nicht von Demut. Sie lauten: »Bischof von Rom, Statthalter Jesu Christi, Nachfolger des Apostelfürsten, Summus Pontifex der gesamten Kirche, Patriarch des Abendlandes, Primas von Italien, Erzbischof und Metropolit der römischen Kirchenprovinz, Souverän des Staates der Vatikanstadt, Diener der Diener Gottes«. Diese Titulatur enthält ältere und neuere Bestandteile: Alt ist die Bezeichnung »römischer Bischof«, relativ jung (von 1929) die des »Souveräns des Staates der Vatikanstadt«. Der Titel »Statthalter (Stellvertreter) Christi«

verdrängte erst im 12. Jahrhundert, als er sich endlich durchsetzen ließ, die bis dahin gebräuchliche Bezeichnung »Statthalter des hl. Petrus«. Unbestritten oder gar biblisch ist kein einziger Papst-Titel.

Papst Johannes Paul II. verzichtete zwar auf den Gebrauch einiger vatikanischer Hoheitstitel von einst, nicht jedoch auf ihren Anspruch. So gebraucht er den früheren »Majestätsplural« nicht mehr. Er spricht wie andere Menschen auch inzwischen im Singular. Er sagt nicht mehr »Wir«, wenn er von sich spricht, sondern »Ich«. Er versucht damit, nicht nur der Vertreter einer Institution zu sein, sondern Mensch unter Menschen zu werden. Und doch ist da ein Haken: D. A. Seeber stellte fest, daß »bei einer so fordernden Sprache wie der Johannes Pauls II. das ›Ich‹ trotz liebenswürdiger Verbindlichkeit noch sehr viel autoritätsvoller erscheint als das distanzierte ›Wir‹«.

Eine internationale Kommission katholischer Theologen empfahl in den siebziger Jahren des 20. Jahrhunderts, der Papst möge Titel meiden, »welche die Gefahr eines Mißverständnisses in sich tragen« (Y. Congar). Unter diese fiel die Anrede »Heiliger Vater« nicht; sie blieb unbefragt und ist bis heute die gebräuchlichste geblieben.

Ganz ohne Mißverständnisse kann auch sie nicht bestehen. Da sich aber Theologen scheuen, sie zu hinterfragen, muß es erlaubt sein, sich ihrer anzunehmen. Beispielsweise ist nachzufragen, inwieweit Amtsinhaber Väter im Wortsinn waren – und das ihren Papsttitel schmückende Adjektiv »heilig« nicht wörtlich nahmen.

Der gängigen Theologie stellt sich trotz reicher Quellen das Problem nicht. Es liegt eine einzige Untersuchung vor (von A. Uhl), und das erst seit kurzem. Ansonsten wurde geschwiegen. Interessengelenkte Autoren, die vor allem im Dienst ihrer Kirche und weniger in dem der ganzen historischen Wahrheit stehen, schließen die Augen. Mein Seitenblick auf die Papstgeschichte gilt ihnen vor allem als ein Seitenhieb.

Solche und alle, die alles gut katholisch finden, wie es war und ist, werden mein Buch kaum schätzen. Ich bezweckte dies aber auch gar nicht und schrieb nicht für Leute, die im Pferch verblieben, im Gegenteil. Ich sehe keinen Anlaß, die auch in anderem Zusammenhang erhobene, verdächtige Forderung zu erfüllen, endlich einen Schlußstrich unter längst Bekanntes zu ziehen.

Abgesehen von der Tatsache, daß sich immer wieder Neues finden läßt oder Altes auf neue Weise dargestellt werden kann und muß (was anderes kann Wissenschaft, die ihren Namen verdient, denn leisten?): Jede neue Generation hat das Recht, über Personen und Taten der Vorväter informiert zu sein. Niemand kann ihr Recht und Pflicht bestreiten, sich ein eigenes Urteil zu bilden, gerade wenn das Recht auf umfassende Information in kirchlichen Kreisen, wo Quellen lieber zensiert als genutzt werden, noch so oft unterbunden wird.

Einer der am schwersten wiegenden Vorwürfe gegen die Catholica, deren Päpste weltweit die infantilste Religion hegen, bleibt die vieltausendfach belegte Tatsache, daß diese Kirche (Gottes-)Angst verbreitet und Menschen bewußt in Abhängigkeit hält, um eigene Macht zu beweisen und zu stabilisieren. Das biblische Bild vom Hirten und der Herde wird damit durch die Oberhirten der Kirche gründlich verwischt. Nicht der geringste, nicht der rarste, wohl aber der am seltensten aufgedeckte Fall von Mißbrauch.

Die Hofgeschichtsschreibung der Päpste widmet sich lieber der Frage, was es mit dem Adjektiv »heilig« in der Bezeichnung »Heiliger Vater« auf sich habe: Unter den 270 offiziell anerkannten Päpsten finden sich an die 80 Heilige, vor allem aus den frühesten Jahren des Papsttums, als es selbstverständlich erschien, einem Amtsträger die persönliche Heiligkeit zuzusprechen. Im zweiten Jahrtausend der Papstgeschichte wurden nur sieben Päpste zur Ehre der Altäre erhoben, zuletzt der höchst umstrittene Pius IX. (1846–1878) und der menschlich integre Johannes XXIII. (1958–1963). Beide wurden im Jahr 2001 seliggesprochen – von Johannes Paul II. (1978 ff.), der die eigene Öffentlichkeitswirkung sorgsam kalkuliert.

»*Heilige* Väter«? Gregor VII. (1073–1085), wahrscheinlich der Sproß eines Konkubinats, hatte den Weg gewiesen. Er behauptete, mit der vorschriftsmäßigen Amtseinführung würde jeder Papst persönlich heilig. Das Papstamt mache nämlich seinen Inhaber besser, wie er es selbst an sich gespürt habe. Im Gegensatz dazu stünde das Amt des Königs, das selbst gute Menschen schlechter mache.

Im 13. Jahrhundert, einer Zeit des blendenden Aufstiegs des Papsttums und dessen Stabilisierung durch Intrige, Bestechung, Parteiwechsel, Verrat und Krieg, wurde einmal mehr die Frage diskutiert, was Kirche sei. Eine häufige Antwort der zeitgenössischen, wie noch heute von der Gunst eines Papstes abhängigen, an Karriere interessierten Theologen lautete: »Der Papst, der die Kirche genannt werden kann« *(papa qui potest dici ecclesia)*.

Unter dieser Voraussetzung kann Kirchengeschichte als Papstgeschichte verstanden werden und die »Kriminalgeschichte des Christentums« (K. Deschner) durchaus als Geschichte der Papstverbrechen.

Unter diese zähle ich nicht die Tatsache, daß auch Heilige Väter Kinder zeugten; das liegt in der Natur der Sache. Kriminelle Energie verrät vielmehr, daß Kinder skrupellos auf Kosten der (kirchlichen) Allgemeinheit versorgt wurden. Und besondere Unmoral liegt in dem Umstand, daß alles von denselben Personen besorgt wurde, die gleichzeitig lautstark von der Notwendigkeit einer priesterlichen – und damit doch wohl auch bischöflichen und päpstlichen – Ehelosigkeit faselten und sich zudem von Amts wegen gegen jede Form von Verwandtenbereicherung *(Nepotismus)* wandten. Solche Doppelzüngigkeiten wären jedem anderen schlecht bekommen, dem Papsttum galten sie nicht einmal als Widerspruch. Im Gegenteil, sie passen genau in das Bild, ein weiteres Indiz für die Legitimation, Kirchen- und Papstgeschichte auch als Geschichte öffentlicher Doppelmoral, Heuchelei, Kriminalität zu sehen.

Viele mögen einfach nicht glauben, daß die Historie des Heils so heillos sein soll, die Geschichte der Heiligen so ganz und gar unheilig (K. Deschner).

Das könnte sich ändern.

Ich beabsichtige zwar keine »Papsthistorie« im üblichen Sinn, kein Psychogramm einzelner, irrender Personen. Doch die knappe Diagnose einer Institution darf es schon sein, in der solche Personen, solche Taten möglich waren, ja erst möglich wurden.

Es ist problematisch, fast 2000 Jahre zurückzublicken und sich in die Lage der Menschen zu versetzen, die damals lebten. Wie verzwickt dies ist, wird einem jeden klar, der versucht, 2000 Jahre vorauszuschauen und Aussagen zu machen. Und was für den Zeitraum von 2000 Jahren gilt, gilt ähnlich für geringere Abstände: Auch 500 oder 100 Jahre zurückzuschauen bleibt schwierig. Alles muß Annäherung bleiben, alles steht unter diesem Vorbehalt.

Daher macht es sich die Kirche zu einfach: Sie erklärt die frühen römischen Bischöfe für heilig, unabhängig von dem, was wir überhaupt von ihnen wissen können. Alle sind heilig, im Dutzend sind sie heilig. Mit nicht weniger Recht könnte auch von unheiligen Vätern gesprochen werden, zumal deren Reihe ungleich länger ist.

Freilich fing alles anders an.

Die Legende ist alt: Petrus war Fischer, bevor er zum Apostel gewählt, und Apostel, bevor er zum Ersten der Zwölf ausersehen wurde. Und sie hat eine Fortsetzung. Sie nimmt im Lauf der Kirchengeschichte unterderhand an Fülle und Ausschmückung zu und wird noch immer offiziell beibehalten: Petrus kam eines Tages nach Rom, wurde dort Gründer einer Christengemeinde, stieg schließlich zum ersten Bischof Roms auf, blieb fünfundzwanzig Jahre am Ort, durfte sich mit Recht auch Papst heißen lassen, sah viele Nachfolger auf seinem Stuhl voraus, starb in einer Verfolgungszeit um 64/67 n. Chr. am Kreuz (mit dem Kopf nach unten), wurde an der Stelle begraben, wo heute der Petersdom steht, und unter Papst Pius XII. (1939–1958) ebendort wieder aufgefunden.

An alldem stimmt nichts. Es kann sogar angenommen werden, daß ein Mann, der den Namen Simon und später »Petrus« (der Felsartige) geführt haben soll, nicht einmal historisch ist. Vielleicht diente er nur als Kunstfigur, als eine Art Kleiderständer, an dem alle Optionen des herkömmlichen wie des gegenwärtigen Petrusglaubens *(Petrinologie)* aufgehängt werden konnten. Es bleibt die Frage, ob er wirklich lebte. Selbst wenn dies bejaht wird, ist fraglich, ob er in Rom war. Und wenn dies stimmt, so braucht er dort keine Gemeinde gegründet zu haben. Selbst wenn er dies getan hätte, hat er sich doch nie als »Papst« verstanden. Und auch wenn er sich so gedeutet hätte, dürfte er wohl kaum mit einer Reihe von Nachfolgern gerechnet haben, schon gar nicht mit einer solchen wie der historischen Papstreihe.

Alle Fragen, Zweifel, Einwände zusammengenommen, bietet sich ein krauses geschichtliches Bild vom Papsttum. Der Fischer (und seine Frau: Wenn er gelebt hat, war Simon Petrus verheiratet und hatte wohl auch Kinder.) kann freilich nichts dafür, daß ein förmliches Papstmärchen entstand. Er ließ es sich sowenig wie Jesus aus Nazareth träumen, daß jene Institution, die sich bis in die gegenwärtige Dogmatik hinein auf ihn beruft, einmal milliardenschwer sein würde – und auf eine mörderische Tradition zurückblicken könnte. Wer aber noch heute an das Märchen glauben läßt und wer es aus Profitgründen und gegen besseres Wissen verteidigt, der kann etwas dafür.

»Du bist Petrus, und auf diesen Felsen will ich meine Kirche bauen. Und die Pforten der Hölle werden sie nicht überwältigen.« Dieses Wort, das zwischen den Konfessionen am meisten umstrittene Wort der Bibel, sprach Jesus nie. Es ist die Erfindung einer Nachwelt, die Jesus schon nicht mehr kannte. Die sogenannte Petrus-Verheißung (Mt 16, 18–19), auf die sich die kirchenfürstliche Ideologie und ihr Papst stützen, bildet einen nachträglichen Einschub. Sie ist eine gewollte spätere Zutat. Der irdische Jesus hat nichts mit ihr zu tun. Der neutestamentliche Text, mit dem Rom den Vorrang des Petrus und der Päpste *(Primat)* legitimieren wollte und noch immer will, gibt nichts Diesbezügliches her. Der traditionelle Argumentationsstrang Roms, eine machtbezogene Überinterpretation, ist weder historisch noch bibelkundlich zu belegen.

Jesus hat mit keinem Papst etwas gemein; das spricht für ihn.

Und nicht die »Pforten der Hölle« schafften es bisher nicht, die Felsenkirche zu überwältigen, sondern das römische Papsttum selber konnte die eigene Organisation bislang nicht zerstören. Ansätze gab es genug. Päpste setzten alles daran, durch Denken, Handeln, Lebenswandel die angebliche Verheißung ad absurdum zu führen. Gelungen ist es ihnen noch immer nicht ganz. Aber sie machten Jahrhundert für Jahrhundert Fortschritte in ihrem Zerstörungswerk.

Kein Wunder bei den Voraussetzungen, welche die höchsten Kirchenfürsten schufen: Der Apostel, auf den sie sich berufen, war selbst kein Bischof (oder gar Papst) in Rom. Ein Rom-Aufenthalt des Petrus ist nicht bewiesen. Die Mitteilung des Papstes Pius XII. vom Vorabend des Weihnachtsfestes 1950, das Petrusgrab sei endlich gefunden, stellte sich als fromme Lüge heraus. Auch wenn die einschlägige Literatur üppig wuchert, ist das wissenschaftlich haltbare Ergebnis gleich Null: Weder wurde ein Apostelgrab zweifelsfrei gefunden, noch stammen die aufgefundenen Knochen von Petrus. Im letzteren Fall hat es sogar peinliche Enthüllungen gegeben: Knochen, die zunächst als die eines alten Mannes identifiziert worden waren, wurden bei weiteren Untersuchungen als die mehrerer Menschen, darunter einer Frau, erkannt. Das unter St. Peter entdeckte gewaltige Gräberfeld weist eine Vielzahl vorchristlicher Mausoleen aus der Zeit zwischen 130 und 200 auf; nur ein einziges Mausoleum ist christlich ausgeschmückt. Und das sogenannte Petrusgrab, eine Nische, hat die Maße eines Kindergrabes.

Paul VI. ließ sich nicht überzeugen: Noch am 26. Juni 1968 predigte er, die »Reliquien des hl. Petrus« seien »in einer Weise identifiziert worden, die Wir als überzeugend annehmen können«. Lassen wir die Päpste bei ihrem Glauben; schließlich kann jeder glauben, was ihm am rentierlichsten erscheint. Und Profit ließ und läßt sich aus dem armen Petrus in Rom wahrhaftig machen. Gerade weil es ihn nicht gab, ist der römische Petrus so profitabel.

Warum Rom Hauptsitz eines bestimmten Glaubens werden mußte, leuchtet ein. Der politische und wirtschaftliche Rang der Hauptstadt des Imperiums verlangte nach einer solchen Entwicklung. Und die Hirten wären die letzten gewesen, sich den Erfordernissen der Epoche, dem Gebot der Stunde zu verschließen. Also mußte ein Gründer her, ein wichtiger Gründer, der wichtigste überhaupt: Petrus. Noch besser wäre Jesus gewesen, aber der war nicht zur Hand. Er war bereits »auferstanden« und konnte deshalb schlecht selbst in Rom gewesen sein. Aber die Römer behalfen sich. Sie schleppten alle möglichen Jesus-Reliquien in ihre Stadt und bastelten sich eine »Petrinologie« zusammen, die sich sehen lassen konnte. Und schon war der Zugriff auf den Erstapostel gesichert.

Um dem Ersatzglauben eine sichere Basis auf Erden zu schaffen, mußten Papst- und Kirchenfürstentum als Institutionen errichtet werden. An dieser Aufgabe arbeiteten die interessierten Kreise schon sehr früh. Freilich wurde Petrus, auf den sich später alles stützen sollte, noch im ausgehenden 2. Jahrhundert in Rom nicht als Bischof gezählt. Im

4. Jahrhundert ist plötzlich alles anders: Jetzt soll er fünfundzwanzig Jahre in Rom gewirkt haben. Und nach ihm sollen Bischof um Bischof, Papst um Papst an derselben Stelle gethront haben – alles eine Erfindung, um durch die »Geschlossenheit der Namensreihe« nachzuweisen, daß die mit Petrus einsetzende Tradition des römischen Stuhles ohne Unterbrechung fortbestehe.

Doch wahrscheinlich ist die behauptete ununterbrochene Reihe nicht authentisch. Die römische Bischofsliste, die Personen und Papstnamen aufzeichnet, ist als getürkt anzusehen; immer wieder wird sie redigiert, umgeschrieben, zurechtgemacht. Die Bischofsdaten, die sie für die ersten beiden Jahrhunderte aufführt, bleiben höchst unsicher, »für die ersten Jahrzehnte bare Willkür« (K. Heussi).

Bis ins 5. Jahrhundert hinein war der Stuhl des römischen Bischofs allerdings mit keinem einzigen bedeutenden Mann besetzt (F. Gregorovius), und nach dem Tod des Bischofs Marcellinus (304) war vier Jahre lang überhaupt kein Bischof vorhanden; offensichtlich brauchte niemand einen solchen.

Doch der päpstliche Anspruch führt die imperiale Tradition Roms »auf kirchenfürstlich« weiter. Er besetzt die Leerräume der Macht. Der seit dem Mittelalter gebräuchliche Papst-Titel *Pontifex maximus* spricht für sich: Er ist vom früheren Ehrennamen des römischen Oberpriesters übernommen.

Einmal auf den Geschmack gekommen, kämpfen bereits frühe römische Bischöfe mit allen Mitteln um Einfluß, Vorrang, Macht über alle übrigen. In kürzester Zeit grassieren die neuen Wendungen vom »Primat« im Sprachschatz der päpstlichen Kanzlei, deren Erlasse sich schon im 4. Jahrhundert nicht mehr von kaiserlichen Dekreten unterscheiden. Zwar stoßen die Herrscherallüren der römischen Emporkömmlinge immer wieder auf den Widerstand der konkurrierenden Bischofssitze in Ost und West. Auch ignorieren gerade die bedeutenden Bischofsresidenzen (Karthago, Byzanz, Marseille) das neureiche Rom – und werden dafür mit Schimpf belegt. Besonders scharf ist die Opposition in Afrika, wo es im frühen 5. Jahrhundert noch fast 500 Bischofssitze gibt.

Was soll's? Rom hat Petrus okkupiert, eine unvergleichliche Akquisition.

Petrus (✝ 64 oder 67), der angeblich erste »Papst«, hatte wohl leibliche Kinder. In der Frühzeit wurden ihm zudem Kinder zugeschrieben (hl. »Petronilla«). Ein Papst als Ehemann? Nichts Üblicheres als das. Erst der Frauenhasser, Kirchenlehrer und Kardinal P. Damiani (✝ 1072) lehrt, sogar der Apostel Petrus habe gefehlt, weil er verheiratet gewesen sei; freilich sei es ihm gelungen, »den Schmutz der Ehe mit dem Blut seines Märtyrertodes abzuwaschen«.

Nicht nur einer unter den folgenden römischen Bischöfen war wie Petrus verheiratet. Niemand, auch nicht die Heilige Schrift, nahm Anstoß, denn ein Mann sein hieß verheiratet sein – und war ein Bischof kein Mann?

Rom kannte bis ins 9. Jahrhundert hinein Priesterkinder, die Päpste wurden: Bonifaz I. (418–422), Felix III. (526 bis 530), Agapet I. (535–536), Theodor I. (642–649), Hadrian II. (867–872), Martin II. (882–884), Bonifaz VI. (896). Andere Päpste waren Söhne oder Blutsverwandte von Päpsten.

So hatte Papst Hormisdas (514–523) einen Sohn. Dieser wurde, als sei es das Normalste von der Welt, ein gutes Jahrzehnt nach dem Tod seines Papstvaters selbst zum Papst gewählt. Er nannte sich Silverius (536–537), geriet vor ein Kriegsgericht, wurde von seinem späteren Nachfolger auf der Insel Ponza interniert und gab auf.

Papst Gregor I. (590–604), der den Titel »Diener der Diener Gottes« einführte, eine ziemlich leere Titelei, war der Urgroßenkel des Vorgängers Felix III. (526–530) und verwandt auch mit Papst Agapet I. (535–536). Papst Hadrian II. (867–872), selbst Sohn eines Bischofs, war zunächst verheiratet. Nach seiner Erhebung zum Papst mußte er erleben, daß der Entführer seiner Tochter diese zusammen mit ihrer Mutter ermordete.

Doch finden sich unter den römischen Bischöfen nicht nur brave Ehemänner: Symmachus (498–514), ein »äußerst zwielichtiger Charakter« (H. Kühner) und durch Bestechung ins Amt gelangt, mußte sich schon früh mit Vorwürfen wegen seines Lebenswandels auseinandersetzen. Der mit seinem Namen verbundene, höchst verdächtige Rechtssatz, nach dem der Papst von niemandem gerichtet werden dürfe, kam ihm sehr zupaß. Seinen Nachfolgern ging es quer durch alle folgenden Jahrhunderte nicht anders.

Auch Papst Leo III. (795–816) mußte sich seinen Lebenswandel vorwerfen lassen, auch er rettete sich unter Bezug auf den genannten Rechtssatz. Karl I. der Große hatte eine Untersuchungskommission eingesetzt, und der Papst hatte einen Reinigungseid geleistet, bei dem vieles im Dunkel blieb. Zwei Tage darauf, am 25. Dezember 800, krönte der dankbare Papst jenen Karl zum Kaiser.

Paschalis I. (817–824), der zweite Nachfolger Leos III., ein grausamer Mann, kam ebenfalls nicht um einen Reinigungseid herum. Offenbar gewöhnten sich die Päpste daran, in ihrem Leben fünfe auch mal grade sein zu lassen.

Die Quellen fließen allerdings in diesen frühen Jahren der Geschichte römischer Bischöfe und Päpste sehr spärlich. Um so häufiger finden sich schon jetzt, auch in der offiziellen vatikanischen Lesart, Papstlegenden und -fabeln. Ein Papst war stets exponiert. Seine Funktion sowie seine gesellschaftliche und politische Bedeutung ließen bald um beinahe jeden Papst, auch nach dem literarischen Konstrukt eines »Wandermotivs«, Geschichten entstehen, manchmal einen ganzen Legendenkranz. Sie erfüllten weithin die gleiche Funktion wie die Enthüllungsstories, die heute Massencharakter tragen und jeden halbwegs »Prominenten« betreffen. Papstlegenden werden freilich oft zu eigenen Anti-Legenden; sie wollen zu keiner Imitation einladen, sondern stellen Warnungen an die da unten dar, es denen da oben nicht nachzutun. Das gilt vor allem in Sachen zölibatärer Lebenswandel; da waren viele Päpste in der Tat kein Vorbild.

Gewiß, ich habe ein festes Urteil über Komödie und Tragödie des sogenannten Zölibatsgesetzes; ein Blick in die Jahrhunderte der Kirche lehrt einen in dieser Hinsicht genug. Keine Ehe, doch ein Harem wurde zur Regel hoher Zölibatäre. Schon im 8. Jahrhundert spricht der hl. Bonifatius von Herren, die sich »vier, fünf, auch noch mehr Konkubinen nachts im Bett halten. Und so werden sie Priester, ja Bischöfe«.

Kirchenfürsten ändern sich jedoch ungern; ihr angeblich zeitloses Amt disqualifiziert sie für die Reform. Ein Bischof von Fiesole war im 11. Jahrhundert von einem ganzen Schwarm von Konkubinen nebst Kindern umgeben, wenn er auftrat. Bischof Iuhell von Dol hielt öffentlich Hochzeit und stattete seine Kinder mit Kirchengut aus. Der Erzbischof von Besançon, der seine Herde bis zur äußersten

Armut erpreßte, hatte im 11. Jahrhundert ein Verhältnis mit einer Blutsverwandten, einer Äbtissin; er schwängerte auch eine Nonne und schlief mit der Tochter eines seiner Priester. Oberhirt Heinrich von Lüttich mußte von Papst Gregor X. († 1276) gemahnt werden, mit seinen sexuellen Erfolgen nicht gar so öffentlich zu prahlen: »Bei einem Gastmahl hast du vor allen Anwesenden, ohne dich zu schämen, bekannt, daß du innerhalb zweiundzwanzig Monaten vierzehn Söhne gezeugt hast. Einigen von ihnen hast du Kirchenpfründen verschafft, ohne Rücksicht darauf, daß sie noch minderjährig waren.«

Petrarca (1304–1374) erzählt von einem siebzigjährigen Hirten, dessen Konkubine nur mit ihm schlafen wollte, wenn er sich im Kardinalsornat vor ihr zeigte. Kardinal Hugo von St. Cher verkündet nach Abschluß des Konzils von 1245 in Lyon: »Als wir ankamen, fanden wir nur drei oder vier Hurenhäuser, bei unserem Weggang verlassen wir nur eins, das sich aber vom Osten bis zum Westen der Stadt erstreckt.« Später sieht ein Prediger die Kirche als ein »Bordell des Antichrist«. Der gefeierte Theologe N. d'Oresme († 1382) nennt in Anwesenheit Papst Urbans V. die Prälaten »unzüchtige Hunde«. Beim Konzil zu Konstanz, das 1415 den sittenstrengen »Ketzer« Jan Hus verbrennt, sind 300 Bischöfe zugegen – und 700 Huren zu deren Bedienung, nicht gerechnet jene, welche die Oberhirten schon mitgebracht hatten.

Das Vorbild der Bischöfe, klagt eine altnorwegische Quelle, ist schlecht: »Sie verführen der Leute Frauen häufiger als andere unverständige, ungelehrte Leute und schämen sich nicht, falsches Zeugnis zu reden und Meineide zu schwören.« In Dänemark fordern Bauern im 13. Jahrhundert zum Schutz ihrer Frauen und Kinder vor den Nachstellungen der Hirten die sofortige Abschaffung des Zölibats. Pius II. stellt noch zwei Jahrhunderte später fest, daß die Friesen nicht duldeten, wenn unverheiratete Priester zum Amt zugelassen werden, weil sonst anderer Leute Ehebetten nicht sauber blieben. Würzburger Bürger weigern sich während des Deutschen Bauernkrieges, für ihren Oberhirten ins Feld zu ziehen, weil »sie ihre Weiber daheim nicht vor den geilen Pfaffen sicher wüßten«.

C. Weber hat für das Jahr 1520 eine Liste aufgestellt, nach dieser sind für 16 von 39 Kardinälen Kinder nachzuweisen. Noch im 17. Jahrhundert erkennt Kardinal L. de Guise sechs Kinder an, und im folgenden Jahrhundert verheimlicht Kardinal J. Th. von Bayern seine Kinder keineswegs. Das Leben der Kirchenfürsten ein Opferleben? Gewiß nicht, weil es nicht an dienstbaren Frauen fehlte. Die waren zur Hand.

Eher ein Opferleben, aber ein selbstgewähltes, weil nicht der Bischof oder Kardinal, sondern der rangniedrige Hirt sich als ein allzeit disponibles, nicht an Frau und Kinder gebundenes Menschenwerkzeug erwies. Empfand er sich noch als sündig, weil er sein Gelübde gebrochen und eine Frau angefaßt oder mit den Augen begehrt hatte, war er ein besonders qualifiziertes Instrument: Niemand gehorcht so willig wie ein Sünder demjenigen, der ihm Erlösung zusagt. Verzeihung freilich nur für den Reuevollen. Der konnte auch schon mal zum Bespitzeln und Denunzieren eingesetzt werden. Der schaute zu, wie ertappte Mitbrüder gefoltert und getötet wurden (so noch im späten 17. Jahrhundert durch einen Paderborner Oberhirten) oder wie sie, falls sie nicht nur Kinder gezeugt, sondern auch geheiratet hatten, aus dem Amt gejagt wurden (so heute).

Die Geschichte des Zölibatsgesetzes ist eine so wüste Lektüre, daß es nicht einmal der »schärfste« Roman von heute mit ihr aufnehmen kann. Gerade weil auch Päpste Ehebrecher waren, junge Mädchen zur Geliebten hatten, jede Art sexuellen Lustgewinns suchten, zahllose Kinder hatten, kann es keinen Zweifel geben, daß der Zölibat im gesamten Klerus mehr gebrochen als gehalten wurde (P. de la Rosa).

Am liebsten schwiege ich zum ganzen Komplex; er wird zu oft in die Öffentlichkeit getragen, als gebe es keine wichtigeren Anfragen an die Kirche, als sei ansonsten »alles in Ordnung«. Doch das Thema Päpste und ihre Kinder verlangt, sich mit dem Zölibatsgesetz zu befassen. Die Natur oder der Schöpfer wollten es nicht anders.

Kinder sind nun mal keine Folgen von Enthaltsamkeit. Ein Kind aber als Unglücksfall, Schadensereignis, sichtbare Folge elterlichen Versagens anzuprangern ist unmenschlich.

II.
Hurenregiment in Rom
Was es heißt, Päpste zu gebären und umzubringen

»Was tut die feile Dirne? Sie sitzt auf dem Stuhl, sagt Salomo, und lockt alle heran; wer Geld hat, geht hinein und kann tun, was ihm gefällt; wer aber das Gute will, wird fortgejagt. So hast du, feile Kirche, deine Schande vor der ganzen Welt enthüllt, und dein Pesthauch ist zum Himmel gestiegen.«

Girolamo Savonarola, † 1498

Jacques-Louis David
Papst Pius VII. und Kardinal Caprara
(um 1800)

Was folgt, ist finster.

Freilich war nicht nur dieses »dunkle Jahrhundert« der Papstgeschichte (etwa spätes 9. bis Mitte des 11. Jahrhunderts) finster. Es hat zwar durch den Kardinal und Kirchenhistoriker C. Baronio im 17. Jahrhundert diesen Namen bekommen. Doch die Bezeichnung führt – eine bewußte Ausflucht der Apologeten – in die Irre. Sie isoliert Einzelfälle und entrüstet sich mehr oder weniger maßvoll über sie und nur über sie. Als strahle ansonsten nur helle Sonne über dem Leben und Wirken der Päpste, als hätten diese keine Kreuzzüge, keine »Hexen«-Jagden, keine Inquisition, keinen Faschismus, keinen Weltkrieg gefördert – und alles andere als Licht in die Welt gebracht.

Auch vor dem eigentlichen »finsteren Jahrhundert« (etwa 882–1046), in dem von insgesamt 45 Päpsten ein Drittel des Amtes enthoben wurde und ein weiteres Drittel im Kerker, in der Verbannung oder durch Mord endete, ging es schon seit geraumer Zeit munter zu: Ein gewählter Papst, der Mönch Philipp, verzichtete am Tag seiner Wahl zum Papst auf das Amt und flüchtete zurück in sein Kloster (31. Juli 768). Der Diakon Johannes regierte im Januar 844 nicht länger als eine Stunde.

Und dann? Leo VIII. war Papst von 963 bis 965, doch zwischen Mai und Juni 964 regierte auch Benedikt V. – und beide gelten offiziell als rechtmäßige Amtsinhaber. Andererseits soll Papst Christophorus, der 903 seinen Vorgänger Leo V. nach nur dreißigtägiger Amtszeit einkerkern und foltern ließ, heute nicht mehr so ganz als legitimer Stellvertreter Christi gelten, obgleich das ganze Mittelalter ihn dafür hielt. Im übrigen wanderte auch Christophorus ins Gefängnis, und dort hat ihn – wie auch den Papst Leo V. – ihr Nachfolger Sergius III. erdrosselt.

Papst zu sein wurde gefährlicher denn je: Stephan VI. wurde 897 stranguliert, Johannes X. 928 mit einem Kissen erstickt, Benedikt VI. von seinem Nachfolger Bonifaz VII. 974 um die Ecke gebracht. Johannes XIV. starb 984 in der Engelsburg an Gift, Stephan VIII. wurden Nase und Ohren abgeschnitten, so daß er sich nie mehr in der Öffentlichkeit zeigte. Benedikt III. († 858), Johannes XI. († 936), Benedikt X. († nach 1073) kamen im Kerker mit dem Leben davon. Benedikt X., Christophorus, Johannes XVI. wurden scheußlich geblendet und verstümmelt. Päpste wurden ins Exil geschickt, in den Kirchenbann getan.

An Kinder war unter diesen Umständen nicht zu denken, sollte man meinen. Doch in Rom ist nichts unmöglich. Die Heiligen Väter kamen trotz alledem ganz gut mit dem Problem zurecht.

Denn schließlich kam es, nicht ganz ohne Zutun der jeweiligen Päpste, zu einer förmlichen Pornokratie (C. Baronio), einem Hurenregiment in Rom. Auch wenn die Details dieser Vorgänge weithin undurchsichtig bleiben, weil sie bewußt vernebelt wurden, wie das in einem *saeculum obscurum* ist: Während der Zeit absoluter Anarchie lebte auch das Papsttum nicht auf einem Felsen im Ozean der Welt. Vielmehr tat es alles, um mitzuhalten.

Keine Ausreden: Diese Päpste werden nach wie vor offiziell als legitime Amtsinhaber betrachtet und in der Papstliste geführt, wenn sie auch nichts – und ihre Bettgenossinnen alles zu sagen hatten.

Eine besonders lange Lebenserwartung hatten die Stellvertreter Christi freilich nicht: In der kurzen Zeitspanne von acht Jahren (896–904) starben acht von ihnen und wohl in keinem einzigen Fall eines natürlichen Todes. Papst zu sein bedeutete nun einmal, sich auf einen recht heißen Stuhl zu setzen und sich damit auf einen vorzeitigen Tod gefaßt zu machen. So war Benedikt IV. im Sommer 903 unverhofft dahingerafft worden, vermutlich hatte ihn Berengar I., König von Italien, beseitigen lassen. Die beiden nächsten Päpste hielten sich auch nur kurz: Leo V. (Sommer 903) wurde von Christophorus (Herbst 903) eingekerkert und gefoltert, Christophorus selbst zusammen mit seinem Vorgänger Leo V. schnell erwürgt.

Täter war in beiden Fällen ein Mann, der sich, nachdem er die Sache Petri in seinem Sinne bereinigt hatte, mit Hilfe eines bewaffneten Haufens in Rom als Sergius III. zum Papst machte. Er brachte schon Erfahrung mit: Unter Johannes IX. (898–900) hatte er als Gegenpapst fungiert, war aber von den Räuberhorden des Amtsinhabers verfolgt und vom Papst abgesetzt, gebannt und ins Exil geschickt worden.

Sergius III. (904–911), der Doppelmörder auf dem Stuhl des Petrus, war wohl ein Graf von Tusculum. Dieses Geschlecht wird sich zu dem alles beherrschenden Machtfaktor in Rom aufschwingen und in anderthalb Jahrhunderten acht der Seinen zu Päpsten machen. Das Papsttum gerät mehr und mehr zur bloßen Kulisse für den Ehrgeiz eines adeligen Hauses. Der römische Adel hielt zusammen: Sergius III.

stattete ihn mit einträglichen Pfründen aus – und konnte sich immerhin acht Jahre, eine vergleichsweise überlange Zeitspanne, im Amt halten. Sein Grabmal in der Peterskirche wird seine Amtsführung loben und die Tatsache verdammen, daß »Wölfe«, also seine Vorgänger, ihn sieben Jahre von dem ihm zustehenden Thron ferngehalten hatten.

Thron und Amt hielten freilich Sergius III. keineswegs davon ab, nach wie vor locker mit Frauen umzugehen. Diese boten sich dem Papst – und seinen Nachfolgern – geradezu an. Es waren herrschsüchtige, gerissene, genußbegierige Damen, die wußten, was sie wollten und wie sie es am besten bekamen. Das Fleisch blieb nun einmal schwach, der Geist willig. Insofern erfüllten die Päpste der Zeit – wie Dutzende vor und nach ihnen – zumindest hierin getreu die Buchstaben der Heiligen Schrift (Mt 26, 41), wenn auch wohl nicht ganz im Sinne des Erfinders.

Was nun einsetzte und sich lange hielt, wird schlicht und treffend als »Hurenregiment« bezeichnet. Kein Historiker hat diese Epoche so präzise auf den Punkt gebracht wie H. Kühner (1977). Er schreibt über Marozia, die dreimal verheiratet war und das Bett mit Sergius III. wie mit anderen Heiligen Vätern teilte: Sie »begann umsichtig, Päpste einzusetzen, abzusetzen, zu morden und zu gebären«. Jedes dieser Verben ist, auch wenn die entsprechende Konterlegende berücksichtigt wird, mit zeitgenössischen Beispielen zu belegen: einsetzen (Johannes X., Leo VI., Stephan VII., Johannes XI.), absetzen (Leo VI., Stephan VII., Johannes X.), morden (Johannes X., Leo VI., Stephan VII.), gebären (Johannes XI.).

Als etwa fünfundvierzigjähriger Mann hatte Sergius III. mit seiner fünfzehnjährigen Konkubine (und vermutlichen

Nichte) Marozia einen Sohn gezeugt. Wahrscheinlich hat er das junge Mädchen erstmals im Lateranpalast, seiner Residenz, verführt. Marozia (Mariuccia, »Mariechen«) war die Tochter der ebenso schönen wie machtbesessenen Theodora. Diese war eine »schamlose Hure, von der Hitze der Venus entflammt« (Liutprand von Cremona). Zudem war sie Bettgenossin des künftigen Papstes Johannes X. (914 bis 928), der mehr Zeit in ihrem Bett als in irgendeiner Kirche verbracht haben soll. Ihr Enkel, Sohn Marozias und Papst Sergius' III., wurde 931 schließlich als Johannes XI. auch Papst, und so blieb alles in der Familie.

Theodora († nach 916) stellt zusammen mit ihrer Tochter Marozia einen der seltenen Belege für die uralte patriarchalische Behauptung dar, Männer und ihre Reiche würden allein von Frauen zerstört. Immerhin schaffte Theodora es, daß ein Kirchenfürst nach dem anderen rasch und wundersam dahinschied – und Thron um Thron für ihren Bettschatz frei wurde. Zuerst verstarb der Bischof von Bologna, Johannes wurde sein Nachfolger. Nach kurzer Zeit segnete auch der Erzbischof von Ravenna das Zeitliche – Johannes beerbte ihn. Nach einer weiteren kurzen Frist verschied der Papst – und es wäre bei so viel Glück schon ein Wunder gewesen, hätte sich nicht Johannes auf seinen Thron gesetzt.

Theodora, die römische *senatrix*, konnte zufrieden sein. Sie soll es nicht ertragen haben, daß ihr Liebhaber zweihundert Meilen von Rom entfernt in Ravenna amtierte. Daher mußte er herbeigeschafft – und Papst werden. Dieser Johannes X. gilt dem Historiker H. Zimmermann als »ein tüchtiger Papst« mit »Fähigkeiten«, der »Rom und dem Papsttum auch weithin neuen Glanz und neue Bedeutung verliehen hat«.

Jedenfalls hielt er sich vierzehn Jahre lang und erwies sich im Bett – nicht weniger im Krieg gegen die Sarazenen – als Mann. Doch er fand seine Meisterin. Theodoras Tochter Marozia herrschte nach dem Tod ihrer Mutter in Rom als absolute Diktatorin *(senatrix et patricia)*. Als ihr der frühere Liebhaber ihrer Mutter, Johannes X., zu selbständig wurde, ließ sie ihn absetzen, in die Engelsburg werfen und Mitte 929 ersticken.

Nach zwei von Marozia noch zu Lebzeiten des Papstes Johannes X. erhobenen und später ermordeten Nachfolgern, Leo VI. (928) und Stephan VII. (928–931), bloßen Platzhaltern von ihren Gnaden, wurde Marozias Sohn, Sproß des Papstes Sergius III., als junger Mann von etwa 23 Jahren selbst Papst. Dieser Johannes XI. hat seine Mutter mit hoher Wahrscheinlichkeit ihrem dritten Mann angetraut, einem weithin bekannten Schürzenjäger mit besonderer »Schwäche für Weiber« und Händler mit Bistümern und Abteien. Hochzeit und Hochzeitsnacht wurden in der Engelsburg gefeiert.

Freilich wurde der junge Papst wenig später von seiner Mutter in Dauerhaft genommen. Diese träumte zwar von einer Krönung zur Kaiserin, die ihr eigener Sohn vornehmen sollte. Doch landete sie selbst im Kerker. Über das Ende von Mutter und Sohn ist nichts Besonderes zu berichten. Beide wurden ermordet.

Marozias weiterer Sohn Alberich II. (932–954), der seine Mutter einmal öffentlich als Hure bezeichnet hatte, nahm die Zügel in die Hand, regierte fast ein Vierteljahrhundert lang unbestritten in Rom wie im Kirchenstaat und ordnete sich die Päpste völlig unter. Leo VII. (936–939), Stephan VIII. (939–942), Marinus II. (942–946) und Agapet II. (946–955) verdankten ihr Amt allein ihm und nicht dem

Walten des Heiligen Geistes, das wie üblich beschworen wurde. Stephan VIII. hatte Marozias Sohn freilich auch Kerker, Verstümmelung und schnellen Tod zu danken.

Johannes XII. (955–963) folgte, eine der übelsten Gestalten der Papstgeschichte, selbst wenn manches von dem, was von ihm berichtet wird, dem Wandermotiv der Papstlegende zugeschrieben werden kann, das bis ins Detail hinein noch auf den berühmten späteren Papst Alexander VI. Borgia († 1503) zugeschnitten werden wird. Alberich II. hatte auf dem Sterbebett den römischen Adel eidlich verpflichtet, seinen unehelichen Sohn Oktavian nicht nur zu seinem Nachfolger als Fürsten von Rom, sondern auch zum Papst zu erheben. Da der Adel gehorchte, fiel dem Sechzehnjährigen eine doppelte Macht zu, die er in jeder Form mißbrauchen sollte. Unter der Diktatur dieses »Monstrums«, wie ihn eine Kirchensynode nannte, wurde der Papstpalast zum Bordell.

Der vermutlich ganz ungläubige Johannes XII., ein leidenschaftlicher Jäger und Würfelspieler, der beim Glücksspiel vorchristliche Götter anrief, tat sein Bestes. Das päpstliche Horrorarsenal füllte sich: Der junge Pontifex schlief mit jeder Frau, die ihm gefiel, darunter mit der Konkubine seines Vaters und deren Schwester. Noch mehr: Der Heilige Vater mit seinen kaum zwanzig Lenzen vergewaltigte Rompilgerinnen, Ehefrauen, Witwen, Mädchen, die in St. Peter hatten beten wollen, und brachte es so weit, daß mit der Zeit kaum mehr eine Frau eine Wallfahrt nach Rom unternehmen wollte, um nicht in seine Hände zu fallen.

Seine Heiligkeit, der päpstliche Playboy, kümmerte sich nicht um solche »Gerüchte«, verschleuderte ganze Städte an seine Dirnen, machte ihnen Meßkelche zum Geschenk. Auch ließ der ungebildete, nur der Vulgärsprache mächtige

Papst im Pferdestall einen Diakon weihen, und einem 10jährigen Anwärter auf das Bischofsamt legte er höchstpersönlich die Hände auf.

Kinder muß der Heilige Vater, ohne daß dies eigens erwähnt worden ist, gleich im Dutzend gezeugt haben. Doch achtete er – nach Möglichkeit! – auf die Wahrung der päpstlichen Autorität und verletzte vor allem nicht die sogenannte reine Lehre der Kirche, zumal sie ihn wenig kümmerte.

Diese doppelte Amtsführung, frei in vielen Betten und in vielen Diensten korrekt, wird auch in späteren Fällen gern angemerkt werden. Denn so wird es vielen Kirchentreuen möglich, Phrasen zu dreschen, die noch hohler sind als alles, was sie decken sollen. So lassen sich Amt und Person trickreich trennen und das Papsttum über dessen unwürdigste Inhaber hinwegretten. Als sei die Institution an sich lauter und unter Christen überhaupt nicht zu beanstanden.

Es bleibt ein beliebter Kniff der Vorwärtsverteidiger, das hohe Amt von der »unwürdigen« Person des Amtsinhabers zu unterscheiden. So wird es – theoretisch – möglich, einen schlimmen Papst nach dem andern wegzudiskutieren und zugleich das Papsttum in seinem »Wesen« zu stabilisieren. Doch ist diese Methode ebenso verdächtig wie die folgenlose Zeremonie bei der Amtseinführung (früher: »Krönung« mit der selbstverständlich »dreifachen« Krone, der Tiara) eines Papstes. Ein fast tausend Jahre gepflegter Brauch erinnerte den jeweiligen Herrn daran, daß auch er nur ein Mensch sei. Dreimal wurde auf dem Weg zum Altar ein Wergbündel verbrannt und dem Pontifex maximus zugerufen: »Heiliger Vater, so vergeht die Herrlichkeit der Welt!« Genützt hat das Zeremoniell nicht viel; mochte der Amtsträger persönlich noch so bescheiden sein (die einzelne Ausnahme unter hundert Päpsten), sein glorioses Amt verbrannte nicht ein einziges Mal zu nichts. Im Gegenteil, Glanz und Glorie triumphierten auf Kosten der vielen, denen niemand zurufen mußte, sie seien nur Menschen. Sie wußten es ohnedies, bekamen es ständig zu spüren.

Otto I., den der etwa halb so alte Johannes XII. anno 962 zum Kaiser gekrönt hatte, wurde es bald doch zuviel. Papst und Kaiser bezichtigten sich gegenseitig des Eidbruchs, das junge Bündnis zwischen Thron und Altar platzte. Der Papst, der gern in Helm und Panzer auftrat und das Schwert führte, konspirierte mit den Feinden des Kaisers. Dieser sorgte hinwiederum dafür, daß sich eine Synode von siebzehn Kardinälen und mehr als fünfzig Bischöfen in der Peterskirche des »liederlichen Jungen« und »Buben im Papstornat« annahm. Damit war die bis heute theologisch wie kirchenpolitisch höchst bedeutsame, wenn auch auf frühe Urkundenfälschungen gestützte These, ein Papst dürfe von niemandem abgeurteilt werden, in aller Öffentlichkeit bestritten und durch kaiserliches Handeln außer Kraft gesetzt.

Mittlerweile hatte Johannes XII., kein Wolf im Schafspelz, sondern ein ohne jede Verhüllung jagender Wolf, das Weite gesucht und den Kirchenschatz mitgenommen. Otto I. ließ ihm einen Lasterkatalog zukommen: Er sei des Mordes, des Meineids, der Blutschande mit zwei Schwestern, der Kastration und Tötung eines Kardinals, des Teufelspaktes angeklagt. Der Papst, der den Sex zum Mittelpunkt seines Pontifikates erhoben hatte, antwortete in gewohnt pöbelhaftem Ton und drohte mit dem Kirchenbann. Doch er wurde von der Synode am 6. Dezember 963 seines Amtes enthoben, und ein neuer Papst gewählt. Dieser Leo VIII. (963–965) erhielt unter Verletzung kirchenrechtlicher Normen an einem einzigen Tag alle Weihen, neben dem Vorrecht der adeligen Geburt das entscheidende Ausleseprinzip der mittelalterlichen Oberschicht (A. v. Martin).

Johannes XII. trieb weiter sein Unwesen, erklärte sich zum einzig rechtmäßigen Amtsinhaber und zettelte einen Aufruhr gegen den Kaiser an, der blutig niedergeschlagen wurde. Doch kaum hatte Otto I. Rom wieder verlassen, verjagte der Adel Papst Leo VIII., dieses »Lamm unter lauter Wölfen«, und öffnete Johannes XII. die Tore der Stadt. Dessen Rache entsprach seinem Amtsverständnis: Er ließ einem Kardinal Nase, Zunge und zwei Finger abschneiden, einen kaiserlichen Legaten auspeitschen. Das wirkte: Auf einer Synode im Februar 964 erkannten fast dieselben Oberhirten, die Johannes XII. vor drei Monaten abgesetzt hatten, ihn wieder an – und die gerade Papst Leo VIII. gewählt hatten, verhängten nun den Kirchenbann über ihn.

Johannes XII. konnte sich nicht lange über seinen Sieg freuen: Am 14. Mai 964 erlag er den Wunden, die ihm der Ehemann seiner in flagranti ertappten Geliebten zugefügt hatte. Sein plötzlicher Tod durch einen Schlaganfall ist eine fromme Mär; eine Tatsache hingegen, daß er »ohne heilige Wegzehrung« aus dem Leben schied. Dies wird von den Frömmsten beklagt, als habe es nichts sonst in diesem wüsten Leben zu beklagen gegeben.

Johannes XIII. (965–972), wieder ein Graf von Tusculum, der Papst wurde, war der Sohn eines Bischofs und der Theodora, der Schwester Marozias. Er förderte rücksichtslos seine (Kinder und) Verwandten und wurde schon wenige Monate nach seiner Wahl gestürzt, mißhandelt und ins Gefängnis gesteckt. Nachdem er wieder freigekommen war, nahm er bittere Rache. Unter anderem wurde auf sein Geheiß der Stadtpräfekt Roms an den Haaren aufgehängt – an der Reiterstatue Mark Aurels vor dem Lateran. Dann wurde der Nackte mit einem Kuheuter an Kopf und Hüften sowie Glöckchen garniert und, rücklings auf einem Esel sitzend, durch die Stadt getrieben.

Papst Bonifaz VII. (984–985), der seine Vorgänger Benedikt VI. (973–974) und Johannes XIV. (983–984) hatte ermorden lassen, wurde nach einem knappen Jahr der Tyrannei und Hurerei umgebracht, verstümmelt, seine Leiche getreten, mit Stöcken geschlagen, mit Lanzen zerstochen und vom Pöbel durch die Stadt Rom geschleift. Den Päpsten Johannes XVII. (1003) und Johannes XVIII. (1003 bis 1009) erging es nicht viel besser; ihr unerwartetes Hinscheiden bleibt von Mordgerüchten umwittert. Die Römer hatten sich längst an die simpelsten Lösungen des Papstproblems gewöhnt. Papst um Papst, darunter der Verfasser des ersten Aufrufs zu einem Kreuzzug mit Namen Sergius IV. (1009–1012), den sie »Schweineschnauze« *(os porci)* genannt hatten, tauchte unter ungeklärten Umständen auf und unter ähnlichen Umständen wieder unter.

Bischof Arnulf von Orléans hatte sich 991 auf einem französischen Nationalkonzil gefragt, wozu Rom und seine Päpste eigentlich noch nutzten. Eher wäre die Frage zu stellen, empörte sich der Oberhirte, ob Rom nicht gemäß der biblischen Weissagung längst die Residenz des Antichrists geworden sei.

Die Päpste kümmerte dies wenig. Sie ließen getrost fragen – und hatten eigene Antworten parat.

Benedikt VIII. (1012–1024), ein brutaler Söldnerhauptmann, legte auch als Papst das Schwert nicht aus der Hand. Das Papsttum war für drei Pontifikate Privatbesitz einer

Sippe, zweier Brüder und ihres Neffen. Keiner dieser drei ist bei seiner Wahl Priester gewesen. Nichts Besonderes: Hadrian V. (1276) erscheint auf der offiziellen Papstliste und gilt als rechtmäßiger Papst, obwohl er nie Priester oder Bischof war.

Seine Familie wußte auch der Heilige Vater Benedikt VIII. zu versorgen, der sich keineswegs »energisch von jeder Familienpolitik frei machte« (H. Kühner). Ein Mann wie er dürfte nach allgemeiner Erfahrung nicht nur Verwandte, sondern auch leibliche Kinder gehabt haben. Doch wie zum Hohn erklärte Benedikt VIII. – inmitten eines klerikalen Milieus stupenden Herumhurens und gigantischen Heuchelns – alle Priesterkinder, die wehrlosesten Opfer des Zölibatsgesetzes, zu Gesetzlosen und »Sklaven der Kirche«. Auch verbot er erstmals bei Strafe der Absetzung die Priesterehe.

Urban II. (1088–1099), Initiator des ersten Mordkreuzzuges und 1881 seliggesprochen, wird bald im Fall fortgesetzter Klerikerehe den Verkauf der rechtmäßigen Priesterfrau als Sklavin anordnen. Priesterkinder gelten unbesehen als Sklaven eines Kirchenfürstentums, das – in seiner Hauptstadt Rom – am unmenschlichen Institut der Sklaverei noch festhalten wird, als es nirgendwo mehr in Europa Sklaven gibt.

Die päpstlichen Dekrete sollten weniger die Ehelosigkeit des Klerus fördern, an die sowieso niemand glaubte. Vielmehr sollte verhindert werden, daß sich Kirchenämter und -einkommen innerhalb einer Familie vererbten.

Scherte sich einer darum? Gar ein Papst?

Es bestand keine Veranlassung. Benedikt VIII. war bekanntlich selbst durch Ämterkauf *(Simonie)* zum Heiligen

Vater geworden, was den von ihm 1014 zum Kaiser gekrönten Heinrich II. keineswegs störte. Der Papst hatte auch erklärt, niemand komme, falls er ein Bistum erlangen wolle, zu ihm mit leeren Händen. Um so lieber erließ er, gewohnt heuchlerisch, mehrere Dekrete gegen simonistische Umtriebe. Das kümmerte kaum einen Oberhirten.

Für den Zölibat galt dasselbe. Und so findet sich, was Kirchenhistoriker gern übersehen, nicht nur eine Tradition der Simonie, sondern auch eine der Nichtbefolgung des Zölibatsgesetzes. Jede dieser Traditionen lebte über Jahrhunderte hinweg im Klerus munter fort, »Unkeuschheit« bis heute.

Auch die Zensur der Priesterbetten, die Bespitzelung zölibatärer Priester, die Bestrafung von Priesterfrauen und -kindern haben eine lange Geschichte. Ebenso die Tatsache, daß Bischöfe alle Aufstände gegen den unbiblischen, aber machtpolitisch höchst tauglichen Zölibat blutig niederwarfen: Um 1212 soll allein der Bischof von Straßburg an die 100 Zölibatsgegner verbrannt haben. Eine Synode beschließt 1284 in Passau, der geistliche Konkubinarier müsse zur Buße zwölf Messen halten und an sechs Freitagen bei Wasser und Brot fasten; halte er seine Geliebte im eigenen Haus, seien zwanzig Messen fällig.

Doch kannten Kirchenfürsten auch andere Methoden, um Theorie und Praxis miteinander zu versöhnen: Sie ließen sich ihr Stillhalten teuer bezahlen, drückten beide Augen zu, wenn es um illegale Verhältnisse ihrer Priester ging. Denn wer sündigt und nicht von seiner sogenannten Sünde lassen will, zahlt mitunter ganz gern eine Gebühr an seinen Bischof. Kein Wunder, daß sich ein neuer Markt auftut: Bischöfe und Päpste dulden das Zusammenleben ihrer Kleriker mit

Frauen, wenn nur die geforderte Taxe, der »Hurenzins«, berappt wird.

Bischöfe kamen in jedem Fall an ihr Geld. Ließen sie im hohen Norden Ausgleichstaxen zahlen, waren sie anderswo ungehalten, wenn Priester offiziell heirateten. Denn dann versiegte eine riesige Einnahmequelle: Pro Jahr sollen zu Beginn des 16. Jahrhunderts im Bistum Konstanz 1500 Priesterkinder zur Welt gekommen sein; Konkubinen waren Jahr für Jahr dem Bischof »abzukaufen«.

Damit nicht genug. Bischöfe nehmen den Hurenzins, so klagen Deutsche 1520, selbst von keuschen Klerikern, weil sie sagen, sie brauchten das Geld. Und im übrigen stünde es den Priestern, die bezahlt haben, frei, ehelos zu bleiben oder nicht. In Norwegen und Island gingen die Kirchenfürsten noch einen Schritt weiter und erhoben von denjenigen Priestern, die zölibatär lebten, wegen »Verstoßes gegen die Sitte der Väter« die doppelte Gebühr.

Doch stellen Priesterkinder und Priesterfrauen ein unaufgearbeitetes Thema oberhirtlicher Mordgeschichte dar. Kirchenlehrer P. Damiani (1007–1072) hetzt offen gegen die Frauen, diese »Schätzchen der Kleriker, Lockspeisen des Satans, Quellen der Sünde, Anlässe des Verderbens, Mistpfützen fetter Schweine, Ruhepolster unreiner Geister«. Damit sind die Schuldigen festgemacht: Die traueneigene Wollust »ermordet in den Buhlen Christus, der das Haupt aller Kleriker ist«. Papst Alexander II. gab 1063 das Signal zum Bürgerkrieg in Mailand und trieb die Seinen gegen verheiratete Priester. Die Papsttreuen rissen diese von den Altären, prügelten und töteten sie, vergewaltigten die »Priesterhuren«. Gregor VII., sein Nachfolger, der sein Leben selbst einer außerehelichen Beziehung verdankte, verunglimpft eine Frau als »Kuh«, auf der ein Bischof »geackert«, bis sie dann »geworfen« habe.

Wie oft Johannes XIX. (1024–1032), Bruder des Papstes Benedikt VIII., auch gegen die Fleischeslust seiner französischen Oberhirten wettern mochte – manche Bischöfe waren offiziell verheiratet, alle hatten Kinder –, niemand nahm ihn ernst. Denn er hatte selbst eine Blitzkarriere gemacht, sein Amt gekauft und ein erkleckliches Sümmchen draufgelegt, damit er sich, strikt an den Normen des geltenden Rechts vorbei, im Schnellverfahren alle erforderlichen Weihen an einem Tag erteilen lassen konnte.

Benedikt IX. (1032–1045, 1047–1048), ein Papst der Tusculanersippe, Neffe zweier Vorgänger, war früh vom Glück begünstigt. Die Seinen hatten für ihn, den etwa vierzehnjährigen Jungen, unter wohlwollender Duldung des Kaisers einfach die Papstwürde gekauft. Ein seltsames Schauspiel: Ein Junge, der knapp das Teenageralter erreicht hatte, sollte als oberster Gesetzgeber und Herrscher der Heiligen Römischen Kirche die Papstkrone tragen, Hochämter in St. Peter zelebrieren, Pfründen vergeben, Bischöfe ein- und absetzen.

Ein Chronist schrieb, der neue Papst habe schon mit vierzehn alle seine Vorgänger in Ausschweifung und Extravaganz überholt. Der Junge wußte seine Chance in der Tat zu nutzen, gab sich als erster Papst ein Wappen (wie es noch heute üblich ist), beschwor mit Zauberbüchern die Dämonen, zog durch Magie Frauen an, beging Ehebrüche nach Lust und Laune. Kein Wunder, daß er im Papstpalast das Leben nicht etwa eines Ehelosen, sondern eines osmanischen Sultans führte. Er trug sich mit Heiratsplänen, warb offen um die Hand einer Verwandten und erfüllte mit seiner

Familie, für die er einen geradezu rührenden Versorgungsdrang fühlte, »Rom mit Raub und Mord« (F. Gregorovius). Und, als sei es noch nicht genug: Er sprach von Abdankung, eine Leistung, für die er zunächst ein- bis zweitausend Pfund Gold (in Gewicht), dann die gesamte Kollekte der englischen Katholiken erwartete. Und er verschacherte schließlich die päpstliche Krone für riesige Summen an die Meistbietenden, an die zwei – nach wie vor als rechtmäßige Amtsinhaber geführten – Päpste Silvester III. (Januar/Februar 1045) und Gregor VI. (1045–1046), die ihren wertvollsten Besitz, das Geld, für die wertvollste Würde der Welt gaben.

Aufgrund seiner Machenschaften war Benedikt IX., den römische Adelige am Altar hatten erschlagen wollen, der einzige Papst der Kirchengeschichte, der sein Amt mehrmals hintereinander innehatte, es immer wieder drangab und zurückgewann. Dem offiziellen Nachfolger war nur eine kurze Amtszeit beschieden: Damasus II. starb 1048 nach drei Wochen, vermutlich durch das Gift Benedikts IX., der sich inzwischen als Gegenpapst versuchte.

Kardinal P. Damiani, ein Träumer vor dem Herrn, erklärte freilich die Kurzlebigkeit der Päpste mit der schweren Last, die das hohe heilige Amt nun einmal mit sich bringe. Allerdings scheint sich die Bürde später erleichtert zu haben. Immerhin wußten Päpste wie Alexander III. (1159 bis 1181), Klemens XI. (1700–1721), Pius VI. (1775–1799), Pius VII. (1800–1823), Pius IX. (1846–1878), Leo XIII. (1878–1903) und Johannes Paul II. (1978 ff.) ihr Amt über 20 Jahre zu ertragen.

Damals wendete sich schließlich doch das Blatt. Der sofort nach seinem Tod als Heiliger und Wundertäter verehrte

Leo IX. (1049–1054) wurde als »sanftester Mann« gepriesen. Er zog zwar als erster Papst im Namen der Kirche in den Krieg und offerierte der Welt zugleich die erste »theologische« Rechtfertigung für seine Waffengewalt. Doch konnte er nicht nur seinen Vorgänger Benedikt IX. und seine »perfiden Horden« exkommunizieren, sondern auch die Absetzung aller Kleriker fordern, die ihr Amt gekauft hatten oder im Konkubinat lebten. Freilich stellte sich heraus, daß in Rom kein Gottesdienst mehr hätte stattfinden können, wären diese Maßnahmen durchgeführt worden.

Leo IX. versuchte sich zudem am Problem der legal verheirateten Priester, indem er auch die Ehefrauen und Konkubinen der Kleriker zu »Sklavinnen der Kirche« erklärte, was der Kirche zumindest billige Arbeitskräfte sicherte, aber nichts Grundlegendes änderte. Immerhin hatte der Papst dekretieren können. Offenbar war das »dunkle Zeitalter« zu Ende, offenbar war Schluß.

Bis auf weiteres.

III.
Im Allerheiligsten ein Weib, ein Kind?
Warum es keine Päpstin geben darf

»O du Papst, der du sollst sein ein Vater unter allen anderen Vätern hier, du wirst offenbaren durch deine Geburt, daß du eine Päpstin bist …«

Chronik der Äbte zu Kempten, 1671

»Das Wahre ist nicht immer sehr wahrscheinlich.«

N. Boileau-Despréaux, † 1711

»Es ist nicht zu begreifen, wie irgend jemand auf den Gedanken gekommen sein könnte, eine solche tolle Lüge zu erfinden.«

H. Luden, † 1847

Johanna-Porträt in einem Fresco im Dom von Siena
(15. Jahrhundert)

Wer »katholische Kirche« sagt, kann gleich von Männerherrschaft sprechen. Sätze wie »Wir sind die Kirche« sind Augenwischerei und bleiben naiv: Die sogenannten Laien, Frauen zumal (die immer »Laien« bleiben müssen), haben nichts zu melden. Die Hierarchie der Kirche bleibt sauber. Angeblich hat Jesus von Nazareth das so angeordnet – und die Päpste, die bei anderen Jesusworten (beispielsweise dem Verbot zu schwören) nicht gar so streng sind, halten sich daran. Sie wissen warum.

Kirchengeschichte muß noch immer als Papstgeschichte verstanden werden und die Geschichte des Kirchenfürstentums als Abfolge patriarchaler Winkelzüge. Die im Sinne des Evangeliums vorbildlichen Päpste sind folgerichtig an einer Hand abzuzählen. Sie galten ihren Zeitgenossen als Störfaktoren. Was Rom brauchte, waren Draufgänger, Machtpolitiker unter der Mitra, die der Institution zu weiterem Einfluß verhalfen. Kein Wunder, daß alle Päpste, die den Beinamen »der Große« führen, solche Machtmenschen waren. Dagegen erlangte kein »evangeliumstreuer« Amtsinhaber diesen Titel.

Papst zu werden war zu allen Zeiten ein erstrebenswertes Ziel – für Männer, die wußten, worauf es in der Kirche ankam. Verständlich, daß jene nicht selten aufheulten, die in der Wahl einem geschickter Taktierenden, besser Bestechenden unterlegen waren. Einsichtig, daß sich über Jahrhunderte hinweg auch sogenannte Gegenpäpste fanden; insgesamt werden über dreißig gezählt. Noch immer ist es nicht leicht, zu sagen, wer denn nun von Fall zu Fall der »richtige« und wer der »unwahre« Papst war. Selbst die Zählung des Vatikans stößt auf Schwierigkeiten. Es finden sich nicht nur Fehlzählungen, sondern auch legendäre Päpste.

Alle Patriarchen sind sich freilich in einem Punkt einig: Eine Frau gilt ihnen als ein Lebewesen, das die harten Anforderungen an das Papstamt »von Natur aus« niemals erfüllen kann. Frauen nicht zum höchsten Amt zuzulassen ist weniger eine Frage des Dogmas als die gebieterische Forderung männlichen Machtinstinkts.

Und nun soll es eine einzige geschafft haben? Inmitten einer Zeit, da Frauen als mindere und unterlegene Lebewesen galten, denen kein eigenes Recht zustand, über deren Seele disputiert wurde? Schließlich machte ja das Menstruationsblut den Wein sauer, verdarb die Feldfrüchte, machte Stahl stumpf, ließ Eisen rosten. Ehemänner durften ihre Frauen nach Belieben züchtigen, Vergewaltigungen wurden als weniger schwere Form des Diebstahls betrachtet. Den Frauen waren Schulen wie Universitäten verschlossen; eine gelehrte Frau galt nach alter patriarchaler Tradition schlichtweg als widernatürlich, ja als dem hellen Geist des Mannes in höchstem Maße gefährlich.

Eine einzelne Frau, die es gegen den Zeitgeist schaffte, »wie ein Mann zu sein«, und das zudem in einer Männerkirche, wirkt bis heute wie eine Sensation. *Die Päpstin*, der Roman von Donna W. Cross, wurde nicht ohne Grund zum millionenfachen Bestseller. Die Zunft der Kirchenhistoriker ist freilich, was diese *Päpstin Johanna* betrifft, anderer Ansicht.

Doch war der Pontifikat einer Johanna jahrhundertelang allgemein anerkannt und als historische Wahrheit akzeptiert. Im 15. Jahrhundert taucht kaum mehr ein Zweifel an ihrer Existenz auf. In der Kathedrale von Siena wird eine Büste der Päpstin Johanna in der Reihe der übrigen Päpste angebracht, und niemand nimmt zweihundert Jahre lang Anstoß. Jan Hus beruft sich auf dem Konzil von Konstanz (1415) wie selbstverständlich auf die Päpstin Johanna, und bedeutende Theologen machen an deren Pontifikat ihre Lehre fest, daß sogar die unfehlbare Kirche in Tatsachen irren könne und die Pflicht zum Gehorsam gegen die kirchliche Hierarchie nicht von der persönlichen Beschaffenheit eines Papstes abhängig gemacht werden dürfe.

Agnes oder Gilberta (?), früherer Mönch zu Fulda, eine hochgebildete Frau (aus Mainz? aus Ingelheim? aus England?), die angeblich alle Männer in Rom an Gelehrsamkeit übertraf, war 853 einstimmig zum Papst gewählt worden. Sie soll unter dem gebräuchlichsten aller Papstnamen über zwei Jahre regiert und alle Amtspflichten erfüllt haben, 855 aber von einem Vertrauten geschwängert worden sein und – eine *Heilige Mutter* diesmal – bei einer Prozession auf offener Straße eine Früh- oder Fehlgeburt erlitten haben, worauf sie an Ort und Stelle verschied oder gesteinigt wurde oder sich, so die Lesart des Boccaccio, ins Privatleben zurückzog. Verschiedene Versatzstücke dieser Papstfabel wurden jahrhundertelang gesammelt, immer wieder neu zusammengefügt und – auch von Bischöfen – bis ins 19. Jahrhundert hinein geglaubt. Porträts der Päpstin fanden ihren Platz in den Kunstsammlungen der Päpste, Romführer gingen von der Existenz Johannas aus, ein tausendjähriger Straßenaltar, der die Stelle der Niederkunft (und Steinigung) der Päpstin bezeichnen soll, findet sich noch heute an einer Straßenkreuzung in Rom.

Bischof Johann von Chiemsee führt 1531 die Katastrophe der Niederkunft eines Papstes geradezu als Beweis dafür an, daß auch Päpste hin und wieder von einem bösen Geist getrieben werden. Wie dem auch sei, zumindest zwei Gewohnheiten des päpstlichen Roms weisen darauf hin, daß die Fabel von der Päpstin *(papissa)* einen realen Kern hat: Zum einen berichtet der päpstliche Zeremonienmeister Johannes Burchardus, von dem noch zu sprechen sein wird, 1486 davon, der neu gewählte Papst (Innozenz VIII.) habe auf dem Rückweg von seiner Amtseinführung gegen alle Gewohnheit eben jene Straße nicht gemieden, auf der die fragliche Päpstin (jetzt *Ioannes Anglicus* genannt, um wenigstens dem Namen nach ein Mann zu sein) niedergekommen sei. Der Verstoß gegen die gute päpstliche Etikette sei dem Papst von hohen Klerikern zum Vorwurf gemacht worden, die offensichtlich keinen Zweifel am Pontifikat einer Frau hatten.

Zum zweiten wird etwa seit 1100 der Brauch erwähnt, daß sich der neu gewählte Papst auf einem durchbrochenen Stuhl niederläßt: Die Öffnung sollte es ermöglichen, das Geschlecht des Gewählten zu überprüfen. Die Sequenz »Hat er oder hat er nicht?« – »Er hat, Gott sei Dank!« gab nicht nur Anlaß zu Zoten, Scherzen, Volksliedern, sondern auch zu gelehrten Abhandlungen über das heilige Happening.

Das *Histörchen* (I. v. Döllinger) von der Päpstin und ihrer Fehlgeburt ist bis heute umstritten. Zweifelsfrei widerlegt ist die Story nicht; sie bleibt ein vermutlich nicht zu lösendes Rätsel. Allenfalls hätte die Fabel als eine mehr oder minder gelungene Satire auf das römische Hurenregiment im dunklen Jahrhundert gelten dürfen; das genügte.

Immerhin hatten die geistlichen Männer, inzwischen durch den aufkommenden Protestantismus dazu getrieben, genügend Zeit, jeden Hinweis auf diese Frau und ihr Kind zu verwischen und die für das Mannestum der katholischen Kirche höchst peinliche Angelegenheit in einem förmlichen Vernichtungsfeldzug der gewünschten *damnatio memoriae* (Totschweigen, Totschlagen der abweichenden Ansicht, Dokumentenunterdrückung) zu unterwerfen.

Eine solche Löschung des Andenkens, eine solche Verdammung des Gedächtnisses an eine Person ist ja so ungewöhnlich nicht. Niemand, der die Verhältnisse kennt, wird davon ausgehen, daß ausgerechnet im Vatikan keine Quellen unterdrückt, ja beseitigt werden. Kirchenleute haben immer wieder nachdrücklich ihre Meisterschaft im Fälschen bestimmter Fakten und im Verschwindenlassen gewisser Akten bewiesen. Und wenn neuerdings das Archiv der Römischen Inquisition der wissenschaftlichen Forschung zugänglich gemacht wird, was Kardinal J. Ratzinger, gegenwärtiger Chef der Glaubenskongregation, mit treuherzigem Augenaufschlag als Großtat feiert, so besagt dies nichts über die tatsächliche Lage. Es ist bekannt, was beispielsweise noch im 19. Jahrhundert mit Inquisitionsakten geschah: Zwischen 1815 und 1817 machten Unterhändler in Paris mit Zustimmung des Kardinalstaatssekretärs E. Consalvi nicht weniger als 4158 Bände mit Prozeßunterlagen unleserlich und verschacherten sie anschließend an Altpapierhändler. Dokumente von unschätzbarem historischem Wert waren unwiederbringlich verloren. Und im September 1870 verbrannte die Polizeidirektion des Papstes Pius IX. große Teile des Geheimarchivs, um keine belastenden Dokumente in die Hand französischer Truppen fallen zu lassen.

Doch gelang es offenbar nie, das Gedächtnis der Menschen völlig zu säubern, sonst wüßten wir alle nichts mehr über frühere Vorgänge und Verbrechen in diesen Kreisen. Heute setzen Gegenbewegungen ein, die Unterschlagenes, Unterdrücktes, Unterjochtes ans Licht bringen, an den Pranger stellen, was sich etabliert glaubte, und Verstummte reden machen – und seien diese schon tausend Jahre tot. Weshalb sollte es im Fall der Päpstin Johanna anders sein?

Zwar fehlen zeitgenössische Dokumente über die Frau aus dieser »komplizierten Sage« (H. Kühner), doch könnten alle Quellen ebenso sorgsam wie zielstrebig beseitigt worden sein. Zeit fand sich genug, die offiziellen Akten politisch korrekt zu bearbeiten. Aus jenem »dunklen Jahrhundert«, über das die Quellen allerdings nach wie vor voller Unsicherheiten bleiben, wurden die bekannten Schandtaten der Päpste zwar nicht getilgt. Sie sind offensichtlich als kirchenunschädlich betrachtet worden. Doch im Fall einer Frau auf dem Stuhl Petri, der größten Sünde und Schande des Papsttums, galt diese Toleranz nicht. Da mußten die Quellen gründlich gesäubert werden.

Wie mannvernarrt die Theologie war, geht schon aus der Ansicht hervor, Gott selbst habe es zugelassen, daß eine Zeitlang eine Frau als Papst anerkannt worden sei. Aus diesem Umstand müsse nämlich gefolgert werden, daß der Heilige Geist, der eigentlich die Irrtumslosigkeit der Kirche garantiere, sogar einen Ungläubigen zum Papsttum zulassen könne – wobei das im Vergleich mit einer Frau als Papst »die geringere Schwierigkeit« darstelle.

Einer Frau, aus der die Sage schließlich eine Dirne machte und aus ihrem zu früh geborenen Kind einen elenden Bastard, durfte jedenfalls kein Platz in der offiziellen Papstliste eingeräumt werden. Strafverschärfend kam vermutlich hinzu, daß Johanna als eine überragend gelehrte Frau angesehen worden war: Diesen Schimpf konnte sich eine Männerhierarchie nicht bieten lassen, die über Lesen und Schreiben gebot und die entsprechenden Zulassungen aussprach oder verweigerte. Es war unter diesen Umständen konsequent, daß die gelehrte Johanna zum bloßen Lebewesen Frau hinabgeschrieben wurde, dem es von Natur aus zukam, ein Kind zu empfangen und zu gebären – nicht mehr.

Ob eine Päpstin zwischen dem Tod des Papstes Leo IV. (17. Juli 855) und dem Amtsantritt Papst Benedikts III. (29. September 855) überhaupt »unterzubringen« war, bleibt freilich zweifelhaft. Manche Autoren gehen davon aus, daß das Todesjahr Leos IV. in frühen Quellen nachträglich korrigiert worden ist, damit aus dem tatsächlichen Jahr 853, das zwei Jahre der Regierungszeit einer Päpstin Johanna ermöglicht hätte, ein Jahr 855 gemacht wurde. Damit sollte der Eindruck erweckt werden, daß Benedikt III. unmittelbar auf Leo IV. folgte.

Nebenbei sei vermerkt, daß antirömische Literaten im 16. Jahrhundert die Tatsache, daß über Jahrhunderte hinweg kein Deutscher mehr auf den Papstthron gelangt war, auf den Fall der »deutschen Päpstin« Johanna zurückführte. Deutschland begann denn auch mehr und mehr, sich »seiner« Päpstin zu schämen.

IV.
Die Jugendsünden haben Hand und Fuß
Warum Vergessen weiterhilft

»Alles am Hof des Papstes atmet Lüge: die Luft, die Erde, die Häuser und vor allem die Schlafzimmer.«

F. Petrarca, 1304–1374

»Wie könnt ihr den Menschen predigen? Demut? Ihr seid der Stolz in Person, aufgeblasen, pompös, verschwenderisch. Armut? Ihr seid so habgierig, daß alle Reichtümer der Welt euch nicht mehr zufriedenstellen könnten. Keuschheit? Davon schweigen wir lieber.«

Papst Klemens VI. an die Oberhirten der Kirche, 1351

Pintoricchio
Enea Silvio Piccolomini bricht zum Konzil nach Basel auf
(um 1505)

Der Angriff einer Frau auf das höchste Amt der Kirche war abgewehrt. In den folgenden Jahrhunderten plagten sich nur Männer auf dem Papstthron des Petrus, auf dem dieser nie gesessen hat, mit den üblichen, stets hausgemachten Problemen herum: Priesterehe, Simonie, Kirchenstaat, Finanzierungen. Einigen Amtsinhabern, beispielsweise Bonifaz VIII. (1268–1303), werden Beziehungen zu Frauen, zu Männern vorgehalten, auch von Kindern ist in den Anklageschriften ihrer jeweiligen Gegner die Rede, wenn auch am Rande. Um so häufiger richtete sich der Blick auf den Umgang der Heiligen Väter mit ihren Familien: Gerade Bonifaz VIII., der reichste Geldmagnat Italiens, hatte mit oder ohne Gewalt, doch immer ohne alle Skrupel für die Seinen riesige Ländereien erworben. Sie bildeten schließlich das größte Familienterritorium des Landes.

Kurz darauf zogen die Päpste mehr oder minder freiwillig über Land, und das blieb nicht ohne Folgen. Sie hatten während des sogenannten »Exils zu Avignon« (1305–1377) ihre Residenz von Rom in die südfranzösische Stadt verlegt. Dabei kompensierten sie ihre Schwäche durch die verschiedensten Abmachungen, Konzessionen und Bündnisse mit den weltlichen Mächten.

Und weil während des ganz konsequent folgenden »Abendländischen Schismas« (1378–1417), das Papst Urban VI.

(1378–1389), ein ausgemachter Alkoholkranker, mit ausgelöst hatte, auch die Einkünfte unter zwei, ja drei gleichzeitig amtierenden Päpsten geteilt werden mußten, traten wirtschaftliche Interessen noch stärker als bisher in den Vordergrund. So entwickelte sich der Verkauf aller Güter, die die Kirche Roms zu bieten hatte – angefangen bei Absolution und Ablaß bis hin zu Bistümern und Abteien – zu einem schwunghaften Handel.

Was diese Geldwäsche bot, verlockte; was sie aus der Kirche machte, stieß ab. Doch das war die Wirklichkeit im real existierenden Papsttum.

Verschämt wird auch in diesem Zusammenhang nach einer Alternative gefragt. Gab es sie je? Unfähige, korrupte Regime lassen sich angesichts eines Umsturzes oder der allgemeinen Auflösung wohl nicht reformieren. Doch *hätte* nach B. Tuchman die Reform, von einem auf die Würde seines Amtes bedachten Kirchenoberhaupt begonnen und von gleichgesinnten Nachfolgern mit Kraft und Beharrlichkeit fortgesetzt, die verabscheuungswürdigsten Praktiken beseitigen können. Sie *hätte* den Ruf nach einer würdigen Kirche und würdigen Priestern aufnehmen, das Bedürfnis nach geistlichem Beistand erfüllen und möglicherweise die Reformation Luthers verhindern können.

Hätte, wäre, wenn? Realistische Beobachter können sich nicht auf Spekulationen einlassen. Kirche ist kein Traum, sondern bis heute nackte Wirklichkeit.

Die Päpste schlugen den Weg der angeblich besseren Alternative nicht ein. Warum auch? Andere Lösungen erschienen bequemer, und so beschritt Rom die breiteste Straße, nicht den engen Weg: Es blieb nicht aus, daß Wasser gepredigt und Wein getrunken wurde.

Der Vatikan nahm die angemahnte Verantwortung nicht wahr; sie blieb ein Fremdwort für seine politische Theologie und Praxis. Um so lieber erlagen die Heiligen Väter der sie tragenden Gesellschaft, für viele, jedoch nicht für alle das Grundproblem ihres Lebens und ihrer Amtsführung. Auch angesichts wachsender Herausforderungen an ihr Amt trugen sie eine durch nichts irre zu machende Selbstsucht zur Schau. Auch das ist Realität, keine Spekulation.

Vertane Zeit, nach der fernen Möglichkeit, nach einem Traum vom besseren Leben zu fragen: Wer sich mit der Kirche Roms befaßt, tut gut daran, sich ausschließlich um Wirklichkeiten zu kümmern. Forschung ist nicht dazu da, sich mit moralisierenden und theologisierenden Alternativen zu belasten.

Sehr viele geistliche Herren, niedrige wie hohe, wählten zwischen den Versuchungen eines weltlichen Daseins und den Ermahnungen strenger Bußprediger den dritten Weg: Die einen lebten nach der Devise »Wenn schon nicht keusch, so doch vorsichtig!« und taten im stillen viel Gutes. Die anderen bereuten im Alter ihre Jugendsünden – oder, nicht weniger probat, sie versuchten diese schlichtweg zu vergessen. Die Folgen ihrer Liebesbeziehungen aber verschwanden ohne viel Aufhebens in der Schar wirklicher Neffen.

Auch Päpste gaben über Jahrhunderte hinweg listigerweise erst nach ihrer Wahl die bisher verborgene Existenz von eigenen Kindern bekannt; deren Mütter blieben freilich zumeist ganz im dunklen (S. Schüller-Piroli).

Kinder kosteten Geld. Doch noch jeder Papst fand einen Ausweg, sein Vater-Problem zu lösen. Entweder er verleugnete den Nachwuchs – oder er sorgte hingebungsvoll für ihn. Woher dieses Geld kam, war bald kein Geheimnis mehr.

Der habsüchtige und geizige Johannes XXII. (1316–1334), in dessen Pontifikat eine der frühesten Ursachen der Reformation zu suchen sein dürfte (H. Kühner), erstellte ganze Tariflisten für die Erteilung von Dispensen und Absolutionen. Kaum verwunderlich, denn er benötigte 64 Prozent seiner Einkünfte für Kriegszüge. Dennoch blieb noch manches für ihn selbst und seine wahrscheinlichen Nachkommen: Der Stellvertreter Christi, ein Finanzvirtuose sondergleichen (K. Deschner), hinterließ angeblich bei seinem Tod 16 Millionen in Münzen und 17 Millionen in Goldbarren. Gewiß, er wahrte die reine Lehre, doch war seine eigentliche Häresie, daß er die Ärmsten der Armen verbrannte und als reichster Mann der damaligen Welt starb (P. de la Rosa).

Baldassare Cossa, ein berüchtigter Pirat und nach seinem Mord an einem Vorgänger selbst Gegenpapst mit dem Namen Johannes XXIII. (1410–1415), war ein Mann mit sprichwörtlich weitem Gewissen. Er hatte sich einen Kardinalshut gegen *cash* gekauft. Warum nicht? Die aufgekommene Geldwirtschaft bedeutete eine »Versachlichung aller Verhältnisse« (A. v. Martin), und Barzahlung war zu dem alle Menschen verbindenden Band geworden. Dann war Kardinal Cossa nach Bologna gezogen, wo er in einem einzigen Jahr 220 Frauen verführt haben soll. Die Namen seiner Kinder sind nicht überliefert.

Dieser Mann, der nie seine Sünden gebeichtet oder das Sakrament empfangen, weder an die Unsterblichkeit noch an die Auferstehung der Toten geglaubt haben soll, wurde 1415 vom Konstanzer Konzil abgesetzt: als »simonistischer Vergeuder kirchlicher Güter und ungetreuer Verwalter der Kirche, sowohl im geistlichen als auch im zeitlichen Sinn«. Als Stallbursche verkleidet war er jedoch bereits entkommen. Der auf ihn ausgestellte Steckbrief lautete: »Gesucht wird ein fremder Mann, kein Deutscher, fett, als Priester oder als Laie verkleidet.« Er wurde wirklich später aufgefunden und in den Kerker geworfen, bis ihm der neue Papst verzieh.

Martin V. (1368–1431), Sohn des Kardinals Agapitus Colonna und seiner Geliebten Caterina Conti, früherer Anhänger des Gegenpapstes Johannes XXIII., wurde schließlich 1417 nach sage und schreibe 45 Sitzungen vom Konzil zu Konstanz, dem größten und internationalsten Reformkonzil des Mittelalters, zum Papst gewählt. Seine uneheliche Abkunft, die dazu aufgrund der Vaterschaft eines Kardinals als besonders prekär gelten mußte, hatte seine Wahl ebensowenig wie im Fall des Mönchssohnes Hadrian IV. (1154 bis 1159) gehemmt. Das wirft ein Licht auf die Schlüssigkeit jener Theorie, die Nichteheliche zwar grundsätzlich von geistlichen Würden und Ämtern ausschloß, doch praktisch so gut wie nie eingehalten wurde.

Priester- und Bischofskinder mußten zwar hin und wieder, so ein bis heute geläufiges italienisches Sprichwort, zu jedem Geistlichen *padre*, Vater sagen, hatten aber den eigenen, leiblichen Vater mit »Onkel« anzusprechen. Doch galt ihre Existenz selten als Hemmnis für die Karriere ihrer Väter.

Das Kirchenvolk nahm seinerzeit kaum Anstoß daran, daß in den Bischofs- und Kardinalsresidenzen ein wenig verhülltes Familienleben geführt und ein Kind nach dem anderen aufgezogen wurde. Noch der Urenkel des Papstes Alexander VI. Borgia, der spätere Generalobere der Jesuiten Francisco Borgia (1671 heiliggesprochen), hatte seine Kindheit im Palast seiner Großeltern verbracht. Denn dort residierten der (selbst unehelich geborene) Erzbischof Don

Alonso von Aragón und die Edeldame Anna Urrea ganz offiziell gemeinsam.

Nicht einmal der wegen seiner unerbittlichen Strenge und Grausamkeit gefürchtete Großinquisitor T. de Torquemada (1420–1498), ein Mörder, der Tausende seiner Opfer bedenkenlos ins Feuer geschickt hat, schritt gegen das Treiben in spanischen Bischofs- und Pfarrhäusern ein. Im Vergleich mit den (angeblichen) Verstößen gegen die reine Lehre erschienen (tatsächliche) Vergehen gegen das reine Leben verzeihlich. Daran änderte sich bis heute nicht viel.

Reform der Kirche? Viele ließen sich ablenken, viele waren erst gar nicht interessiert. Die internationale Atmosphäre des Konzils von Florenz (1439) hatte beispielsweise dazu beigetragen, es volkstümlich zu machen. Es hatte osteuropäische Prälaten und byzantinische Fürsten in die Stadt geschwemmt, die in ihrem Gefolge Mohren, Mongolen und alle Arten merkwürdiger Tiere mit sich führten. Das sprach mehr an als das Ziel der Versammlung, um das sich nur ein paar Theologen kümmerten.

Knapp zwanzig Jahre später schaffte Kalixtus III. (1455 bis 1458), der aus einem viel weniger begüterten Zweig der Familie Borgia als sein späterer Nachfolger Alexander VI. stammte, den Sprung auf den Papstthron. Er war seit über tausend Jahren der erste spanische Papst. In den folgenden Jahrhunderten bis heute sind nur noch drei Nichtitaliener zum Papst gewählt worden: Alexander VI. (1492), Hadrian VI. (1522) und Johannes Paul II. (1978).

Der *alt herre ens erbaren togentlichen lebens und ganzen guts gerüchts*, wie ein Prokurator des Deutschen Ordens nach Hause schrieb, war an sich kein untüchtiger Papst. Dem gelehrten, trockenen Juraprofessor, später auch Pfarrer auf

Mallorca und Bischof von Valencia, hatte der wenige Wochen nach seiner Wahl (1455) von ihm heiliggesprochene Bußprediger Vinzenz Ferrer die Tiara prophezeit. Neben der Rehabilitation der Jeanne d'Arc, die 1431 verbrannt worden war, kümmerte Kalixtus III. sich eifrig um den Kampf gegen die Türken, für den er sogar seine neue Tiara, freilich nur auf magere 500 Dukaten geschätzt, versetzt hatte. Sein Heer siegte 1456 bei Belgrad, und der Papst führte das Fest der »Verklärung Christi« (6. August) ein.

Freilich belebte er nicht ohne Ränke auch den Nepotismus der Päpste entscheidend, versorgte 310 Landsleute und festigte eine eigene Hausmacht. Er hatte vermutlich auch einen Sohn, Francesco Borgia (1441–1511), späterer Erzbischof von Cosenzo und seit 1500 Kardinal Alexanders VI. Borgia.

Kalixtus III. erhob den Neffen Rodrigo, an dessen Regierung als Papst sich die spätere Borgia-Legende festmachen sollte, schon in jungen Jahren gegen heftigen Widerstand zum Kardinal und machte ihn zum Bischof von Valencia. Dieses galt als die schönste und vergnügungssüchtigste Stadt Spaniens und war für das Nachtleben seiner Einwohner bekannt. Rodrigo hatte dieses Erzbistum bis zu seiner Wahl zum Papst Alexander VI. inne.

Dem Bruder Rodrigos, Pedro-Luis, übertrug Kalixtus III. die Herzogtümer Benevent und Terracina. Für ihn wollte er auch die Krone von Neapel, nach einigen Quellen selbst die Kaiserkrone von Byzanz gewinnen. Den sich anbahnenden Zugriff der Familie Borgia, dem der Kirchenstaat mehr und mehr ausgeliefert war, stoppte er nicht.

Rodrigo Borgia, der begabteste Neffe, saß 1458 allein am Sterbebett seines Onkels und schloß ihm die Augen. Die

Römer aber veranstalteten nach dem Tod des spanischen Papstes regelrechte Treibjagden auf dessen Landsleute und erschlugen viele von ihnen. Pedro-Luis Borgia entkam, Rodrigo blieb. Sein entgegen der Sitte unbefestigter, weitläufiger Wohnpalast wurde allerdings geplündert.

Rodrigo Borgia wählte, nachdem er von dem schließlich glücklichen Kandidaten als »junger Esel« und »unerfahrener Knabe« beschimpft worden war, weil er einem anderen hatte seine Stimme geben wollen, auch den Nachfolger mit: Pius II. (1405–1464). Dieser wählte seinen Namen betont humanistisch nach Vergils *pius Aeneas* (er selbst hieß mit Vornamen Enea). Er galt als hochgebildeter Literat, war der Verfasser amouröser Schriften und früher ein extremer Vertreter der Konzilsidee gewesen, die das Allgemeine Konzil über den Papst stellte, ein Alptraum für alle Amtsinhaber.

Diese Jugendsünde verzieh Enea Silvio de' Piccolomini sich allerdings, nachdem er selbst Papst geworden war.

»Wer nie der Liebe Glut gefühlt, ist ein Stein oder ein Tier, und man weiß, daß der glühende Funke selbst durch das Mark der Götter gezuckt ist.« Das hatte derselbe Mann 1444 geschrieben; später war ihm das peinlich, mittlerweile hatte er von Amts wegen, als Papst, andere Maximen zu vertreten.

Der Liebe Glut? Der glühende Funke der Götter? Als junger Mann, der sich noch nicht hatte vorstellen können, einmal in den Kirchendienst zu treten und gar Papst zu werden, hatte Piccolomini – »Dank dem Herrn, daß er mir im Schoß eines Weibes ein Söhnchen bildete« – zumindest zwei Söhne gezeugt, den ersten namens Enea in einer Liebesnacht mit einer verheirateten Engländerin in einem elsässischen Gasthof, den zweiten auf der Durchreise in Schottland. Die beiden Söhne – von weiteren wird gemunkelt, zumal manche

Kleriker vom späteren Papst unerklärliche Zuwendungen erhielten – verstarben früh, so daß sich für ihn das Problem ihrer Versorgung nicht stellte. Dasselbe kann von der Sorge dieses Papstes für die eigene Familie nicht gesagt werden: Pius II., der zwar auch von einem kleineren Kreuzzug träumte, kümmerte sich um Nepoten und fernere Verwandte. Den Anfang einer langen Reihe machte Andrea Piccolomini, den Ferrante I. von Neapel mit Territorien und einem doppelten Herzogstitel hatte ausstatten müssen, bevor er ihm seine außereheliche Tochter Maria zur Frau gab.

Vergnügungen außerhalb der Ehe waren an der Tagesordnung und wurden, von wenigen Neidern abgesehen, nicht eigens kommentiert. Dem Papst war beispielsweise 1459 aus Anlaß einer Zusammenkunft christlicher Fürsten in Mantua, die ihn zwei Jahre von Rom fernhielt, von acht Kindern des Hauses d'Este ein erster Gruß entgegengebracht worden; keines von ihnen war ehelich geboren. Herzog Philipp der Gute († 1467) brachte es auf 26 uneheliche Kinder. Wichtig war es nur, solche Nachkommen auf dem europäischen Heiratsmarkt unterzubringen. Gerade die Päpste schafften dies nicht ohne Geschick.

Eigentlich, so wurde nüchtern erörtert, bedeutete unehelich geboren zu sein nicht wenig: Zumindest hatte ein solches Kind eine Mutter gehabt, deren Attraktivität, Charme, Schönheit, die offenbar von der Ehefrau nicht aufgeboten werden konnten, es wert gewesen waren, daß sie das Bett mit einem Prominenten teilte. War das ein Fehler? Oder nicht vielmehr die Anerkennung hervorstechender Eigenschaften, die zu den schönsten Hoffnungen für das Kind berechtigten? Allein in diesem Buch nenne ich fünf Dutzend uneheliche Geborene: Papstsöhne, Papsttöchter, Abkömmlinge von Königen, Herzögen, Grafen, Kardinälen.

1460 war jedoch der Lebenswandel gewisser Oberhirten zum Problem geworden. Papst Pius II. richtete ein Schreiben an den auch für seine Jagdleidenschaft bekannten Kardinal Rodrigo Borgia. Dieser hatte schon den Fürstenkongreß von Mantua für Land- und Wasserpartien genutzt und war dafür von dem bedrängten Papst scharf, aber ohne Erfolg gerügt worden.

Nun mußte der Heilige Vater dem zweiunddreißigjährigen Kirchenfürsten vorhalten, er habe in Siena ein Fest in den Gärten der Bichi veranstaltet, bei dem »keine Verlockung der Liebe fehlte« und zu dem die Ehemänner, Väter und Brüder der anwesenden Frauen wohlweislich erst gar nicht zugelassen worden waren, »auf daß der Wollust keine Grenzen gesetzt seien«. Einer der ausgesperrten Ehemänner soll denn auch gerufen haben: »Kämen diejenigen, die nach neun Monaten geboren werden, in den Kleidern der Väter zur Welt, müßten sie alle Priester und Kardinäle sein!«

Die Kardinäle galten als Elite ihrer Kirche, doch waren sie gewiß keine theologische Elite, keine moralische Instanz, sondern eine Art Hofstaat des Papstes – mit besonders elitären Attitüden, was Titel, Kleidung, Gebaren betraf.

Pius II., der bekanntlich selbst kein Kind von Traurigkeit gewesen war, hielt jedenfalls den Kardinal Borgia an, sich nicht wie ein »Jüngling aus der Laienwelt« aufzuführen. Vielmehr solle er sich um seinen hohen Stand sorgen, statt hübschen Mädchen zu schmeicheln, ihnen ununterbrochen Naschwerk zu senden sowie ganze Tage als entzückter Zuschauer jeder Lustbarkeit zu verbringen. Pflichtgemäß warnte der Papst vor der Hölle, doch auch davor, daß das

Andenken des Onkels Kalixtus III. beschädigt werde, und vor der Schande für das Amt überhaupt: »Aus diesem Grund verachten uns Fürsten und Mächtige, und die Laien spotten über uns ... Verachtung ist das Schicksal des Statthalters Christi, weil er solches Handeln zu dulden scheint.«

Spott war allerdings eine kümmerliche Waffe gegen das Bollwerk von Macht und Schönheit, wie es Florenz – und nicht nur dieses – darstellte (M. Brion).

Soweit es den Papst selbst betraf, scheint er denn auch das beschworene Schicksal des Statthalters Christi weniger beklagenswert gefunden zu haben: Eine durchgreifende Reform der päpstlichen Kurie, deren Notwendigkeit dieser Heilige Vater durchaus erkannte, war durch die Sorge Pius' II. für seine Familie von Grund auf zunichte gemacht.

Hierin schien er nicht nur zu dulden, hier duldete er in der Tat alles.

F. Gregorovius urteilt über den Piccolomini-Papst, dessen Handeln eine weitreichende Wirkungsgeschichte aufweisen kann: »Wenn je die Irrtümer der Jugend dem Alter zu vergeben sind, so konnte Pius II. darauf Anspruch erheben. Sein Leben als Papst war fleckenlos; er war mäßig, mild, menschenfreundlich und nachsichtig.« Doch nur, wenn sich die konstatierte Menschenfreundlichkeit, Milde und Nachsicht auf seine Sorge für die Seinen bezieht, kann dieses Urteil bestehen.

Pius II. war im Gegensatz zu vielen anderen vor ihm und nach ihm so ehrlich, die Gründe für seine Meinungsänderung im Alter anzugeben: »Venus ekelt mich an. Freilich nehmen auch die Kräfte ab ... Ich kann keinem Weib mehr zur Lust dienen und keine mir. Von nun an diene ich mehr dem Bacchus als der Venus. Der Wein ernährt mich ...«

Was in den folgenden Jahrzehnten geschah, war nicht neu; der Unterschied bestand nur darin, daß Pius II. sich bemüht hatte, dem Verfall Einhalt zu gebieten, während seine Nachfolger nicht einmal den Versuch dazu machten. An die Kritik aus verschiedenen Richtungen gewöhnt, hatte die Papstkirche ein zu dickes Fell entwickelt, als daß sie sich hätte aus der Ruhe bringen lassen.

Pius II., der seinen Neffen Francesco, den späteren Pius III., zum Kardinal erhoben hatte, starb 1464 in Ancona; Rodrigo Borgia war beim Tod zugegen. Und schon der Nachfolger, ein Jugendfreund des Borgia, stellte die Unempfindlichkeit des Papstamtes unter Beweis: Paul II. Barbo (1464–1471), ein venezianischer *Nobile* und ehemaliger Kaufmann, war als Nepot von Eugen IV., der einen heiligmäßigen Mönch hatte foltern und verbrennen lassen, weil er die Unmoral des päpstlichen Hofes gegeißelt hatte, mit 23 Jahren zum Kardinal erhoben worden. Durch Bildung zeichnete er sich nicht aus.

Er war, für Pius II. ein Greuel, kein Freund der humanistischen Literaten. Kardinal Barbo sprach oder verstand nicht einmal Latein, die kuriale Umgangssprache. Dieser Mangel galt einer von Vergil, Horaz, Cicero besessenen Zeit, die schönes Latein geradezu kultisch verehrte, als unverzeihlich. Während Päpste wie Leo X. Medici (1513–1521) selbst ausgezeichnete Lateiner waren und jeden, der die Sprache beherrschte, bei der Vergabe von Ämtern bevorzugten, schien Paul II. seine mangelhafte Bildung durch Eitelkeit, Argwohn gegen jedermann, Prunksucht und ein Vergnügen am Sammeln kostbarer Juwelen kompensieren zu wollen. All dies war dem Vatikan und seinen Potentaten nicht unbedingt fremd.

Immerhin begründete Paul II. die Antikensammlungen und das Verlagshaus *(Libreria Editrice Vaticana)* des Vatikans. Auch erbaute er den luxuriösen, noch heute bedeutsamen Palazzo Barbo *(Palazzo Venezia)*, in dem er seit 1466 residierte, »um seiner Stadt und ihren Einwohnern näher zu sein, als dies im Vatikan der Fall war« (M. Lucentini).

Sein von hoffnungslosen Kriegsplänen gegen Türken und Hussiten mitgeprägter, vergleichsweise ziemlich farbloser Pontifikat blieb ohne größere Wirkung. Er führte das Birett und den Purpurmantel der Kardinäle ein, erhob drei Nepoten zu Kardinälen und hinterließ eine Jugendsünde, eine längst vergessene Tochter, nach anderen Autoren sogar mehrere Kinder.

Zudem begründete er, wahrscheinlich neben der Verleihung des Titels »Allerchristlichster König« an Frankreichs Herrscher seine einzige Entscheidung mit weitreichenden Folgen, zentrale römische Karnevalsfeiern (und -rennen). Sie wurden zu einer förmlichen, dann jahrhundertelang genutzten Institution und zum berühmtesten Karneval in Europa.

Die beliebtesten Spiele der Epoche waren diejenigen, die auf der Straße stattfanden und von Schreibkundigen detailliert notiert wurden, um der Nachwelt Eindruck zu machen: Ankünfte von Fürsten, religiöse Prozessionen, der Amtsantritt eines Papstes, Gedenkfeiern und Feste, Karnevalsumzüge, öffentliche Schauspiele, Turniere, Tänze, Tierhatzen, Gladiatorenkämpfe – und ganz einfach *i trionfi* (Petrarca), die Ruhm bezeichneten. Derlei Zerstreuung lenkte das politische wie das religiöse Bewußtsein ab oder erstickte es. Der bequemste Weg. Die Päpste gingen ihn unbeirrt. Die Massen dadurch ruhigzustellen und gefügig zu machen, daß die Heiligen Väter sie als unmündig behandelten, erwies sich als ein effektives Mittel im Herrschaftssystem.

Nicht von ungefähr standen im Mittelpunkt des Vergnügens der päpstlichen Stadt auch rituell durchgeführte Judenverspottungen wie etwa die entwürdigenden »Judenläufe«, bei denen halbnackte Juden unter dem Gejohle der Christenmenge durch die Stadt gehetzt wurden.

Passiert war unter Paul II. sonst nicht viel; das sollte sich ändern.

V.
Vater und Sohn arbeiten Hand in Hand
Wie auch mal im Dom gemordet werden kann

»Frömmigkeit war selten im Heiligen Kollegium der Kardinäle, Atheismus ziemlich allgemein.«

Stendhal, *Promenades dans Rome*, 1829

Tizian
Papst Alexander VI. empfiehlt Jacopo Pesaro dem heiligen Petrus
(1510)

Francesco della Rovere (1414–1484), früherer Theologieprofessor an verschiedenen italienischen Universitäten und Generaloberer des Franziskanerordens, ein dickköpfiger, ehrgeiziger und streitsüchtiger Mann (M. Brion), verdankte seine Wahl zum Papst Sixtus IV. kaum dem Einfluß des Heiligen Geistes. Das wird bei Papstwahlen, die stets kühl berechnete Macht- und Gewinnspiele sind, bis auf den heutigen Tag nur denen verkündigt, die noch glauben wollen.

Auch sollte die Wahl des Papstes Sixtus IV. nicht, wie vorgeschützt, eine Reaktion auf die »Weltlichkeit« des Vorgängers darstellen. Vielmehr hatte der Neugewählte seine Wahl vom August 1471 dem Taktieren des Kardinals Rodrigo Borgia zu danken, der die Tiara bald selbst tragen sollte.

Die Unterstützung, die Sixtus, dem ersten Papst-König der Geschichte (F. Gregorovius), von Borgia zuteil wurde, zeugt von der Wesensverwandtschaft der beiden. Historiker haben diese Nähe erkannt und nennen die zwei Glücklichen zusammen mit Innozenz VIII., dessen Amtszeit zwischen die der beiden fällt, die »drei bösen Genies«.

Schon kurz nach der Wahl des Papstes Sixtus IV. tauchten Nepoten und leibliche Kinder, von denen in den Tagen des Konklave niemand, am wenigsten er selbst, etwas gewußt haben wollte, aus Klosterzellen und Bauernkaten auf – und verblüfften alle Welt durch ihr glanzvolles Gehabe (S. Schüller-Piroli).

Sixtus IV., der darauf aus war, Italien unter die Herrschaft des Kirchenstaates zu bringen (M. Brion), hob sechs Familienmitglieder in den Rang eines Kardinals, darunter schon kurz nach seinem Amtsantritt den achtundzwanzigjährigen Giuliano della Rovere. Dieser bekam für den notwendigsten Lebensunterhalt schließlich nicht weniger als die Einkünfte aus sechs Bistümern anvertraut.

Auch der fünfundzwanzigjährige Pietro Riario erhielt den roten Hut. Er galt als »Lieblingsneffe« des Papstes, war aber höchstwahrscheinlich die Frucht einer Jugendsünde – dessen eigener Sohn. Der alles in allem verzeihliche, zu vergessende Fehltritt eines jugendlichen Oberhirten?

Gewiß konnte eine solche Schwäche zunächst noch als private Angelegenheit durchgehen, von der Tatsache abgesehen, daß der zum Zölibat verpflichtete della Rovere erst als Kardinal gezeugt hatte. Doch entstand aus der angeblichen Privatsache infolge des bewußt amtlichen Handelns des Heiligen Vaters eine um so größere Verfehlung: Wer sich derart nachdrücklich um die lebendigen Folgen seiner Jugendsünden kümmerte, schädigte auch nach Meinung der Zeitgenossen das Gemeinwohl zutiefst.

Die Ausschweifungen des Kardinals Riario, dem der wachsende Wohlstand der Papstfamilie fast den Verstand raubte, und die Umtriebe einer Horde neureicher Familienmitglieder führten bald dazu, daß Zügellosigkeit und Verschwendungssucht zu einem festen Merkmal des päpstlichen Hofes wurden (B. Tuchman).

Freilich: Was Zügellosigkeit und Verschwendungssucht genau bedeuten sollen, bleibt eine Frage der Definition. Definieren aber heißt Grenzen ziehen – und das kann erfahrungsgemäß eine flexible Angelegenheit sein. Die Renaissance kannte andere Maßstäbe, zog andere Grenzen als spätere Epochen – und war stolz darauf. Das Wort Renaissance *(rinascimento)* wurde jedoch erst im 16. Jahrhundert eingebürgert, um damit Würde und Außergewöhnlichkeit einer Epoche zu bezeichnen, der viele sich so gerne zurechneten.

Matteo Palmieri (1406–1475), ein Gewürzkrämer *(speziale)* und Apotheker aus Florenz, hatte gejubelt: »Jeder heute lebende Mann von Verstand sollte Gott danken, in dieser Zeit geboren zu sein, die eine solche Blüte glänzender Geister, wie sie in tausend Jahren nicht erschienen ist, hervorgebracht hat.«

Kardinal Riario, der wie sein Vater zunächst Franziskanermönch gewesen war, zählt allerdings zu den skandalösesten Nepoten der Papstgeschichte: Als »Patriarch von Konstantinopel« tituliert, hatte er – unter den Augen seines wohlwollenden Herrn Vaters, der nicht ganz zufällig Papst war – nicht die geringste Mühe, in einem Jahr 1 400 000 Dukaten mit seiner offiziell anerkannten Geliebten zu verprassen und die vier Bistümer, die er sich hatte besorgen lassen, zu diesem Zweck auszunehmen.

1480 feierte der Kardinal ein saturnalisches Bankett, bei dem ein ganzer gebratener Bär mit einem Stab im Maul, gebratene Hirsche im Fell, Reiher und Pfauen mit Federn aufgetragen wurden. Dazu kam das orgiastische Treiben der Gäste. Die Berichte über dieses Gelage wirkten um so bestürzender, als eine allgemeine Angst vor den Türken um sich griff. Diese waren in Süditalien gelandet. Viele Fromme glaubten, Gott habe das Vordringen der Türken seit dem Fall

Konstantinopels zugelassen, um die Kirche für ihre Sünden zu strafen.

Die Kirchenreform war denn auch das Anliegen der Zeit; sie kam in der Literatur, in Predigten, Flugschriften und Liedern ebenso zur Sprache wie bei politischen Beratungen. Als Forderung all derer, die sich durch das weltliche Gehabe der Kirche abgestoßen fühlten, als Sehnsucht nach einer geläuterten Form der Religion hatte sich der Ruf nach Reformen seit dem 12. Jahrhundert allgemein verbreitet. Es war dieser Ruf, den der hl. Franziskus (1182–1226) bei einer Vision vernommen hatte: »Mein Haus liegt in Trümmern! Stelle es wieder her!«

Die Forschung könnte sich allerdings vorsichtig zu fragen beginnen, ob es je eine längere Epoche der Papstgeschichte gab, in der »das Haus« nicht mehr oder weniger »in Trümmern lag«.

Papstvater Sixtus IV., einer der korruptesten Amtsinhaber aller Zeiten, sah sich – eine sittliche Pflicht? – jedenfalls gezwungen, Geld zu beschaffen, um die Seinen und sich selbst ausreichend zu versorgen. Unter anderem verfiel er auf die Idee, in seiner Stadt Bordelle einrichten zu lassen. Bedarf gab es, und der Heilige Vater gewann ein festes Salär von 80000 Golddukaten pro Jahr, mehr als das Zehnfache der Einnahmen eines gewöhnlichen Kardinals.

»Geld stinkt nicht«; auch dieser Satz stammt aus Rom.

Sixtus IV. führte 1476 das Fest der »Unbefleckten Empfängnis« ein – und kassierte andererseits von Huren. 1490 weist eine Statistik in Rom, das damals kaum 100000 Einwohner zählte, 6800 Dirnen aus; ungefähr jede siebte Römerin ging dem Gewerbe nach.

Vorgänger Pius II. hatte recht gehabt, als er dem böhmischen König unter Berufung auf den heiligen Kenner Augustinus beteuerte, ohne ein geordnetes Bordellwesen könne die Kirche nicht bestehen. Kein Zufall, daß jene Städte, die vorübergehend oder auf Dauer einen Papst beherbergten, von Dirnen überflutet waren. »Kurtisane« war zum Fachausdruck geworden, zum Namen für eine Frau, die dem päpstlichen Hof zu Diensten war. Ein englischer Kardinal kaufte sich ein Bordell; ein Straßburger Bischof baute besser gleich selber eins; der Mainzer Erzbischof lamentierte, städtische Konkurrenzunternehmen schädigten sein Bordellgeschäft, daher wolle er – ganz geistlicher Hirte – künftig »ungeschmälert« über die Nutten der Stadt herrschen. Denn nur, wenn ein solcher Betrieb in würdigen Händen sei, fließe die Sittlichkeit in die rechten Bahnen.

Kardinal Riario nun, die Kreatur Sixtus' IV., erlag zwar schon mit 28 Jahren seinem Lebenswandel, doch sein Bruder Girolamo, auch er die Folge einer Jugendsünde, nahm seine Stelle gerne ein. Er stieg vom Gemüsehändler zum Grafen auf, heiratete 1477 die ungestüme und ehrgeizige Caterina Sforza, uneheliche Tochter des Herzogs von Mailand, und ragte, falls das überhaupt noch möglich war, durch seine besondere Gier nach Land hervor. Dabei beherrschte er den Heiligen Vater verhängnisvoller als sein verstorbener Bruder. Ein weiterer Nepot des Papstes wurde Herzog, ein anderer Stammvater der späteren Herzöge von Urbino.

Sixtus IV., durchaus ein unvergeßlicher Förderer der Kunst, weihte 1483 die nach ihm benannte Sixtinische Kapelle ein, die Michelangelo später ausmalen würde. Auch der »Lebenswandel« des Papstes war nicht zu beanstanden, verkürzt sich dieses Urteil auf Frauengeschichten. Denn geistliche Pfründen verschacherte dieser Papst bedenkenlos; er erhöhte die Zahl der käuflichen Ämter um mehr als das Doppelte, auf 625. Eine eigens eingerichtete Apostolische Kammer sollte die wirksame Beitreibung päpstlicher Einkünfte sichern, die Finanzangelegenheiten des Kirchenstaates kontrollieren und jene Rechtsfälle im Auge behalten, an denen der Papst finanzielles Interesse zeigte. Sixtus IV. erfand sonderbare Titel, um dem jeweils Meistbietenden die entsprechende Ehre zuzuteilen und den inflationären Kaufpreis angemessen erscheinen zu lassen: Ein »Kollegium von 100 Janitscharen« wurde für den Gegenwert von 100 800 Dukaten ernannt; die Mitglieder durften bei den päpstlichen Erlassen mitkassieren und ihre Einstandszahlung amortisieren.

Die Ländereien, die der Heilige Vater unter seiner Familie verteilte, hätten zusammengenommen ein stattliches Fürstentum ergeben. Seine Hauptsorge war, exemplarisch für alles, was noch kommen sollte, die Ausbreitung, Mehrung und Stabilisierung seiner jungen Dynastie. Da in seiner Person »der Bettelmann aufs Roß gekommen«, ein armer ligurischer Adeliger Papst geworden war, läßt sich denken, was dies bedeutete: Die Zeit, da das Familienhaupt sich »Heiliger Vater« nennen durfte, war Tag für Tag zu nutzen, um eine aus bescheidenen Verhältnissen emporgestiegene Sippe nach Kräften zu fördern. Vier Neffen und zwei Nichten Seiner Heiligkeit wurden in die Fürstenfamilien Orsini und Farnese verheiratet. Verwandte, die keine Kleriker waren und auch keine werden wollten, konnten hohe Ämter in der Zivilverwaltung des Kirchenstaates und der Stadt Rom erhalten und jeweils auf die mit dem Amt verbundenen Einnahmen zugreifen.

Dem Papst standen für seine Sorge als Familienvater insgesamt dreizehn Jahre zur Verfügung, er tat sein Möglichstes, und so kam in der Tat nicht wenig zusammen, die damit notwendigerweise verknüpften Verwicklungen in den politischen Alltag hin oder her.

Der Pontifex versäumte allerdings nicht, seine Machenschaften, politisch motivierte und geradezu wahllos gestreute Bannflüche nicht ausgenommen, unter dem Vorwand der päpstlichen Autorität, ja des kirchlichen Wohls zu betreiben. Er scheute sich nicht einmal, den »Gottesstaat« des Kirchenlehrers Augustinus, auch dieser Heilige in Jugendsünden wohl bewandert, mit dem Kirchenstaat in eins zu setzen.

Die Wirklichkeit sah anders aus: Dieser Papstvater, ganz Renaissancefürst, trug Verantwortung für die Kette von Morden, Verschwörungen, Kriegen, die Italien während seiner Regierungszeit heimsuchten (H. Kühner). Dies kümmerte ihn nicht; er versuchte, wenn auch erfolglos, Mailand, Florenz, die Romagna, Ferrara und Neapel unter die Herrschaft des Sprößlings Girolamo zu bringen. Viermal schloß der Papst, in den *combinazioni* der Zeit nicht unerfahren, zu diesem Zweck gegensätzliche Kriegsbündnisse, nur zweimal Frieden, und dies unter Zwang.

Sixtus IV. billigte auch die Ernennung des sadistischen T. de Torquemada zum Inquisitor und ist für eine der berüchtigsten Bullen der Papstgeschichte (1. November 1478) verantwortlich; sie stützte die furchtbare Spanische Inquisition bis ins 19. Jahrhundert hinein. Nachweislich war er auch in die Mordaffäre Medici verwickelt: Bei der sogenannten Pazzi-Verschwörung desselben Jahres führte sein mutmaßlicher Sohn Girolamo das Regiment. Der Heilige Vater protestierte zum Schein heftig, um die Mordtat desto lieber stillschweigend zu billigen. Er wußte, daß die Ablösung des Hauses Medici in Florenz ohne Morde nicht möglich sein würde. Girolamo versuchte denn auch mehrmals, Lorenzo il Magnifico ermorden zu lassen.

Die Verwicklung des Heiligen Vaters in ein Komplott zur Ermordung der beiden Brüder Medici erregte in Europa größten Skandal. Möglicherweise hat Sixtus IV. die von zwei Klerikern verwirklichte Mordtat zu Florenz (26. April 1478) sogar angestiftet. Durch vielfältige Familien- und Geschäftsinteressen mit den Pazzi verbunden, denen er die – den Medici entzogene – Verwaltung der päpstlichen Schatzkammer zugewiesen hatte, billigte er jedenfalls die Verschwörung. Dies war zumindest die Überzeugung vieler. Die Heftigkeit, mit der er reagierte, als der Anschlag zur Hälfte mißlang, wirkte wie eine Bestätigung.

Die Partei der Medici *(palleschi)* hatte an den Anhängern der Pazzi *(pazzeschi)* blutige Rache genommen. Unter Verstoß gegen die Immunität des Klerus wurde Raffaele Riario verfolgt, noch Student in Pisa und dennoch schon Kardinalnepot; er hatte in der Sakristei zitternd das Kruzifix umarmt. Der verschwörerische Erzbischof von Pisa wurde gehängt – mit dem Kopf nach unten. In seiner Wut über diese Vorkommnisse exkommunizierte der Papst Lorenzo de' Medici, der dem Anschlag mit gezogener Waffe gerade noch entkommen war. Und ganz Florenz wurde gleich mit in den Bann getan.

Der erneute Gebrauch geistlicher Sanktionen aus weltlichen Motiven, obwohl nicht neu in der Geschichte der Päpste, brachte Sixtus IV. weithin in Verruf. Zum einen wegen des Schadens, den er den Florentinern und ihrem Handel zufügte, zum anderen weil er so erst recht den Verdacht einer persönlichen Verwicklung auf sich zog. Der französische König, der fromme Ludwig XI., schrieb bekümmert: »Gebe Gott, daß Eure Heiligkeit keine Schuld an so furchtbaren Verbrechen trifft!«

Noch mochte die Welt den Gedanken nicht hinnehmen, daß ein Heiliger Vater Mordanschläge, dazu in einem Dom, anzettelte, doch es sollte nicht lange dauern, bis auch das kaum noch unnormal erschien. Das Haus der Kirche lag nach wie vor in Trümmern – die Wirklichkeit schlechthin.

Der Ruf, endlich etwas zu ändern, entsprang der Unzufriedenheit mit einem materialistisch gesinnten, untauglichen Klerus, mit der allgemeinen Korruption, Simonie und Geldschneiderei auf allen Ebenen, angefangen bei der Kurie bis hinab zur kleinen Dorfpfarre – daher auch die vor allem in deutschen Landen erhobene Forderung nach einer Reform »an Haupt und Gliedern«.

Doch das aufgekommene rechenhafte Denken und das Geld als Erwerbskapital schufen unbegrenzte Möglichkeiten. Die neue Ausweitung dieser Möglichkeiten erweckte den Drang, sie zu nutzen (A. v. Martin). Geistliche Dispensen (Gnadenerweise, Rechtsbefreiungen) wurden mittlerweile für Geld geradezu industriell gefälscht. Die päpstliche Kurie verschlang Spenden, die einem Kreuzzug hätten zugute kommen sollen. Sie betrieb einen so regen Handel mit Ablässen, daß die Menschen, wie der Kanzler der Universität Oxford 1450 klagte, ohne Scheu jede Schandtat begingen, konnten sie sich doch die Vergebung ihrer Sündenstrafen mit Pfennigen erkaufen oder sie »als Einsatz beim Federballspiel« gewinnen. Papst Alexander VI. wird schließlich erklären, daß der Ablaß eine Seele aus dem Fegefeuer zu erlösen imstande sei. Es ist bekannt, inwieweit der wachsende Ablaßhandel, dessen Einkünfte dem Neubau der Peterskirche dienten, mit die Reformation Luthers auslöste.

Das klerikale Vorgehen erregte heftigen Anstoß, denn der einfache Menschenverstand, wenn schon nicht die kirchliche Doktrin, ging davon aus, daß die Priester als berufene Mittler zwischen Mensch und Gott mehr Frömmigkeit beweisen sollten. Wo nur konnte ein Mensch Vergebung und Seelenheil finden, wenn diese Mittler, oft genug als Tölpel verspottet, in ihrem Amt versagten? Was geschah mit der Herde, wenn die Hirten sich nicht um sie sorgten, sondern um die eigenen Interessen und Kinder?

»Priester stehen zwischen uns und Gott. Aber Gott hat mehr Erbarmen.« (G. Greene)

Die täglich wahrzunehmende Kluft zwischen dem, was die Päpste sein sollten, und dem, was sie geworden waren, erschien den Menschen als Verrat am Evangelium. Im Grunde, schrieb ein Subprior aus Durham, »hungerten die Menschen nach dem Wort Gottes«, konnten aber von den unwürdigen Sachwaltern Gottes »den wahren Glauben und die Morallehren, auf denen das Heil der Seele ruht«, nicht erlangen. Viele Priester hatten »das Alte Testament nie gelesen und auch kaum je das Psalmenbuch«, und viele stiegen angetrunken auf die Kanzel. Die Bischöfe, die ihre Amtssitze nur selten aufsuchten, ließen ihren Klerus ohne Belehrung, Ausbildung, geistige Führung. Geistliche kannten oft ihre Pflichten nicht, wußten kaum, wie liturgische Handlungen auszuführen oder Sakramente zu spenden waren.

Und das Volk hoffte, wartete.

Die »Herrschaft des Volkes« blieb nur ein ideologisches Aushängeschild, bloße Parole für die Massen (A. v. Martin). Wer in Kirche und Staat an der Macht war, kümmerte sich nicht darum. Doch obwohl den Laienpredigern jede Kritik am Einfluß des Klerus untersagt wurde, war gerade mit diesem Thema jede Gemeinde anzusprechen. Kanzelredner brauchten nur ein Wort gegen Priester, Bischöfe und Päpste zu äußern – schon wachten die Schläfer auf, die Gelangweilten wurden munter, Hunger und Durst waren vergessen. Noch die Verworfensten hielten sich, verglichen mit dem Klerus, für rechtschaffen und fromm.

Kirchenleute sprachen selbst immer wieder von Reform. Auf den Konzilien von Konstanz (1415) und Basel (1431) redeten berühmte Prediger den versammelten Bischöfen ins Gewissen, prangerten die Korruption, den moralischen Verfall und besonders die Simonie ebenso an wie das Scheitern der Bemühungen um einen Kreuzzug gegen die Türken. Auf den Konzilien kam es zu endlosen Debatten. Zahllose Vorschläge wurden erörtert, und die Konzilsväter erließen schließlich eine Anzahl von Dekreten, die sich vor allem mit den Streitigkeiten über die Verteilung der Einnahmen und die Vergabe der Pfründen befaßten. Doch zu den wirklich brennenden Problemen der Kirche vorzudringen sahen sie keine Veranlassung. Diese hätten sie ja selbst betroffen, und so weit wollten sie es nun doch nicht kommen lassen.

Die immer wieder angemahnte bischöfliche Residenzpflicht zum Beispiel galt den meisten als kein ernsthaft und folgenreich anzupackendes Thema: Sie hätte den Herren auferlegt, sich am Ort ihres Wirkens als Nachfolger der

Apostel überhaupt einmal sehen zu lassen oder länger an Ort und Stelle auszuharren, statt nur die Gelder dieser Pfründen einzustreichen.

Die Päpste verspürten ihrerseits wenig Lust, sich an gewissen Leitthemen die Finger zu verbrennen. Vertuschen, aufschieben, vergessen galt ihnen als beste, erprobteste Devise, und so blieb alles, wie es war. Rom war, wie der reformerische Bischof von Torcello, D. de Domenichi (1416–1478), in seinem *Tractatus de reformatione romanae curiae* festhielt, das Synonym für Babylon, »die Mutter aller Götzendienerei und aller Schandtaten auf Erden«.

1481 erschien Erzbischof A. Zamometic, Gesandter des deutschen Kaisers, in der Stadt und übte heftige Kritik an den vorgefundenen Zuständen. Papst Sixtus IV., der sich gestört fühlte, ließ den Erzbischof in die Engelsburg werfen, aus der ihn ein befreundeter Kardinal wieder befreite. Zamometic fing wieder an, gegen die Zerstörung des Hauses Gottes durch den aktuellen Stellvertreter Christi zu predigen. Der aufsässige Prediger kam erneut in den Kerker. Dort starb Zamometic, grausam behandelt, am 12. November 1484, angeblich von eigener Hand.

Doch auch die Zeit des Papstes war bald vorbei. Rom wurde nach dessen Tod im August 1484 zwei Wochen lang von Unruhen und Plünderungen erschüttert. Der Zeremonienmeister des Papstes, Burchardus, berichtet, er habe nach der – einer barbarischen Sitte entsprechenden – Plünderung der Privaträume durch die Dienerschaft des Verstorbenen kaum die notwenigen Totenhemden zusammengebracht; alles war weg.

Dem Papst trauerte kaum jemand nach; der Kirche hatte

er nichts eingebracht als weiteren Mißkredit. So sehen es freilich nicht alle.

N. Machiavelli, welcher der Skrupellosigkeit dieses Papstes hohes Lob gezollt hat, schrieb über ihn: »Dieser Papst war der erste, der zu zeigen begann, wieviel ein Papst vermochte und wie viele Dinge, die hinterher als Irrtümer bezeichnet wurden, sich unter der päpstlichen Autorität verbergen konnten.«

Sixtus IV., der sich alles geleistet hatte, was ihm möglich war, würde einem Nachfolger sogar als Vorbild dienen: Sixtus V., selbst ein ehemaliger Franziskanermönch und als »das Kraftgenie der katholischen Reform« (H. Fuhrmann) gepriesen, nannte sich nach seiner Wahl 1585 ausgerechnet nach dem korrupten Vorgänger. Das gibt zu denken: Offenbar hatte er Sinn für die Realität Roms, statt seine Energie in Moralpredigten zu erschöpfen.

Nebenbei: Sixtus V. (1585–1590) blieb später jede Erklärung dafür schuldig, wer ihm die immense Summe von 123 580 Golddukaten besorgt hatte. Sie fiel an für Ausgrabung, Transport, Aufstellung eines Obelisken, an dessen Spitze in einer Metallkugel das Herz Caesars vermutet worden war. Wer heute den Obelisken auf dem Petersplatz bewundert, wird ebensowenig nachfragen. Dasselbe mag für die doch wohl des Nachfragens werte Tatsache gelten, daß dieser Heilige Vater schon im ersten Jahr seiner Regierung, wie die Römer sagten, mehr Köpfe rollen ließ als Melonen auf den Markt gekommen waren.

Diejenigen Verwalter und Legaten, die ihm viele abgeschlagene Köpfe von Banditen zusandten, wurden öffentlich belobigt. Die Verbrecherjagd war so typisch für diesen Papst, daß noch sein Grabmal Männer zeigt, die Köpfe dahertragen wie Jagdtrophäen. Barmherzigkeit war seine Sache nicht: Ein kleiner Junge hatte sich der Festnahme durch päpstliche Schergen widersetzt, die seinen Esel hatten beschlagnahmen wollen. Der Kleine wurde zum Tode verurteilt, und sein oberster Gerichtsherr, der Stellvertreter Christi, lehnte eine Begnadigung ab. Das Kind wurde hingerichtet.

VI.
Papa muß seine Papstkrone versetzen
Wie sich Hochzeiten im Vatikan feiern lassen

»Wären die Kardinäle, wie sie sein sollten, so stünde es besser um die Welt; denn sie würden immer einen guten Papst wählen und so die Ruhe der Christenheit sichern.«

Lorenzo il Magnifico, 1449–1492

El Greco
Pius V.
(1610)

Entschlußlos, jedem Willensstärkeren ausgeliefert, träge und ungebildet, unterschied sich der neue Papst Innozenz VIII. (1432–1492) von seinem kunstsinnigen Vorgänger Sixtus IV. in fast jeder Hinsicht. Giovanni Battista Cibo entstammte einer wohlhabenden Genueser Familie und war zunächst nicht für die kirchliche Laufbahn bestimmt. Er schlug sie erst ein, nachdem er in Neapel mit einer Unbekannten zwei Kinder, einen Sohn (den kleinwüchsigen Franceschetto) und eine Tochter (Teodorina), gezeugt hatte, zu denen er sich auch als Papst freiweg bekannte. Nach anderen Quellen (so auch der päpstliche Zeremoniar Burchardus) sollen es mindestens sieben Kinder von verschiedenen Frauen gewesen sein. Kaum jemand hat dem schwächlichen Papst diese Vaterschaften vorgehalten. Unter seinem machtvollen Nachfolger Alexander VI. Borgia, der es auf elf Kinder brachte, sollte dies – ohne Grund – anders sein.

Keine schlagartige Umkehr, kein besonderes Ereignis führte Cibo der Kirche zu, sondern die allseits bekannte Tatsache, daß die Kirche dem, der über die richtigen Verbindungen verfügte, zu einer stattlichen Karriere verhelfen konnte. Mit 35 Jahren erhielt er das Bistum Savona und unter Sixtus IV., der seine Gefügigkeit schätzte und ihn 1473 unter seine Kardinäle aufnahm, ein Amt an der päpstlichen Kurie.

Die Erhebung dieses mittelmäßigen Mannes zum Papst (1484) war das nicht vorherzusehende und allseits mit Verwunderung aufgenommene Ergebnis der Auseinandersetzungen zwischen zwei Kardinälen, die einander blockierten und erst später an das Ziel ihres Strebens gelangen sollten. Es waren dies Kardinal Rodrigo Borgia und der Gewiefteste unter Sixtus' Neffen, Kardinal Giuliano della Rovere. Auch diese beiden hatten eigene Kinder vorzuweisen. Ein Kinderloser hatte in jenem Konklave keine Chancen (A. Uhl).

Giuliano war ebenso herrisch und streitbar wie sein Onkel, aber weit durchsetzungskräftiger. Dennoch gelang es ihm nicht, die Mehrheit der Stimmen im Kollegium auf sich zu vereinen. Borgia scheiterte ebenfalls, trotz der Bestechungsgelder, die er unter seinen Kollegen hatte verteilen lassen. Wie der florentinische Gesandte berichtete, wurde Kardinal Borgia »für so stolz und treulos« gehalten, daß niemand »Angst vor seiner Wahl zu haben brauchte«.

In dieser Sackgasse erkannten beide Rivalen die Gefahr, daß an ihrer Stelle Kardinal Marco Barbo aus Venedig, ein Nepot Papst Pauls II., gewählt werden könnte, der in hohem Ansehen stand. Als diesem nur noch fünf Stimmen zu seiner Wahl fehlten, vereinigten Borgia und della Rovere ihre Kräfte zugunsten des nichtsahnenden Cibo. Und schon hatte der Heilige Geist gewonnen.

Bei den Krönungsfeierlichkeiten vom 12. September 1484 durfte der mißratene Franceschetto freilich nicht auftauchen. Wenig später war der Papst nicht mehr so zurückhaltend, als wolle er aller Welt demonstrieren, was es hieß, Papst und Vater in einem zu sein und sich dessen nicht zu schämen. Der Name des Sohnes (»Fränzchen«) dürfte im übrigen am hl. Franziskus von Assisi (1182–1226) und seinem

Orden orientiert gewesen sein; auch Sixtus IV., den Innozenz VIII. abgelöst hatte, war bekanntlich zunächst Franziskanermönch gewesen.

Innozenz VIII. befleckte aber seinen Namen (»der Unschuldige«) immer wieder.

Mit den Papstnamen ist es sowieso so eine Sache. Päpste nannten sich »Klemens« (der Milde), »Pius« (der Fromme), »Benedikt« (der Gesegnete). An Beispielen für die treffende Namenswahl fehlt es nicht.

Klemens IV. (1265–1268), Vater zweier Töchter, verfolgte die Staufer bis aufs Blut. Als Siziliens König Manfred schon gefallen war, nannte ihn der so milde Papst einen »stinkenden Kadaver«, einen »Pestmenschen«. Klemens V. (1305 bis 1314), ein *pastor senza legge* (Dante), war ein völlig der Korruption verfallener Kirchenfürst; seine Kurie zu Avignon galt den Zeitgenossen als klementinischer Jahrmarkt, als Handelsunternehmen für geistliche Würden, die der Papst jedem Parasiten verlieh, der zahlen konnte. Und Geld konnte Klemens V., der an Gier und Nepotismus alle Vorgänger überbot, gut brauchen: Seine Geliebte, eine Ahnin Talleyrands, kostete ihn mehr »als das heilige Land«. Sein Vermögen betrug bei seinem Tod dennoch über eine Million Goldgulden.

Pius V. (1566–1572) war einer der schlimmsten Ketzerverfolger, ein Judenhasser sondergleichen. Eine Anweisung an seine Vollzugsorgane im Kirchenstaat lautete: »Ein gemeiner Mann, der seine Geldstrafe nicht bezahlen kann, soll beim erstenmal mit gefesselten Händen einen Tag lang vor der Kirchentür stehen, beim zweitenmal durch die Stadt gegeißelt werden, beim drittenmal wird man ihm die Zunge durchbohren und ihn auf die Galeeren schicken.« Gleichwohl wurde dieser Papst heiliggesprochen.

Der seinem Namen nach »unschuldige« Innozenz VIII. besudelte seine Regierung nicht zuletzt durch die bald erlassene grausam effektive »Hexenbulle« *Summis desiderantes affectibus* für immer. Der »Hexenwahn« mit seinen furchtbaren Verfolgungen und Ausrottungen Unschuldiger wurde damit »feierlich anerkannt« (J. Bernhart) und legalisiert, wenn nicht in den Rang eines Glaubenssatzes erhoben. Jedenfalls ermunterte sie zu den Exzessen der Folgezeit. Zwei entartete deutsche Dominikanermönche, die düsteren J. Sprenger und H. Institoris, konnten sich künftig auf den »unschuldigen« Papst stützen, dessen Bulle das Vorwort für ihren *Hexenhammer* abgab.

Innozenz VIII. hatte ihnen und ihren zahlreichen Nachfolgern eine fast unbegrenzte Möglichkeit eröffnet, Verbrechen zu begehen, die in der europäischen Geschichte allenfalls mit den Kreuzzügen, »Ketzer«-Verfolgungen und der Spanischen Inquisition zu vergleichen sind. Offiziell hat sich das Papsttum bis heute weder moralisch noch juristisch von diesem Amtsinhaber distanziert; das sogenannte »Schuldbekenntnis« des Papstes Johannes Paul II., das erst nach über fünfhundert Jahren des Schweigens erfolgte, reicht bei weitem nicht an eine tatsächliche Distanzierung heran.

Innozenz VIII. versagte seinen Segen, den er so ausgiebig dem eigenen Nachwuchs spendete, unter anderem dem Philosophen Giovanni Pico della Mirandola († 1494), als dieser prachtvolle Mann in Rom eine Rede über Menschenwürde und Menschlichkeit *(de hominis dignitate)* plante, eines der reifsten Dokumente des humanistischen Geistes überhaupt. Der Philosoph, der alle bekannten Religionen auf die eine göttliche Offenbarung zurückführte, wollte zur Eröffnung des ersten Weltkongresses der Philosophen in Rom diese

Rede halten. Sie wurde, wie der gesamte Kongreß, vom Papst verboten, der Autor 1487 in den Kirchenbann getan. Erst der »unwürdige Papst« Alexander VI. Borgia hob den Bann wieder auf, und dies schon im ersten Jahr seines Pontifikates (18. Juni 1493).

Anderes sah Papstvater Innozenz durchaus nicht so eng: Er bewies stets außerordentliche Nachsicht gegenüber dem nichtswürdigen Sprößling, dem ersten jemals öffentlich anerkannten Papstsohn. Dem Zuwachs an Vermögen für den ebenso habsüchtigen wie ausschweifenden Franceschetto, der sich nachts zusammen mit Girolamo Tuttavilla, dem unehelichen Sohn des Kardinals von Rouen, auf den Straßen Roms herumtrieb, um Frauen zu jagen, galt die ganze Sorge des Vaters. Franceschetto war seit seinem Einzug in den Vatikan in den Spielhöllen der Ewigen Stadt zu finden. Auch verübte er Einbrüche, um Geld für seine Sucht zu beschaffen. Eine eigene Gang von Kardinalssöhnen machte es nicht viel anders.

Der Heilige Vater sah und schwieg.

Schon 1322 hatte eine spanische Synode die Hirten gemahnt, es unter keinen Umständen zu wagen, an der Taufe oder der Eheschließung der eigenen Kinder teilzunehmen, seien sie nun ehelich oder nicht. Doch 1488 gelang es dem Papst, die Heirat des Sohnes mit Maddalena de' Medici, einer Tochter Lorenzos des Prächtigen, *figlio del sole*, zu arrangieren. Er beging das Ereignis, das in der Männerdomäne Vatikan unter anderem wegen der Teilnahme von Frauen Aufsehen erregte, im Papstpalast mit einer aufwendigen Hochzeitsfeier. Da Innozenz VIII. ständig unter Geldmangel litt, mußte er seine Tiara und andere Schätze verpfänden, um die horrenden Auslagen bestreiten zu können.

Im Gegenzug für das Entgegenkommen der Familie Medici, die einem übel beleumundeten Papstsohn eine Tochter zur Verfügung stellte und damit die päpstliche Sippe in den Augen der abendländischen Welt erheblich aufwertete, erhob der Papstvater den vierzehnjährigen, außerehelich gezeugten Giovanni de' Medici zum Kardinal, und dies strikt an den Normen des Kirchenrechts vorbei.

Ein Papst, als absoluter Souverän einer monarchisch strukturierten Kirche etabliert, konnte sich frei von Verpflichtungen fühlen, die für alle anderen galten; ein Federstrich hätte, wenigstens der Theorie nach, jede Vorschrift außer Kraft gesetzt.

Im November 1488 inszenierte Innozenz VIII. ungeachtet aller Proteste, ebenfalls im Vatikan, ebenfalls mit geliehenem Geld, demonstrativ ein ähnlich pompöses Gelage, wie er es im Fall seines Sohnes Franceschetto bereits aller Welt vorgeführt hatte. Diesmal wurde die Enkelin Peretta, Tochter Teodorinas, mit einem Markgrafen verbandelt; die kleine Kardinalstochter Lucrezia Borgia, von der noch zu sprechen sein wird, kommt aus dem Staunen nicht heraus. Und auch die Enkelin Battistina wird politisch effektiv verheiratet. Der Papst und Großvater nimmt stets an den Festmählern im Palast teil.

Papsttochter Teodorina selbst wurde von ihrem Vater so offensichtlich und ohne jede Scheu gefördert, daß Kardinal und Vizekanzler Rodrigo Borgia das beste Beispiel vor Augen hatte: So und nicht anders hatte es ein Heiliger Vater anzustellen, wenn er für die Früchte seiner Lenden sorgte. So simpel, so widerspruchsfrei erschien das Ganze: Die Tochter wurde zur päpstlichen Kronprinzessin (H. Kühner) erhoben, der Sohn ohne weiteres Nachfragen gedeckt. Dieser Franceschetto († 1519) wird schließlich sogar im Sarkophag seines Vaters im Petersdom bestattet werden.

Allein an Geld interessiert, verstand sich der Heilige Vater 1489 nur allzu gern dazu, den türkischen Thronprätendenten Dschem im Vatikan als Geisel zu halten. Dschem, der jüngere Bruder des Sultans Bajazid II. (1447–1512), hatte bei den Rittern des Johanniterordens auf Rhodos Zuflucht gesucht und wurde nun gegen eine alljährlich zu zahlende hohe Summe vom Papst übernommen. Gleichzeitig ließ der Heilige Vater für einen Kreuzzug gegen die Türken werben, empfing aber auch eine Gesandtschaft des Sultans, die neues Geld brachte. Mit diesem konnte der Papst wieder seine Kinder bedienen.

Ansonsten beugte sich Innozenz VIII., der sich nicht die geringste Rechenschaft über die Widersprüchlichkeit und Unglaubwürdigkeit seiner Taten ablegte, dem starken Willen des Kardinals della Rovere. Dieser verlegte seine Wohnung in den Vatikan und ließ innerhalb von zwei Monaten seinen Bruder Giovanni vom römischen Stadtpräfekten zum päpstlichen Generalkapitän erheben.

Der zweite Förderer der Papstwahl von 1484, Kardinal Borgia, blieb Vizekanzler der Kirche. Und während Papst Cibo es sich wohl sein ließ, ersann der geschäftstüchtige Borgia zahlreiche neue Ämter, die sich die Interessenten kaufen mußten – ein Indiz dafür, daß sie sich Vorteile aus diesen Posten erhofften. Selbst die Stelle des Vatikanischen Bibliothekars, die bisher dem Verdienst vorbehalten geblieben war, wurde fortan feilgeboten. Zudem wurde ein Amt eingerichtet, das Privilegien und Dispense zu überhöhten Preisen verkaufte, wobei 150 Dukaten aus jeder Transaktion dem Papst zuflossen, der Rest seinem Sohn. Auf diese Weise wurden auch Leute begnadigt, die wegen Totschlags, Mordes oder anderer Verbrechen zum Tod verurteilt worden waren.

Als an dieser Praxis Kritik laut wurde, soll sie Kardinal Borgia mit dem Argument verteidigt haben: »Der HERR wünscht nicht den Tod eines Sünders, sondern daß er lebt – und zahlt.« (vgl. Lk 12, 27)

Wie die Päpste dieser Epoche den Kardinalspurpur als politische Währung einsetzten und die Zahl der Kardinäle erhöhten, um den eigenen Einfluß zu vergrößern und den des Kollegiums zu schwächen, so waren die Kardinäle darauf aus, sich möglichst viele Ämter zu verschaffen. Das erhöhte ihre Abwesenheit von dem innegehabten Amt *(Absentismus)* jeweils um einen Fall. Sie sammelten Abteien, Bistümer und andere Pfründen, obwohl nach kanonischem Recht nur Kleriker Gelder aus Kirchengütern beziehen durften.

Nicht alles ging ohne Gewalt ab: Am 2. Februar 1492, kurz vor dem Tod des Papstes, war es zu einer kaum vorzustellenden Schlägerei in der Kathedrale Notre Dame zu Paris gekommen. Die Diözese Paris vertrug es nur schlecht, dem Erzbischof von Sens unterstellt zu sein, und als dieser kam, um in Gegenwart des französischen Königs ein Pontifikalamt zu zelebrieren, griffen zwei Prälaten unter dem Schutz kräftiger Kirchenbediensteter das Geleit des Erzbischofs an. Dieser erhielt vom Domdekan einen Schlag vor die Brust, seine Mitra flog weit. Verletzt und beleidigt, ergriff der hohe Herr die Flucht und drang auf einen Prozeß, um alle Beteiligten aufzuspüren und zu bestrafen. Das Verfahren dauerte dreizehn Jahre, während derer drei Päpste regierten.

Die Kardinäle, die sich als Fürsten im Reich der Kirche

betrachteten und stets die Aussicht hatten, einmal selbst Papst zu werden, hielten es für ihr Recht, ja für ihre Pflicht, es den weltlichen Fürsten an Glanz und Prachtentfaltung gleichzutun. Wer es sich leisten konnte, bewohnte einen Palast mit Hunderten von Dienern. Kardinäle ritten in kriegerischem Aufzug einher, trugen ein Schwert, hielten sich Hunde und Falken für die Jagd, wetteiferten bei Straßenumzügen untereinander in Zahl und Pracht ihrer berittenen Gefolgsleute, mit deren Anstellung sich jeder Kirchenfürst die Unterstützung einer Partei der stets zum Aufruhr geneigten Bürgerschaft von Rom sicherte. Sie veranstalteten Maskenspiele und Konzerte und finanzierten im Karneval aufwendige Festwagen. Sie gaben Bankette – so Kardinal Ascanio Sforza, der ein Fest veranstaltete, das ein Chronist nach eigener Aussage nicht zu schildern wagte, weil er fürchtete, »als Märchenerzähler verspottet zu werden«.

Kardinäle spielten Karten, würfelten, betrogen beim Spiel. Ausgerechnet der Papstsohn Franceschetto beklagte sich bei seinem Vater, er habe an einem einzigen Abend 14000 Dukaten an Kardinal Raffaele Riario verloren. An einem anderen Abend gewann dieser 8000 Dukaten und damit mehr, als die üblichen Jahreseinkünfte eines Kardinals betrugen. Innozenz VIII. versuchte zwar, das Geld vom Gewinner zurückzuerhalten, doch war dieses bereits anderweitig investiert: Kardinal Riario ließ gerade seinen Palast erbauen, bis heute einer der prächtigsten Roms *(Cancelleria)*.

Um das Schwinden ihres Einflusses aufzuhalten, hatten die Kardinäle bereits vor der Wahl des Giovanni Battista Cibo zum Papst die Bedingung gestellt, das Kollegium solle auf die ursprüngliche Zahl von 24 verkleinert werden. Wurde später ein Sitz vakant, so verweigerten sie einer

Neuernennung die Zustimmung und begrenzten auf diese Weise den Spielraum des päpstlichen Nepotismus. Ausländische Monarchen, die auf die Schaffung neuer Plätze drängten, erzwangen jedoch eine gewisse Öffnung. Zu den ersten, die Innozenz VIII. wählte, gehörte Lorenzo Cibo, ein außerehelicher Sohn seines Bruders.

Nach kanonischem Recht, das seit Jahrhunderten aus Erfahrungsgründen die Weitergabe von Kirchenbesitz und -amt an die mehr oder weniger geheimen Erben eines Klerikers verhindern wollte, durfte (seit dem unter tumultuarischen Umständen gewählten Alexander III., 1159–1181) zwar kein unehelich Geborener ein höheres Amt in der Kirche bekleiden. Doch wie stets fielen Theorie und Praxis nicht zusammen. Schon Sixtus IV. hatte gegen das hehre Prinzip verstoßen, als er dem siebenjährigen Cesare, dem Sohn des Kardinals Borgia, die kirchliche Karriere eröffnete. Nichts Besonderes, nichts Neues im Vatikan: Es war gang und gäbe, unehelich geborene Söhne und Neffen zu legitimieren.

Unter den wenigen Ernennungen zum Heiligen Kollegium der Kardinäle, die Innozenz VIII. zugestanden wurden, galt bekanntlich die wichtigste dem Schwager des Franceschetto, Giovanni de' Medici. Es war nicht der Wunsch des Papstes, sondern Druck des großen Medici, der den Jungen zum Kardinal machte. Seit seiner Kindheit hatte ihn der Vater für eine geistliche Laufbahn bestimmt, damit er eines Tages auf der kirchlichen Bühne für das Wohlergehen des Hauses Medici sorgen könne. Mit sieben Jahren erhielt Giovanni die Tonsur, war zum Kleriker bestimmt, von Sixtus IV. zum Protonotar ernannt. Mit acht Jahren übernahm er *pro forma* die Leitung einer Abtei bei Poitiers, die ihm der französische König übertragen hatte. Mit elf erhielt er die bedeutende Benediktinerabtei Monte Cassino, und seither ließ sein Vater sämtliche Beziehungen spielen, um ihm ein Kardinalat zu sichern – als weiteren Schritt auf dem Weg zum Papstamt.

Innozenz gab dem Wunsch des Lorenzo il Magnifico nach, aber er beharrte – diesmal standhaft – darauf, daß der Junge bis zum Antritt des Amtes drei Jahre warten und diese Zeit dem Studium der Theologie und des kanonischen Rechts widmen müsse. Der Kandidat verfügte indessen schon über eine umfassendere Bildung als die meisten Kardinäle. Sein Vater Lorenzo hatte mit hervorragenden Hauslehrern für eine gute Erziehung des begabten Sohnes gesorgt.

Als Giovanni seinen Platz im Kardinalskollegium einnahm, schrieb ihm der Vater einen bezeichnenden Brief. Darin warnte er den Sohn vor den Einflüssen Roms, »diesem Sammelplatz aller Übel«; auch sei es nötig, »daß Ihr … jedem die Überzeugung einflößt, daß Ihr Wohl und Ehre der Kirche und des Apostolischen Stuhles allen Dingen dieser Welt und allen sonstigen Rücksichten und Interessen voranstellt«. Gleichwohl versäumte Lorenzo nicht, seinen Sohn darauf hinzuweisen, daß es »an Gelegenheit nicht fehlen [wird], dieser Stadt [Florenz] wie unserem Hause nützlich zu sein«, er möge sich aber vor allen Versuchungen zum Bösen hüten, die vom Kardinalskollegium ausgingen, das heute »so arm an guten Eigenschaften« sei. Im übrigen sei im Interesse von Kirche und Welt zu hoffen, daß die Kardinäle einen guten Papst wählten.

Doch der erstaunlichste Papst folgte noch.

Die Krankheitsanfälle des Papstes Innozenz VIII. hatten sich gehäuft, der anämische Heilige Vater nahm seit Wochen nur Muttermilch zu sich, und im Juli 1492, kurz vor der ersten Fahrt des Columbus, war das Ende abzusehen. Der

Papst rief die Kardinäle an sein Sterbebett, bat die erstaunten Herren um Vergebung, daß er seinem Amt nicht gewachsen war, und ermahnte sie, einen besseren Nachfolger zu wählen.

Der Wunsch des Sterbenden war so vergebens, wie sein Leben als Papst für die Kirche verderblich gewesen war. Das Wirken des schwachen Innozenz VIII., das nicht zuletzt im Hinblick auf seine unbeirrte Vatersorge für den eigenen Nachwuchs von krimineller Energie geprägt war, hatte längst einen bequemen und deswegen gangbaren Weg gewiesen. Ihn mußte das Papsttum der Epoche einschlagen, wollte es nicht hinter die Vorgaben dieses Papstes zurückgehen.

Folgerichtig wählten die Kardinäle nach den Wirren, die nach dem Tod Innozenz' VIII. 220 Bluttaten mit sich gebracht hatten, einen ihrer Kollegen und nicht den geringsten. Er sollte sich nach der US-amerikanischen Historikerin B. Tuchman als »dem Fürsten der Finsternis so nahe« erweisen, »wie es Menschen möglich ist«. Ein resignierender Annalenschreiber meinte damals, ein solcher Mann wäre in der frühen Kirche nicht einmal zur untersten Stufe des Klerus zugelassen worden.

In der frühen Kirche vielleicht nicht. Doch nicht viel später schon. Der im Konklave vom August 1492 Gewählte steht jedenfalls nicht als der erratische Block in der Geschichte des Papstamtes, als den ihn kirchennahe Historiker häufig darstellen. Im Gegenteil, die Wahl stellte keinen bedauerlichen Betriebsunfall des Heiligen Geistes dar, und er selbst war alles andere als ein Einzelfall.

Stendhal kennzeichnet den Gewählten knapp als »*la moins imparfaite incarnation du diable*«, und J. Bernhart nennt ihn den »formlosen Sohn des Chaos«. Ob diese Charakterisierungen der historischen Wirklichkeit wie einer differenziert angelegten Persönlichkeit gerecht werden und nicht nur eine Legende bedienen, ist kaum mehr umstritten.

Dabei wird, nicht *sine ira et studio*, sondern auf beiden Seiten parteiisch, über diesen und seine Kinder seit eh und je mehr geschrieben und gedichtet als über jeden anderen Papst in 2000 Jahren Kirchengeschichte. Von daher gesehen ist es gewiß nachzuvollziehen, daß auch meine Darstellung der Heiligen Väter und ihrer Kinder ihren Schwerpunkt in diesem exemplarischen Papst hat.

Dieser hatte das Schicksal, über Jahrhunderte hinweg seltsam gestaltlos zu bleiben und vor allem als Name in die Geschichte einzugehen. Seine Wirklichkeit wurde legendär verschleiert. Einer Behandlung des Borgia-Problems, das wohl keines ist, sind unter diesen Umständen Grenzen gesetzt: Das historische Wissen läßt sich kaum auf sich selbst begrenzen; Wahrheit und Imagination gehen fast notwendigerweise ineinander über, und selbst Quellen lassen sich unterschiedlich deuten.

VII.
Herrschaft einer Doppelnatur
Wie sich der Vater schlechthin macht

»... das Christentum saß nicht mehr auf dem Stuhl des Papstes! Sondern das Leben! Sondern der Triumph des Lebens! Sondern das große Ja zu allen hohen, schönen, verwegenen Dingen!«

F. Nietzsche, Der Antichrist, 61

Raffael
Papst Leo X. mit den Kardinälen Giulio de' Medici und Luigi de' Rossi
(1518)

Das Konklave unterschied sich kaum von den vorausgegangenen. 23 Kardinäle, allein wahlberechtigt und als Träger stolzer Namen hofiert, fanden sich in Rom zusammen. 21 von ihnen waren Italiener, 9 Nepoten. Die Gesandten der auswärtigen Mächte aber waren unermüdlich im Dienste dessen tätig, was sie für die eigene gute Sache hielten. Die restliche Kirche erfuhr zu diesem Zeitpunkt von nichts: Ihr blieb die Hoffnung auf einen halbwegs glimpflichen Ausgang der Wahl, die über ihre Zukunft mitentscheiden konnte.

Die Allianzen wechselten in Rom fast stündlich. Namen von Kandidaten wurden herumgereicht, für den jeweils betroffenen Kardinal nicht nur ein Grund zur Freude. Nach alter Sitte lief er Gefahr, seinen bisherigen Besitz als Kardinal durch die sofortige Plünderung des Palastes nach seiner Wahl zum Papst zu verlieren. Freilich ein Verlust, der sich unschwer durch die Einnahmen ersetzen ließ, die das neugewonnene Amt mit sich brachte.

Am Rande: Den wohlbeleibten Türkenprinzen Dschem, der schritt »wie ein Elefant«, hatten die vorsichtigen Kardinäle in befestigten Dachstuben der Sixtinischen Kapelle und damit unmittelbar über ihren Köpfen untergebracht. Dort konnte der *Gran Turco*, dessen Gefolge selbst vor dem Papst mit gekreuzten Beinen »wie die Schneider«

(Zeremoniar Burchardus) saß, leicht bewacht werden. Damit war verhindert, daß sich ein christlicher Herrscher inmitten der Unordnung der papstlosen Zeit dieser Geisel bemächtigte. Sie brachte dem Papst immerhin 45 000 Dukaten pro Jahr ein, ein Viertel der Gesamteinkünfte.

Nach einigen Tagen im Kandidatenkarussell verfielen die Kardinäle auf den Begütertsten. Dem Nicht-Italiener Rodrigo Borgia war es nach anfänglichen Mißerfolgen gelungen, innerhalb eines einzigen Tages die notwendige Mehrheit der Wahlstimmen auf sich zu vereinigen. Und obgleich ihn niemand hatte auf dem Stuhl Petri sehen wollen, wurde er einstimmig, auch mit seiner eigenen Stimme, gewählt.

Rodrigo Borgia war von allem Anfang an gefördert worden. Nach einem kurzen Studium in Valencia und noch vor Abschluß der Studien im kanonischen Recht an der berühmten Universität von Bologna (an das er sich zeitlebens gern erinnert und »wie eine Mutter liebt«) war er 1455 zum Kardinal erhoben worden. 1457 erlangte er aufgrund militärischer Erfolge – unter anderem hatte er persönlich Belagerung und Einnahme von Ascoli geleitet – den Rang eines Oberkommandierenden der päpstlichen Heere. Das schien ihm nicht mißfallen zu haben: Noch als Papst drohte er, wohl im Scherz, seinen angeblich militärisch unfähigen Söhnen, er nehme jetzt bald die Sache in die eigene Hand, ziehe ins Feld und beweise aller Welt, wie Krieg zu führen sei.

Die Priesterweihe empfing er erst 1468, nachdem er schon über ein Jahrzehnt lang Kardinal war. Das alte Eliteprinzip der »Weihe« war ohnedies längst einem neuen gewichen: dem Reichtum.

Rodrigo war mit seinem Leben gut zurecht gekommen. Seit Beginn seiner Klerikerlaufbahn hatte er zahlreiche

Pfründen in seiner Hand vereinigen können, auch dies nichts Ungewöhnliches. Ein glänzender Kavalier, eine gewinnende Erscheinung, wirkte der ranghohe Geistliche auf Frauen – und griff zu. Warum nicht? Wenige Kollegen hielten es anders.

Borgia besaß nun einmal eine erstaunliche Gabe, die Zuneigung derer zu wecken, die ihn interessierten. Frauen wurden »von ihm stärker angezogen als Eisen von einem Magnet« (G. da Verona). Daraus darf geschlossen werden, daß er sie seine Wünsche kaum je erraten ließ.

Seine Wahl zum Papst störte diese Potenz nicht.

Der junge Kardinal Giovanni de' Medici, der erstmals an einer Papstwahl teilgenommen und sich etwas voreilig selbst unter die Kandidaten eingereiht hatte, sprach unter Bezug auf den neuen Papst von einem »Wolf«, der zu fliehen sei, nicht etwa von einem »Schwein«, das sich da suhlen werde.

Kein Wunder: Eine Frau, die damals keinen Liebhaber vorweisen konnte, wurde bisweilen als reizlos oder gesellschaftlich kompromittiert angesehen. Und ein Mann, der keine Geliebte hielt, war entweder impotent oder finanziell ruiniert. War dem Borgia zuzumuten, sich anders zu verhalten, als erwartet wurde?

Italien war der Natur des Fleisches gegenüber stets nachsichtig gewesen. Ein gewisses Maß an Zerstreuung scheint die Epoche jedem, nicht zuletzt dem zölibatären Kleriker zugebilligt zu haben. Noch kaum jemand dachte daran, das ganze System und nicht nur einzelne Übertretungen in Frage zu stellen. Luther erzählt später, als er auf seine Rom-Fahrt als junger, bäuerischer Mönch zu sprechen kommt, er habe alles geglaubt, was in der Stadt des Papstes an Gerüchten über den Borgia zu hören gewesen sei. Doch die eigentliche Entrüstung über all dies, das Wahre wie das Erdichtete, kommt erst im moralisierenden 18. Jahrhundert auf. Viele Zeitgenossen der Borgia sind um einiges abgebrühter. Das Tabu des Sexuellen ist erst noch auszumachen; ähnliches gilt für die modernen Tabus Geld, Macht, Tod.

Wer kann, der kann. Wer nicht kann, mag sich auf die Impotenz seines Neides stützen.

Es gibt nach J. van Ussel zahlreiche Zeugnisse für die betont prosexuelle Einstellung und Lebensweise der Menschen im 15. und im 16. Jahrhundert. Es war ja allgemein anerkannt, daß jeder Mensch zu seiner Sexualität stehen und sie auch äußern dürfe, damit seine Gesundheit nicht in Gefahr gerate. Körperlichkeit wurde in einem Maß praktiziert, das heute längst verlernt ist. Die Menschen berührten, streichelten, umarmten sich in der Öffentlichkeit, Ammen und Eltern masturbierten kleine Kinder, um sie ruhig zu halten. Ältere Menschen hatten Kontakte zu Jugendlichen, die heute als sexuelle Belästigung gelten. Die Selbstbefriedigung, von der die Bibel schweigt, war kein Thema für Theologen; sie wird erst seit dem 18. Jahrhundert von Medizinern und dann von Geistlichen im Rahmen ihrer *hands-off*-Pädagogik als »Affengreuel« bekämpft.

Daheim schlafen alle nackt, die ganze Familie, die Bediensteten *(familiares)* in einem Raum. Bei feierlichen Anlässen stellen die Städte ihre hübschesten Mädchen nackt zur Schau. Vor- und außereheliche Beziehungen sind fast schon institutionalisiert, jedenfalls kein Grund, sich aufzuregen. Fürsten huldigen der Promiskuität; kaum jemand kritisiert sie. Dafür beklagt der zeitgenössische Autor Schonaeus die Dirne, die aus anatomischen Gründen nicht alle Liebhaber auf einmal bedienen kann: »Warum haben wir nur zwei Brüste, nur ein Paar Augen, nur ein Paar Lippen, wo wir doch möglichst viele Männer auf einmal anlocken wollen?«

Der berühmte Zeitgenosse der Borgia Erasmus von Rotterdam (1466–1536), illegitimer Sohn eines Dorfpriesters und selbst Kleriker, stellt wenige Jahrzehnte später den Geist der Zeit in seinen *Colloquia* dar: Jungfrauen mag er nicht, denn »wie es für einen Wein besser ist, getrunken zu werden, bevor er sauer wird«, hat es keinen Sinn, lange Jungfrau zu bleiben. Das zölibatäre Leben kommt einer Kastration gleich, Enthaltsamkeit ist keine Tugend. Der gelehrte Skeptiker schildert Bordellbesuche der Priester wie der Bettelmönche, denen Dirnen die gesammelten Almosen abknöpfen. Und er ruft die Strafe Gottes auf weltliche wie kirchliche Obrigkeiten herab, die »uns das Recht, unsere Ehen scheiden zu lassen, genommen haben«.

Die bis heute christlich geläufigen Argumente »Ehrfurcht vor der Ehe«, »gottgewollte Ordnung der Sexualität«, »Aufsparen der Kräfte für später«, »Beherrschung selbstsüchtiger Triebe« blieben unbekannt. Auch ist noch kein Autor mit seinen Lesern eine sadomasochistische Verbindung eingegangen, wobei der eine strafen, der andere bestraft sein will. Noch finden sich keine zurechtgezurrten Geschlechtsstereotype, die kurz darauf bedient sein wollen: Hier der Papstsohn, der alles darf – dort die Tochter, der alles zugetraut wird. Zudem wurde die Diskrepanz zwischen Sollen und Sein nicht immer als die psychische Störung empfunden, als die sie heute gilt. Diese Tatsache sollte mitbedacht werden, wenn die Borgia, diese angeblichen Krisenphänome, beurteilt werden.

Doch die sich abzeichnende Verbürgerlichung der

Gesellschaft führte dazu, daß ein neuer Menschentyp, neue Formen der zwischenmenschlichen Beziehungen, gewandelte sozio-ökonomische Verhältnisse und damit eine neue, eine sexualfeindliche Haltung entstanden (J. van Ussel). Wahrscheinlich ist die aufkommende Prüderie als eine Besinnung auf das sogenannte Wesentliche, als eine Art kollektiver Buße zu verstehen.

Die Problematisierung des Sexuellen, ein Erbübel noch heute, stammt erst aus dem späten 18. Jahrhundert. Vom 16. Jahrhundert an, an dessen Beginn die Borgia stehen, nimmt die Verdrängung der Sexualität zu. Schließlich wird das bürgerliche Verhaltensmuster, zunehmend von innerfamiliären Problemen belastet und von einer durchaus dem Zeitgeist angepaßten Kirche gefördert, als das einzig sittliche ausgegeben und durchgesetzt. Es fordert den Körper als Organ der Leistung statt der Lust. Es favorisiert eine bloße Leistungsmoral, die das lustvolle Erleben von Eros und Sexualität ebenso mißtrauisch wie neidisch beäugt.

Verständlich, daß das Bürgertum die Wertesysteme anderer Zeiten und Schichten nicht versteht und als unsittlich charakterisiert. Damit wird es ihnen nicht gerecht. Einer der frühen Bürger, Tomaso Tomasi, hatte 1655 den Weg vorgegeben, auf dem ihm viele folgen würden: »Die Exzesse zügelloser Lüsternheit finden in der Welt Zustimmung, weil die menschliche Schlauheit sie damit bemäntelt, daß sie diese als einen Teil der Liebe bezeichnet.«

Die enge Moral der Bürger, also in der Regel unsere, provoziert die zunehmende Spaltung des – von Definitions wegen unteilbaren! – Individuums in eine angeblich geistige Existenz, die sinnliche Bedürfnisse verwirft, und in eine körperliche, die mehr und mehr allem Sexuellen eine neue, überdimensionierte Bedeutung einräumen muß (M. Hermann-Röttgen).

Bürger verstehen nicht zu *leben*, um so lieber träumen sie davon, sich endlich *ausleben* zu dürfen. Sie schauen gern nach einer angeblich gesunden Welt aus, einem Gegenbild zu der Wirklichkeit der eigenen, krisenhaften Verhältnisse. Und nun stößt ihre schizoide Ideologie auf den alternativen und, noch frustrierender, tatsächlich gelungenen Lebensentwurf, auf einen beispielhaft sinnenfroh lebenden Papst, einen vergleichsweise bedenkenfrei für die Seinen sorgenden *pater familias*. Zudem trifft sie auf Personen mit einem selbst für den Traum der Bürger unerreichbar weiten Lebensraum und auf die Familie selbst, eine ganz aus der banal bourgeoisen Ordnung herausgehobene und deswegen um so häufiger erträumte Lebenswelt. Kein Wunder, daß die Bürger sich in den von ihnen beherrschten Jahrhunderten an die Borgia heranwagen und alles unternehmen, um diese auf ihr Niveau zu ziehen. Dieser Versuch konnte nur schiefgehen.

Zudem wird wieder einmal der Traum von einer heilen Kirche an die Stelle der Wirklichkeit gesetzt, und das rächt sich nicht nur unter Historikern. F. Gregorovius steht für viele: »Die Borgia sind die Satire auf eine ganz große Form oder Vorstellung kirchlicher Welt, die sie zerstören oder verneinen.«

Doch wenn schon geurteilt wird, müßte gefragt werden, wie Vorstellung und Wirklichkeit sich zueinander verhalten. Fand sich je die »ganz große Form« kirchlicher Welt außerhalb der Träume? Wer glaubt daran, diese Form je schaffen, die Vorstellung je real erleben zu können?

Haben nur die Borgia den Part der Sündenböcke zu übernehmen, weil sie angeblich allein die große Vorstellung kirchlicher Welt zerstörten? Oder waren es nicht Jahrhunderte des Papsttums vor und nach dieser Familie, die das Werk der Zerstörung begannen und fortsetzten, beispielsweise mit Hilfe der früh einsetzenden und anhaltenden Versuche so vieler Päpste, sich selbst zu vergotten?

Alexander VI., der seine Kinder abgöttisch liebte, alles, was er tat, vor den Menschen tat und das Urteil der Welt verachtete wie kein anderer (Klabund), war beileibe nicht die »Karikatur aller Päpste«. Nicht wenige andere Amtsinhaber können mit größerem Recht Anspruch auf diese Bezeichnung erheben.

Die Kirche, die zwar den Eindruck erweckt, als verteidige sie seit zwei Jahrtausenden die gleichen Werte und Normen, verfügt seit eh und je über eine große Auswahl von Möglichkeiten. Vor allem stand ihr stets eine Unzahl von Aussprüchen der Bibel und der theologischen Tradition zur Verfügung, aus denen sie je nach Gelegenheit den geeignetsten aussuchen konnte. Auch die Dekrete und Bannsprüche der Päpste sind zu relativieren: Welche Abweichungen waren jeweils noch erlaubt, welche Sanktionen wofür angemessen?

In der Renaissance war die Liebe zu einer autonomen freien Kunst geworden. Sie hatte ihre eigenen Gesetze; ihre Zwecke lagen in ihr selbst. Warum eigentlich nicht? Wer die Liebeskunst beherrschte, war ein vielseitiger Kenner und Könner. Er bestimmte alles, jedoch mit *sprezzatura*, einer Leichtigkeit, die nicht prahlen mußte, einer Überlegenheit, die lässig alles meisterte.

Nach der tiefgreifenden Umwandlung, die eine Zeit gebracht hatte, die sich *avant la lettre* als Wiedergeburt des Alten verstand *(renaissance)*, kehrte das offizielle Christentum, »eine Todfeindschaftsform gegen die Realität, die bisher nicht übertroffen wurde« (F. Nietzsche), wieder zu älteren, vorgeblich einzig richtigen Vorstellungen zurück. Und das Volk behielt künftig nur noch »Priester-Werte, Priester-Worte« für seine Lebensentwürfe zurück.

Doch dies bedeutete eine massive, fast tödliche Einschränkung des menschlich möglichen Lebens. Nicht zuletzt aus diesem Grund bleibt, schon um historische Gerechtigkeit walten zu lassen, stets zu fragen, welche Funktionen der menschlichen Sexualität eine Kultur und eine Zeit als positiv anerkannten: Fortpflanzung, Selbstverwirklichung, biologisches Bedürfnis, Ausdruck von Liebe, Lust, rekreative Funktion, Erleben eigener Körperlichkeit?

Ist eine dieser Funktionen etwa »besser«, moralischer, menschenwürdiger als die andere? Muß die Renaissance, muß ein Borgia, dieses Muster des »anderen Lebens«, von vornherein als unwürdig betrachtet werden? Woher nimmt die spätere Kirche das Recht, eine bestimmte, historisch gewordene Meinung als einzig richtige zu verkünden? Entstammen ihre Vorstellungen von Sünde, ja ihre Dogmen nicht einem bestimmten Zeitgeist, so oft sie auch als zeitlos ausgegeben werden?

Jede einengende Einschätzung, die Sittlichkeit gegen Sinnlichkeit ausspielt, ist bis heute beliebt, doch unhistorisch, ungerecht. F. Nietzsche hat dies erkannt, wenn er den Haß gegen den freien Geist, das freie Leben, gegen Stolz, Mut, Freiheit, gegen die Sinne, gegen die Freuden der Sinne, gegen die Freude überhaupt *christlich* nennt.

Die Einstellung zur eigenen wie zur fremden Sexualität ergibt sich meist aus der Haltung zur Körperlichkeit, zur Lust, zur Natur. Eine Epoche und ihre Menschen wie in der

Renaissance sind eher auf das Diesseits als auf das Jenseits ausgerichtet; die Zeitgenossen lieben eher eine hedonistische, körperbejahende Haltung als eine asketische wie die der entsagenden frühen Mönche. Das ist eine Vorgabe, der Rechnung zu tragen ist – auch in Bezug auf das Papsttum.

Der höchste Status in der christlichen Gesellschaft gebührte nur zu den frühen Zeiten der Wüstenväter jenen Männern, die freiwillig Zölibat und Kasteiung auf sich nahmen. Diese wollten sich einen gnädigen Gott sichern – und die reine Lehre immer wieder beispielhaft vorleben, sobald die Kirche selbst zu verweltlichen in Gefahr war (A. v. Martin). Spätere Zeiten hatten davon Abschied genommen – nicht unbedingt, nicht von vornherein zu ihrem Nachteil.

Nach Thomas von Aquino (✝ 1274), dem effektivsten Theologen des 13. Jahrhunderts, waren die Engel geschlechtslos; nur der Teufel koitierte. Gottheiten, die wie in der klassischen Antike als Beschützer des Eros, der Potenz, der Liebe galten, waren in der christlichen Kirche nicht vorgesehen; ihr Gott war völlig asexuell, seine Heiligen sollten es auch sein. Auch im Rituellen hatte das Sexuelle keinen Platz zu beanspruchen, kein antiker *hierós gámos* war denkbar.

Das Volk sah manches anders; seine Hirten standen nicht zurück. Sexuelle Betätigung war nicht mehr von vornherein dem Satan vorbehalten. Nur die Gegner des jeweiligen Papstes verwandten in ihren Streitschriften das alte Bild und setzten einen zeitgeistigen Heiligen Vater schnell mit dem Teufel in eins. Alexander VI. bietet hierfür das beste Beispiel.

Skandalgeschichten über ihn und seine Familie, deren

männliche Mitglieder der *Venus nimia*, dem übertriebenen Geschlechtsverkehr, frönten, statt unter dieser vorgeblichen Krankheit zu leiden, interessierten allenfalls die Gesandten der fremden Höfe. Und dies aus politischen Gründen, etwa zum Zweck einer Erpressung oder Nötigung.

Selbst der Bußprediger Girolamo Savonarola, schärfster Kritiker des Papstes, ist in dieser Beziehung ein typischer Vertreter seiner Zeit. Er moralisiert nicht von Anfang an. Persönlich über jeden Tadel erhaben, kritisiert er den Papst erst relativ spät wegen dessen Lebenswandels. Selbst dieser scheint für den gestrengen Mönch, den Restaurator einer ganz und gar unwirklichen Gottesherrschaft (R. König), nicht den Ausschlag gegeben zu haben. Dies sollte bei einem so peniblen Mann zu denken geben.

Papst Pius II. hatte den Borgia, der einst den Ausschlag für seine Papstwahl gegeben hatte, bekanntlich zur Rede gestellt. Ausgerichtet hat er nichts. Der Spanier schien zu mächtig. Und dies nicht nur aufgrund seiner finanziellen Polster, sondern wegen des Zeitgeistes, dem er sich stets unbesorgt anvertrauen durfte, weil dieser zu ihm paßte wie der Rahmen zum Bild. Die Zeit, zwischen Gut und Böse, niedrigem und hohem Sinn eine Doppelnatur, der Papst, ein durchweg doppelbödiger Charakter.

Jeder Charakter muß in seine Zeit passen, um erfolgreich zu sein.

Von allen Kardinälen, die 1492 zur Papstwahl antraten, war Rodrigo Borgia gewiß der tüchtigste, ein »außerordentlicher Mensch« voll »kalter Intelligenz, unbändigem Wollen, Raffinement und Sinnlichkeit« (D. Redig de Campos). Groß, robust, weltgewandt, lebhaft war er, einer der redegewandtesten Diplomaten der Zeit, ganz und gar ein *homme à femmes*. Der zur Fülle neigende (und später sehr beleibte) Mann mit der leicht braun getönten Haut, der Adlernase, dem vollen Mund, den dunklen Augen und schwarzen Haaren besaß eine oft beschriebene würdevolle, ja majestätische, fast immer gewinnende Ausstrahlung. Feinste Stoffe, vor allem violetter und karmesinroter Samt, entzückten ihn, der Breite eines Hermelinbesatzes der Kardinalsrobe konnte er sich mit Sorgfalt widmen. Offenbar sah er, nicht zuletzt hierin zeitgenössisch, in den Angelegenheiten der Kirche und des Papstamtes auch eine Frage nach dem passenden Kostüm für die passende Gelegenheit.

Verständlich, daß es ihm der Gipfel an Glückseligkeit schien, endlich die höchste geistliche Würde genießen zu können. Er hatte seine Tage damit verbracht, das Leben zu leben und dabei seiner Lust, seinem Ehrgeiz, seiner Ruhmsucht zu dienen (L. v. Ranke). Würde er zum Papst gewählt, wäre es ihm auf einen Schlag möglich, sich legal oder weniger legal noch mehr Geld zu beschaffen, auch an Ruhm nicht mehr von einem anderen übertroffen zu werden und dabei nach Lust und Liebe sein Leben zu genießen.

So erschien er nicht von ungefähr seiner Umgebung Tag für Tag jünger, obwohl er schon die 60 überschritten hatte und seinen Zeitgenossen, die viele jung hatten sterben sehen, als alter Mann gelten mußte. Borgia schien nach dem Tod des Papstes Innozenz VIII. verjüngt: Der letzte Schritt zum höchsten Glück, das für einen kirchlichen Karrieristen zu erreichen war, würde rasch getan sein.

Nach den Schilderungen von Zeitgenossen ging der überdurchschnittlich große Rodrigo Borgia meist lächelnd, gut gelaunt, heiter umher und liebte es, »unangenehme Dinge auf angenehme Weise zu erledigen«. Er galt als beredt, belesen, geistreich und bemühte sich, »im Gespräch zu glänzen«; sein »bewundernswerter Verstand in der Behandlung der Geschäfte« wurde ebenso gerühmt wie seine Loyalität. Der Borgia, körperlich und geistig ungewöhnlich belastbar, verband Lebensfreude mit ausgeprägtem Selbstwertgefühl und spanischem Stolz. Das *taedium vitae* der römischen Antike war ihm so fremd wie den meisten Zeitgenossen. Ekel am Leben, Langeweile paßten nicht zu ihm. Eine »Allegorie der Frivolität« war das freilich nicht.

Zeitgenosse H. Schedel schildert ihn in seinem berühmten Buch der Chroniken (1493) als *von angesyht ein herrlich man* und lobt seine *große klugheit, fürsichtigkeit und werltwitzigkeit*, ja seine *tüglichkeit und schickerlichkeit*.

Es galt als Charakteristik der Zeit, den Menschen in seinem unnachahmlichen Dasein als unvergleichlich Einzigen, als ein in guten wie schlechten, nicht auszutauschenden Eigenschaften *(il suo particolare* unverwechselbares Individuum zu sehen und das Außerordentliche, Originäre im Guten wie im Bösen anzuerkennen. Der Borgia erfüllte alle Erwartungen.

Er verfügte über die allgemein geschätzte *virtù*, eine weder christlich noch bürgerlich mißzuverstehende Tugend. Sie schloß in sich den Kampf des einzelnen Menschen mit dem Schicksal, die völlige Selbstdarstellung des Individuums über alle meßbaren Grenzen hinaus und die Fähigkeit, seinen Genius als Gottheit zu verehren und das Leben als ein einmaliges Kunstwerk zu formen. Hemmungsvorstellungen sind in diesem Zusammenhang reine Sentimentalitäten, Rücksichtslosigkeit wird zum positiven Verhalten. Der Intellekt eines Menschen, schon an sich charakterlos (G. Simmel), wird jetzt überall eingesetzt. Intellektuelle, ständig im

Konkurrenzkampf um die Gunst der Mächtigen, lassen sich an allen Höfen bar bezahlen. Gefühle aber sind in dieser rechenhaften Welt nicht gefragt, es sei denn, sie ließen sich verwerten.

Wie nur kann ein Urteil über Papst Alexander VI. und seine Familie bestehen, ohne daß diese Vorgaben mitbedacht werden?

L. B. Alberti (✝ 1472) hatte den Weg gewiesen: »Wer seine persönlichen Gaben pflegt, tut seine patriotische Pflicht.« Es ist anzunehmen, daß Rodrigo Borgia den Maßstab seines Zeitgenossen kannte. Er nutzte die Zeit, seine Zeit, und genoß jede ihrer Freuden.

Warum nicht auch die eines Vaters? Die Angaben einer Ruhmes- und Konterlegende, die den Namen dieses Papstes reinzuwaschen suchte, indem sie ihm leibliche Kinder absprach, sind ebenso unnötig wie falsch. Alexander VI. hatte eigene Kinder und sprach die Seinen nicht nur, ganz Heiliger Vater, im übertragenen Sinn als seine »Kinder« an. Dieser Papst hat sich stets offen zu seinen Kindern bekannt, Grund genug für für den Bußprediger Savonarola, ihn später wegen dieser im Klerus ungewöhnlichen Offenheit anzugehen und ihm vorzuhalten, er hätte es – wie sonst üblich – bewußt unterlassen, von »Nichten und Neffen« statt von Kindern zu sprechen, um die Würde des Amtes zu wahren. Dieser Vorwurf traf Alexander VI. nicht: Lügen paßten kaum zu diesem Mann, er stand reuelos zu seinen Taten.

Keine falsche Bescheidenheit. Rodrigo Borgia verlachte die Mär, seine ungesetzlichen, unzüchtigen Verbindungen hätten Monstren statt Menschen hervorgebracht und Sohn Cesare sei beispielsweise ein Produkt nicht von rein menschlichem Blut, sondern »aus unheiligem, giftigem Samen«.

Die folgenden elf Kinder, vier Töchter und sieben Söhne, hatten ihn als Kardinal oder Papst zum Vater, er freute sich offen. Die Kinder des Borgia waren nicht die Folge einer jugendlichen Torheit, sie verteilen sich über sein ganzes Leben (A. Uhl) – und er ist stolz auf seine Potenz.

Pedro-Luis (* wahrscheinlich 1462), von einer unbekannten Geliebten des Kardinals Borgia geboren, 1481 von Papst Sixtus IV. legitimiert, erster Herzog des von seinem Vater 1485 um 50000 Dukaten preisgünstig erstandenen Gandia (bei Valencia) und mit 26 Jahren überraschend verstorben. Sein Grab befindet sich heute in Osuna (zwischen Granada und Córdoba).

Alonso (* um 1465), auch er von einer Unbekannten geboren; nach einer brüchigen Überlieferung als einziges Kind des Borgia mißgestaltet (mongoloid?) und weiter nicht bekannt geworden, weil er früh starb.

Girolama (* 1467 oder 1469), auch sie von einer unbekannten Mutter geboren, als 13jährige mit G. Cesarini in einem Kardinalspalast verheiratet und schon 1483 ebenso wie ihr jugendlicher Mann verstorben.

Isabella (* 1470 oder 1471), Kind einer Unbekannten. Sie wurde ebenfalls mit dreizehn Jahren im Palast ihres Vaters mit P. Matuzzi verheiratet. Rodrigo Borgia sorgte als Kardinal wie als Papst für sie, obwohl sie keine Vorteile aus der Tatsache ziehen wollte, Kind eines Papstes zu sein. Sie lebte als Dame aus großem Geschlecht und verstarb 1541. Ihr Mann war von Rodrigo Borgia, der diese Tochter zusammen mit ihrer Schwester Girolama lange der später ungleich bekannter gewordenen Lucrezia vorzog und mit einträglichen und angenehmen Stadtämtern (Straßenmeister, Kanzleichef des Kapitols) bedacht wurde. Aus Isabellas Linie stammt im übrigen ein späterer Papst, Innozenz X. († 1655), der damit ein direkter Nachfahre des Borgia ist.

Cesare (* 1475 in Subiaco), nach einer Quelle angeblich gar nicht von Rodrigo gezeugt, sondern ihm von seiner Geliebten Vanozza untergeschoben, jedenfalls als ehelicher Sohn des damaligen Gatten Vanozzas anerkannt, schon als Zehnjähriger in den wichtigsten Sprachen ausgebildet, Student der Rechte in Perugia, Pisa, Paris, der Inbegriff des männlichen Helden, wohlversehen mit Potenz und Tapferkeit, von sprichwörtlichem Glück begünstigt, eine Zeitlang gar Kardinal der Heiligen Römischen Kirche, ihr *Confaloniere* auch, also der Bannerträger der Kirche und Oberbefehlshaber des päpstlichen Militärs. Er kam zwar durch *fortuna* nach oben, weil sein Vater Papst war, doch tat er alles, um seiner Herrschaft ein tragfähiges Fundament zu sichern (R. König). Cesare, der auch einen Leonardo da Vinci an sich bindet, wird als prachtvollstes menschliches Raubtier apostrophiert und nicht zuletzt wegen seiner *bellissimi inganni*, seiner Fallenstellereien im politischen Alltagsgeschäft, für das Musterbild der Theorien Machiavellis gehalten. 1515 schreibt dieser: »Er war ein Mann, dessen Taten ich überall nachahmte, wäre ich Fürst.« Und so wird nur ein einziger Name als Prototyp der Lehren Machiavellis durchgehend durch alle Epochen genannt: Cesare Borgia.

Juan (* 1476), der – im Vergleich mit Cesare unfähige – Liebling des Vaters, Tochter der Vanozza, seit 1696 Stadtpräfekt von Rom, Führer des päpstlichen Heeres, mit der Cousine König Ferdinands des Katholischen verheiratet, zweiter Herzog von Gandia. Der 1497 Ermordete ist Ahnherr einer langen Reihe spanischer Granden, Herzöge, Minister, Kardinäle sowie des Papstes Innozenz X. (1644 bis 1655) – und Großvater des 1671 heiliggesprochenen Francisco Borgia.

Lucrezia (* 1480) wurde wahrscheinlich in Subiaco geboren, wo Kardinal Borgia mit seiner Geliebten Vanozza die Sommermonate verbrachte. Sie, die »schöne Buhle«, war nicht so verrucht, wie die stets bemühte Borgia-Legende es glauben machen möchte. Dafür blieb sie wie der Vater heiter und unbefangen weltzugewandt. Um so eher fand sie sich, wie jede andere Fürstentochter der Epoche ein Werkzeug und Opfer politischen Kalküls (F. Gregorovius), ein Joker in der Hand ihres Vaters (I. Hermann), in jeder neuen Lage, die dieser ihr durch insgesamt fünf Verlobungen und Heiraten zumutete, erstaunlich schnell zurecht. Viel anderes blieb einer Frau freilich nicht. Die gebildete und gepflegte Schöne, die »nie an den Dogmen und Wundern der Kirche gezweifelt hat«, wie C. F. Meyer zu wissen glaubte, blieb eingefügt in die abenteuerliche Männerwelt der Politik, an der sie keinen Anteil beanspruchen durfte (M. Hermann-Röttgen). Die Borgia-Legende versäumt freilich nicht, die alte patriarchale Überzeugung zu stützen, nach der »fast alle Reiche dieser Welt nur von Frauen zugrundegerichtet« worden sind.

Jofré (* 1482), vergleichsweise farblos, bald schon für den geistlichen Stand ausersehen und damit fürs erste weiterer Sorgen enthoben, schließlich aber zweimal politisch vorteilhaft verheiratet. Er starb, nachdem er 1499 ein Attentat überlebt hatte, im Jahr 1517.

Laura (* 1492), die Giulia Farnese, seit 1491 Geliebte

des Borgia, zur Mutter, aber nicht deren häßlichen Ehemann O. Orsini zum Vater hatte. Sie wurde 1505 mit einem Nepoten Papst Julius' II. verheiratet. Ihre Mutter war anwesend. Ebenso waren dies acht Kardinäle sowie Papst Julius II., Nachfolger des Borgia, zusammen mit seiner eigenen Tochter Felice della Rovere.

Giovanni (* 1498), der *Infans Romanus*, Sohn einer unbekannten Mutter (nicht der Papsttochter Lucrezia), am 1. September 1501 vom Papst in einem Geheimdokument als Sohn anerkannt, zeitweilig Herzog von Nepi und Camerino, Herrscher über 36 Burgen und feste Häuser des Kirchenstaats. Er starb kinderlos 1548 (1547?).

Rodrigo (* 1503), im Todesjahr des Borgia-Papstes von einer unbekannt gebliebenen Frau dem zweiundsiebzigjährigen Heiligen Vater geboren, von Papst Leo X. als »Sohn Unseres Vorgängers« legitimiert, Abt von Cicciano di Nola und mit 24 Jahren kinderlos 1527 gestorben.

War Vater Borgia nicht Beleg schlechthin für die Tatsache, daß Erfüllung der Amtspflichten und pralles Leben als Amtsträger durchaus nicht so unvereinbar und damit verwerflich waren, wie seine schmallippigen Gegner annahmen? Seine innerkirchliche Tätigkeit stach zwar nicht hervor, doch trifft dies auf die allermeisten Päpste der Kirchengeschichte zu. Der Umstand, daß Alexander VI. seine religiösen Pflichten alles in allem korrekt bis penibel erfüllte, wird noch zu wenig gewürdigt.

F. Guicciardini (1483–1540), kein Freund des Borgia, hat immerhin geurteilt: »In Alexander vereinten sich Sorgfalt, einmalige Weisheit, vortreffliche Entschlußkraft, wunderbare Wirkungs- und Überzeugungskraft und in Bezug auf alle Angelegenheiten ernster Eifer und unglaubliche Geschicklichkeit.«

Niemand wird den Borgia heiligsprechen; fast neunzig Prozent der Päpste aber auch nicht. Die Tendenz, möglichst vielen Amtsinhabern die Ehre der Altäre zuzuerkennen, als zöge das Amt, wie Inhaber Gregor VII. (1073–1085) meinte, die persönliche Heiligkeit nach sich, ist ein Zeichen für die Schwäche des heutigen Katholizismus. Dieser mag sich seine Hirten offenbar nur noch als eine Art Übermenschen vorstellen.

Auch wenn es manchen Ohren hart klingt *(piis auribus offensivum)*: Die generelle Ablehnung der Person und Tätigkeit des Borgia-Papstes ist schon deswegen ungerecht, weil sie sich auf Quellen stützt, die von Gegnern stammen, und fast ausschließlich unter der – historisch höchst flexiblen – Perspektive moralbewehrter »Sittlichkeit« erfolgt. Bei allen Urteilen über Rodrigo Borgia muß mitbedacht werden, daß sich in den italienischen Staaten der Zeit eine »merkwürdige Mischung von Gut und Böse« fand (J. Burckhardt). Die Fürsten der Epoche waren in ihrem Charakter so ungewöhnlich, so großartig auch, so den Umständen und der Rolle, die sie zu spielen hatten, angepaßt, daß moralische Urteile der Späteren bedeutungslos erscheinen.

Moral bleibt in historischen Darstellungen eine ungeeignete Ratgeberin: Alexander VI. war, jeweils in einem frappanten Ausmaß, »gut« und »böse«. Seine Persönlichkeit ertrug es offenbar, beide Seiten dieser allgemein menschlichen Doppelnatur in sich zu vereinen und auch konkret werden zu lassen. Wir aber, wie alle Menschen nicht eindeutig und definitiv festzulegen, haben kein Recht, uns endgültig auf die eine oder die andere Seite zu schlagen, ihn entweder in den Himmel zu heben oder in die tiefste Hölle zu stürzen. Das gilt auch, wenn wir von Fall zu Fall bestimmte Fakten beurteilen und einordnen – und dabei offen bleiben für die bessere Einsicht.

Es gibt nun einmal nicht die Geschichte, sondern nur viele Geschichten der Geschichte, und so heißt es, die »Geschichte der Geschichten der Geschichte« (M. Hermann-Röttgen) zu schreiben, im Fall der Borgia und auch sonst.

Die seltene Mischung aus Begabung und Leistung, die Rodrigo Borgia, dem als Papst die absolute Macht zugefallen war, anzubieten hatte, bot der Neugier und der Phantasie ausreichend Anregung und Gesprächsstoff. Warum sollte dies nicht auch für die weniger hellen Seiten dieses durch Amt und Person Hervorgehobenen gelten?

Es war nur eine Frage der Zeit, bis sich Neid, Mißgunst, gezielte Verleumdung seiner bemächtigten. Wäre dieses negative Interesse ausgeblieben, hätte sich der Papst fragen können, ob er wirklich nur eine mittelmäßige Figur auf dem Papstthron abgegeben habe – wie nicht wenige seiner Vorgänger, mit denen er, der Einmalige und Originäre, sich wohl nicht gern hätte vergleichen lassen.

Die Öffentlichkeit, stets bereit, ihre Meinung zu wechseln, Gedanken und Taten eines Prominenten zu simplifizieren und auf eine ihr genehme einzige Ursache zu reduzieren, verkannte bald die Doppelnatur eines solchen Mannes. Die Gegner des Papstes nutzten die Tendenz zur furchtbaren Vereinfachung nach Kräften. Die vielbemühte Borgia-Legende, die sich später mit Details der Erzählungen über den Zeitgenossen Dr. Faust mischt, tat ein übriges. An ihr spannen Historiker wie F. Guicciardini, dieser erste, fundamentalistisch und ungeschichtlich urteilende Biograph des Borgia und Leitstern vieler Späterer, bedenkenlos mit. Wo einmal erfunden wird, wird immer erfunden (I. Hermann). S. Schüller-Piroli hat nicht weniger als zehn Papstlegenden ausgemacht, die nach Art eines Wandermotivs dem jeweils mißliebigen Papst alle Laster und Verbrechen zuschreiben – angefangen von Leo III. († 816) bis hin eben zu Alexander VI. († 1503).

Unter anderem wurde die biblische Legende vom Antichrist, der Personifizierung alles Bösen, detailliert bemüht: Bei diesem Papst, der alles in allem unverständlich blieb und sich üblichen Kategorien immer wieder entzog, konnte es sich in den Augen der Gegner nur um die Verkörperung des Satans und Widersachers Christi gehandelt haben. Die detaillierten Charakterisierungen, mit denen die Gegenpartei, angefangen bei der simonistischen Wahl, den gefallenen Engel Borgia überzog, nahmen die erwünschte Entlastungsfunktion perfekt wahr. Sie sprachen dabei alle frei, die Ähnliches wie der Borgia versuchten, doch nicht gleichermaßen schafften.

»Ein Talent haben ist nicht genug: man muß auch eure Erlaubnis dazu haben – wie? meine Freunde?« (F. Nietzsche).

Vorwürfe gegen den Papst wären wie bei seinen Vorgängern und Nachfolgern alles in allem politisch zu begründen gewesen. Statt dessen wurden sie – aus denkerischer Schwäche! – auf das angeblich moralische Feld verlagert. Kein Beweis für Kraft.

Solche Vorwürfe wurden im übrigen erst erhoben, als sich ein Wandel in den Auffassungen von der privaten Moral öffentlicher Personen zu vollziehen begann. Noch Jahrhunderte zuvor – ich spreche das »dunkle Jahrhundert« an – waren sie nicht virulent. Ich bin so frei: Im Vergleich zu den

Mörderpäpsten jener Zeit können die Amtsführung des Borgia und sein Privatleben als zurückhaltend bezeichnet werden. Wer anders denkt, darf seine Vergleiche selbst ziehen und Päpste gegeneinander aufrechnen.

Nach 35 Jahren als Kardinal und Vizekanzler unter fünf Päpsten war der Charakter des einundsechzigjährigen Borgia, waren seine Lebensgewohnheiten und seine Prinzipien, von der Legende als Prinzipienlosigkeit verstanden, war die Art, wie er sich seiner Macht bediente und sich bereicherte, waren seine Frauengeschichten im Kardinalskollegium und an der Kurie bekannt.

Für die italienischen Fürsten, für die Herrscher in der spanischen Heimat und für das übrige Ausland, das seinen Ruf kannte, war es kaum ein Geheimnis, daß der kultivierte und charmante Mann auch zynisch und gewalttätig leidenschaftlich war. Gleichwohl drückten ihre Grußbotschaften zur Papstwahl Zufriedenheit aus. Ein »würdiger Fürst der Christenheit« (S. Poeschel) war gewonnen.

Kardinal Rodrigo Borgia, der fünf Päpsten gedient, die Wahl etlicher unter ihnen mit bewerkstelligt und seinerseits die letzte Wahl verloren hatte, hatte sich die Tiara nicht noch ein weiteres Mal entgehen lassen wollen. Daher hatte er den sichersten Weg eingeschlagen und die Papstwürde eingekauft, indem er seine beiden Hauptrivalen unter den Kardinälen, Giuliano della Rovere und Ascanio Sforza, kurzerhand bestach. Den letzteren, der aus Erfahrung lieber Bares nahm, als sich Versprechungen machen zu lassen, hatte er unter anderem mit der (eingehaltenen) Zusage, ihm nach dem Konklave seinen eigenen Palast zu schenken, und vier Maultierladungen Gold auf seine Seite gezogen. Noch während des Konklaves war dieses Gold vom Palast des Borgia in den des Sforza umgezogen, ein Grund, Alexander VI. später – heuchlerisch! – wegen seines Ämterschachers *(Simonie)* anzuklagen, als habe es diesen weder vorher noch nachher gegeben.

In einer Gesellschaft, in der die öffentliche Meinung eine ausschlaggebende Rolle spielte, hatte das Geld die Macht, die Opposition als Ganzes oder doch einen so großen Anteil der Gegner zu kaufen, daß sie wenigstens fürs erste verstummten. Ein reicher Mann, und das war der Borgia gewiß, konnte sich deshalb besser als jeder andere die Unterstützung von Freunden, Parteigängern und Gegnern sichern. Zudem durfte er nicht auf halbem Wege stehenbleiben, sondern mußte so viel zahlen wie nur möglich und dabei hoffen, daß sich sein Einsatz am Ende des Machtspiels rentieren – und vervielfältigen – werde (M. Brion). Alexander VI. wird die Grundsätze des hartgesottenen Geschäftsmannes ein Papstleben lang nicht aufgeben.

Um das Volk, das ihm anfangs zujubelte, hat er sich kaum gekümmert. Der Borgia unterschätzte leichtfertig die Tatsache, daß die Straße stets bereit war, ihre Meinung über Nacht zu wechseln. Abscheu konnte sich rasch in Enthusiasmus verwandeln, aber auch umgekehrt. Die Widersacher des Borgia waren um einiges geschickter.

Die Gepflogenheiten des neuen Papstes, der als der fünfte seines Namens gezählt werden müßte, da Alexander V. Gegenpapst war, traten bald noch offenkundiger zutage. Um so eher konnte ihm fast jede Ungeheuerlichkeit angehängt werden und Glauben finden, vielleicht gehört auch die Maultierkarawane während des Konklaves zu diesen Legenden, übrigens die letzten, die einen einzelnen Papst betrafen. Aber eine gewisse Glaubwürdigkeit hat die Geschichte doch, denn es war wohl schon einiges aufzuwenden, um einen so begüterten Rivalen wie Ascanio Sforza umzustimmen. Dieser erhielt die Bistümer Eger und Erlau, die Kommende der Burg Nepi, die der Borgia neu erbaut hatte, sowie den Palast der Cancelleria mitsamt seiner Einrichtung und das nun freigewordene Amt des Vizekanzlers, keine schlechte Pfründe, an der Rodrigo Borgia sich selbst hatte jahrelang bereichern können. Die Phantasie des Romanciers A. Dumas weiß sogar zu berichten, ein Sohn des Borgia habe Urkunden über die Bestechungsgeschenke des Vaters an die wahlberechtigten Kardinäle ausgefertigt und als Füllung von Brathähnchen ins Konklave geschmuggelt.

Borgia war Nutznießer des Nepotismus gewesen. Sein Onkel war mit 77 Jahren zum Papst gewählt worden, als Anzeichen von Altersschwäche schon darauf hindeuteten, daß bald eine weitere Wahl vonnöten sein werde. Es blieb Kalixtus III. indessen Zeit genug, seinem Neffen Rodrigo den Kardinalshut zu verleihen und mit dem Amt des Vizekanzlers der Kirche zu belohnen. Dieser hatte für die Ausstellung und Siegelung (mit der namensgebenden *Bolla*) päpstlicher Bullen, Dekrete und Gnadenerweise zu sorgen, die sonst Jahre dauerte, unter dem mit dem Kanzleiwesen bestens vertrauten Borgia jedoch nur Monate erforderte. Amtsunübliche Unkorrektheiten konnten ihm dabei nicht nachgewiesen werden, obgleich dieses Amt Möglichkeiten geboten hätte.

Dank seiner Einkünfte aus kurialen Ämtern, aus den drei spanischen Bistümern Valencia, Pamplona und Sevilla, aus den Bistümern Porto, Cartagena und Albano, aus den am Rande der Legalität erreichten Bischofssitzen von Mallorca und Erlau (Ungarn), aus Abteien in Spanien und Italien, dank seiner Jahresgehälter von 8000 Dukaten als Vizekanzler und von 6000 Dukaten als Kardinal und durch massive Privatgeschäfte konnte Borgia im Lauf der Jahre ein Vermögen anhäufen. Ein Beobachter stellte fest, was alle wußten: »Auf Geld verstand er sich trefflich.«

Schon während seiner ersten Jahre als Kardinal hatte Borgia sich bekanntlich in Rom einen – nach dem Tod seines Papstonkels vom Mob geplünderten – Palast mit einem von dreistöckigen Loggien umgebenen Innenhof bauen können, dem späteren Geschenk an den Wähler Sforza. Hier hatte er inmitten von prächtigen, mit rotem Satin und goldbesticktem Samt bezogenen Möbeln gelebt. Zudem fanden sich farblich abgestimmte Teppiche, Säle, an deren Wände Gobelins hingen, goldenes Tafelgeschirr, Perlen und Säcke voller Goldmünzen, von denen er, wie er sich brüstete, genug besaß, um die Sixtinische Kapelle zu füllen. Papst Pius II. hatte diese Residenz, nicht ganz neidlos, mit dem Goldenen Haus des Kaisers Nero verglichen.

Beim Konsistorium, der routinehaften Geschäftsversammlung der Kardinäle, soll Rodrigo Borgia in 35 Jahren kein einziges Mal gefehlt haben, es sei denn, er war krank oder hielt sich nicht in Rom auf. Das Funktionieren der päpstlichen Bürokratie und die Chancen, die sie bot, waren ihm vertraut. Klug und tatkräftig hatte er die Zufahrtswege nach Rom befestigen lassen, und als päpstlicher Legat unter Sixtus IV. die komplizierte Aufgabe gemeistert, Adel und Hierarchie Spaniens für die Heirat zwischen Ferdinand und Isabella (1474) und den Zusammenschluß der beiden Königreiche Kastilien und Aragón zu gewinnen.

Nach der Papstwahl wurde der Handel, der Rodrigo Borgia das höchste Amt eingetragen haben soll, durch den bitter enttäuschten Kardinal della Rovere und seine Anhänger, die es freilich keinen Deut anders hielten als der glücklichere Amtsinhaber, allgemein bekanntgemacht. Aber auch der Borgia prahlte offen damit. Das war verständlich. Schließlich verdankte er die Wahl nicht seinem Stand, sondern seiner Begabung, die ihn zum Hinauswachsen über den Geburtsstand befähigt hatte. Im übrigen machten es alle so; Hauptgegner della Rovere, der nicht müde wird, dem Borgia simonistische Umtriebe vorzuwerfen, würde im Todesjahr Alexanders VI. ebenfalls durch Simonie den Papstthron erlangen.

Ob der Borgia gut beraten war, sich seiner Geld- und Immobilienzuwendungen zu rühmen, ist eine andere Frage: Simonie galt offiziell als Verbrechen, und der Papst lieferte damit seinen Feinden schnell eine Handhabe, die sie nutzten. I. Hermann macht fünf treibende Kräfte aus, die dem Borgia-Papst und seiner Familie das Leben schwerer machen werden, als sie erwarteten: Legendenbildung, Denunziation, Frauenhaß, Neid, Fremdenhaß.

Die Details der Wahl, die Namen all der hochmögenden Empfänger von Bestechungsgeldern und -pfründen sind in Archiven nachzulesen. Kaum eine Ironie des Schicksals, eher wieder einmal Sitte der traditionsstolzen Institution. Ironie gab es allenfalls von seiten einiger Beobachter. Einer von ihnen schrieb: »Sofort nachdem Alexander Papst geworden war, verteilte er all seine Güter an die Armen.« Auf diesen urchristlich klingenden Satz, der auch im Ritus der Einführungszeremonie im Lateran auftaucht, läßt der Chronist das Verzeichnis der Belohnungen für einzelne Kardinäle folgen, um die »Armen der Stadt« zu charakterisieren.

Die allgegenwärtige Borgia-Legende übernimmt schließlich alte literarische Wandermotive (so schon 500 Jahre früher bei Papst Silvester II.), aktualisiert sie und weiß davon, daß Kardinal Rodrigo, Erzpriester von Santa Maria Maggiore, deren Decke er als Papst mit dem neuen Gold aus dem eben entdeckten Amerika zieren und mit nicht weniger als 320 lustvoll springenden Borgia-Stieren ausstaffieren lassen wird, sich in dieser Kirche mit dem Leibhaftigen getroffen habe, um seine Seele gegen ein langes Pontifikat einzutauschen.

Von dieser Legende aus einer Streitschrift für das Laterankonzil des unversöhnlichen Julius II. della Rovere abgesehen, ist die historische Tatsache der Simonie wie gesagt nicht Rodrigo Borgia allein anzulasten. Andere Wahlen der Epoche boten ein ähnliches Bild: Die deutsche Kaiserwahl zum Beispiel konnte schon seit einiger Zeit als eine Art von Auktion betrachtet werden, bei welcher der Meistbietende gewann. Das Haus Fugger mußte mit Hilfe eines international bestückten Bankenkonsortiums einige Jahrzehnte später für die Wahl des Habsburgers Karl allein die anfallenden Bestechungssummen auf 1 000 000 Golddukaten ansetzen. Auch hier werden Versprechungen gemacht und versiegelt, Sicherheiten gefordert, Heiraten in Aussicht gestellt. Die Päpste reichen den Kaisern des Heiligen Römischen Reiches deutscher Nation zumindest in dieser Beziehung die Hand. Der Borgia stellte keine Sondererscheinung dar.

Selbst der blutjunge Giovanni de' Medici, eben erst zum Kardinal gemacht und später der päpstliche Gegenspieler Martin Luthers, hatte sich bereden lassen und für den Borgia gestimmt. Der fünfundneunzigjährige, vielen bereits als unzurechnungsfähig geltende Venezianer Maffeo Gherardo aber hatte den Ausschlag zur Wahl des Kollegen Rodrigo gegeben, und die anfänglichen Gegner, die stets mißtrauischen Konkurrenten und die wenigen ernsthaft Gesinnten im Kardinalskollegium hatten sich dem Heiteren gebeugt. Was zu Beginn der Wahlhandlungen im Konklave nach einer Utopie ausgesehen hatte, wurde zur Wirklichkeit. Der Borgia konnte sich im Glanz der Wahl sonnen. Die Wähler aber mußten sich später, als ihre einst mühsam genug unterdrückte oder abgekaufte Gegnerschaft wieder durchbrechen durfte, von einem heiteren Papst ihr Votum vorhalten lassen.

Jedenfalls war Rodrigo Borgia nun das Oberhaupt der Christenheit. Aus dem Mitglied eines Kollegiums von vielen Kardinälen, von denen fast ein jeder sich eine eigene Kurie und eigene Nepoten leistete, war er als der »Papst«, der Eine, der Unvergleichliche hervorgehoben. Ihm bot sein theologisch wie kirchenpolitisch so hervorstechendes Amt eine noch unbegrenztere Machtfülle als bisher. Diese Macht nicht nach Kräften zu gebrauchen hätte Dummheit bedeutet.

Der neue Papst begab sich nach seiner Wahl in die Peterskirche, um die Huldigung der Kardinäle entgegenzunehmen. Bei dieser Gelegenheit soll ihn der bärenstarke Kardinal Savelli in seinen Armen hochgehalten haben, um ihn dem Volk zu zeigen. Am nächsten Tag erschienen 800 Römer zum Fackelzug auf dem Petersplatz; überall in der Stadt wurden Freudenfeuer entzündet.

Schließlich ritt Alexander VI. durch seine Stadt, um in einer traditionellen Zeremonie von der päpstlichen Hauptkirche S. Giovanni in Laterano, die heute von der Schwermut der sie umgebenden verlassenen Paläste bestimmt ist, Besitz zu ergreifen. Die Prozession, wohl der wichtigste, aufwendigste und farbenprächtigste der Aufzüge in Rom, hieß *il possesso*, die Inbesitznahme des Amtes, das stolze Vorzeigen dessen, was sich hatte erlangen lassen.

Der Pontifex – »nicht einmal Mark Anton wurde von Kleopatra mit so viel Glanz empfangen« – wurde von dreizehn Reiterschwadronen begleitet, auch von 21 Kardinälen, jeder mit zwölfköpfigem Gefolge. Dazu kamen Gesandte und adelige Würdenträger. Sie alle suchten einander in der Pracht ihrer Gewänder und im Schmuck ihrer Pferde zu übertreffen. An den Straßenkreuzungen der traditionellen *Via papalis* streuten Diener Münzen unter das Volk. Die Straßen waren geschmückt mit Blumengirlanden, lebenden Statuen, dargestellt von nackten Knaben mit vergoldeter Haut, und Fahnen, die wie die Triumphbögen das Wappen des Borgia zeigten, neben dem Blau und Gold der Familie seiner Großmutter einen Stier in Rot.

Doch als der Papst nach vielen Stunden auf dem Pferd den Lateran erreicht hatte, brach er ohnmächtig zusammen. Kurz darauf erging es ihm in der Kapelle Sancta Sanctorum beim Lateran ebenso. Solche Anfälle sollten sich auch später in den Augenblicken größter Gemütsbewegung einstellen (S. Schüller-Piroli).

Als er wieder zu sich gekommen war, nahm er wahrscheinlich auf dem erwähnten (Toiletten-)Stuhl aus rotem Marmor Platz, »Kotsattel« *(sedia stercoraria)* genannt (heute in den Vatikanischen Museen). Dazu las ein Kardinal aus der Heiligen Schrift und Chöre sangen: »Er erhebt den Dürftigen aus dem Staub und erhöht den Armen aus dem Kot« (1 Sam 2, 8). Diese Bibelstelle paßte nun wirklich nicht auf den Borgia, doch die Sitte, auch sie ein Stück des vatikanischen Traumes, kannte es nicht anders.

Ob Alexander VI. die Tradition wahrte, nach den Erfahrungen mit der sogenannten Päpstin Johanna aus dem 9. Jahrhundert sein Geschlecht überprüfen zu lassen, ist ungewiß. Zwar dürfte niemand an der männlichen Anatomie dieses Papstes gezweifelt haben, doch wurde die Übung auf dem Miststuhl erst Jahrzehnte später eingestellt. Der letzte Papst, der sich der anrüchigen Zeremonie unterwerfen mußte, war Leo X. (1513), der wohl weniger Hemmungen hatte, sich prüfen zu lassen, als Sorgen um die Afterfistel, unter der er jahrelang litt.

Papst Alexander erhob sich schließlich und warf dem Volk eine Hand Geldstücke zu, wobei er, wieder unpassend, wieder etikettengetreu, rief: »Gold und Silber sind nichts für mich; was ich habe, schenke ich euch!« Dann wurde ihm der Schlüssel zur Basilika gereicht, der Fuß geküßt, Treue geschworen.

Der heitere Händler – *selig ist der mit so viel tugenten geziert und in die höhe sölcher öberkeit erhebt*, schrieb H. Schedel in seine Chronik – griff schon am nächsten Tag auf das Amt zu. Das Spielzeug war ihm nun ausgeliefert. An eine Kontrolle der Macht im neuzeitlichen Sinn war nicht zu denken. Doch Gründe, diesen Papst anzugehen, gab es neben dem Vorwurf der Simonie durchaus: Rodrigo de Borgia y Doms war 1430 in Játiva, einem Ort auf halbem Weg zwischen Valencia und Alicante, aus dem alten *Caballero di Conquista*-Geschlecht der Borja, das dann den latinisierten Namen Borgia annahm, geboren worden. Eine gefälschte Münze von 1492 sagt freilich, er sei kein echter Borgia, sondern ein Mann namens Roderico Lenzuoli (Lancol); eine Mär, die noch im 20. Jahrhundert Glauben fand. Zudem berichtet die Legende, schon der zwölfjährige Borgia habe einen ersten Mord begangen. Und wiederholt soll er mit der Scheide seines Degens andere Jungen in den Bauch gestochen und verletzt haben.

Rodrigo wurde als zweitgeborener Sohn, der nicht wie Pedro-Luis den Stamm fortpflanzen sollte, für den geistlichen Stand bestimmt. Niemand ahnte, daß er mehr für das Anwachsen der Familie tun würde als jeder andere. Nebenbei: Ein späterer Heiliger (Francisco Borgia) und eine Selige (Lucrezia d'Este von Ferrara) zählen zu seinen Nachkommen.

Der Papst kam aus einer Landschaft, die über Jahrhunderte hinweg unter der maurischen Fremdherrschaft gestanden hatte. Von der Abkunft des Borgia, den sie einen *Spagnolo* hießen, was in Italien durchaus als Schimpfwort galt, war wohl manches an ihm hängengeblieben: Vermischung von Menschen wie von Ideen, Vergewaltigungen, Verbrüderungen hier wie dort. Bald werden einige der sich in Rom beheimatet fühlenden Italiener dem Ausländer auf dem römischen Stuhl diese leicht zwielichtig erscheinende Herkunft vorhalten. Dabei mag eine gehörige Portion an Nationalstolz gegenüber dem wie Kalixtus III. ungeliebten Spanier und seiner fremdartigen Familie mit im Spiel gewesen sein. Es taucht aber auch die nur schlecht verhüllte Drohung mit dem Verdacht persönlichen Unglaubens auf, zumindest die Frage nach einer Art von ererbtem Kompromißlertum, von leichtfertiger Anpassungssucht. Ein solcher Vorwurf, wäre er durchgedrungen, hätte in einer anklage- und jagdfreudigen Christenheit für jeden Konsequenzen haben müssen. Für einen Papst aber, nach der »reinen Lehre« der Garant der kirchlichen Einheit wie des unverfälschten Glaubens, wäre eine solche Beschuldigung äußerst gefährlich gewesen.

Erst im Jahr der Papstwahl fiel die letzte Bastion der Mauren in Granada, und der letzte maurische König Abdallah mußte ins afrikanische Exil. Bei den Feiern anläßlich der endgültigen Vertreibung der Mauren aus seiner Heimat Spanien ließ der neue Papst freilich nicht zum Dank das *Te Deum* anstimmen. Er veranstaltete auf der Piazza Navona in Rom einen Stierkampf.

Als echter Caballero-Sproß durfte Rodrigo Borgia davon ausgehen, wegen der nicht zu bestreitenden Verdienste heldischer Vorfahren im Kampf gegen die Mauren mit Gott auf gutem Fuß zu stehen (S. Schüller-Piroli). Dieser Heilige Vater brauchte auf das nationale Selbstbewußtsein Spaniens, dieser »Übertreibung Europas«, nur noch die Persönlichkeit der Renaissance aufzupfropfen, um unfähig zu werden, je ernsthaft an sich und den eigenen Fähigkeiten zu zweifeln. Sollte er dies überhaupt tun?

VIII.
Nichts Menschliches ist mir fremd
Wie ein Papst Tage und Nächte genießt

»Wir erledigen in der Familie unsere Geschäfte selbst, und wenn wir einen von uns loswerden wollen, brauchen wir nicht die Hand eines Fremden, um ihn zu töten.«

Caterina Sforza, 1463–1509

Tizian
Papst Paul III. mit Kardinal Alessandro Farnese
und Herzog Ottavio Farnese
(1546)

S. Schüller-Piroli weist darauf hin, daß Rodrigo Borgia, der erste Papst der Neuzeit, davon überzeugt war, ein ausgezeichneter Priester zu sein und seine Amtspflichten genau zu erfüllen, in welche offenen oder versteckten Abenteuer er sich auch immer verwickeln ließ. Alexander VI. mochte sich von seiner Ruhmeslegende her gesehen selbst als ein echter Reformer verstehen, der es mit seiner Kirche gut meinte und dem schon deswegen das Gespür für eine radikalere Art von Reform abging. Martin Luther im fernen Deutschland ist acht Jahre alt, als Rodrigo Borgia sein Amt antritt.

Was auch immer dem Borgia, diesem »Buhmann der Papstgeschichte« (A. Uhl), nachgesagt werden kann, daß er ein plumper Potentat gewesen ist, läßt sich nicht behaupten. Alexander VI. ist auch kein Finsterling, kein Wüstling und in seiner »unerschöpflichen Sinnlichkeit« (F. Gregorovius) schon gar kein Erotomane. Diese Nomenklaturen treffen ihn nicht, zumal sie sich zumeist an den Gerüchten der Borgia-Gegner orientieren. Die Haushaltung des Borgia ist nach dem Vorbild seiner Mutter Isabella eher bescheiden, derart knauserig sogar, daß verwöhntere Kardinäle den päpstlichen Einladungen nach Möglichkeit aus dem Wege gehen. Auch die Beamten der Kurie bleiben unangenehm überrascht: Die sagenhaften Schätze, über die der Papstvater verfügt, kommen nicht dem Hof, sondern der Sippe zugute.

Der Zorn der Übergangenen führte nicht von ungefähr in Gesandtschaftsberichten an die italienischen und ausländischen Fürsten, zeitgenössischen Dichtungen und Tagebüchern zu den gewagtesten Unterstellungen. Vor allem das vielleicht später ergänzte *Diarium*, das Johannes Burchardus (Burkhardt, um 1445–1506) 26 Jahre unter fünf Päpsten führte, leitete die Dämonisierung der Borgia ein – und fand, noch bei Leibniz, williges Gehör. Burchardus, ein zwielichtiger Mann aus Niederhaslach im Elsaß (von wo er wegen Urkundenfälschung und Diebstahl hatte fliehen müssen), hatte sein Amt 1483 unter Sixtus IV. käuflich erworben und, krank vor Ehrgeiz, elf Jahre auf eine Beförderung durch Alexander VI. gewartet. So blieb eine Rechnung offen.

Das Volk jedoch, das wie bei anderen Päpsten sowieso keine Geldzuwendungen hatte erwarten dürfen, blieb ruhig. Erst als Vater Borgia verstorben war und sein Sohn Cesare ihm bald folgte, wird es sich den Vorgaben derer da oben anschließen.

Wahrscheinlich ist Alexander VI. vor dem Urteil der Geschichte noch nicht rehabilitiert. Die heitere Gelassenheit und das erworbene Gefühl des »Nichts Menschliches ist mir fremd« halfen dem Borgia aber jedenfalls, aus seinem Leben bis zuletzt das Beste zu machen oder zumindest das, was er für das Einträglichste ansah oder anzusehen gewohnt sein mußte. Auf diese Weise verkannte er die Tragik, die seine Heiterkeit überschattete. Er stellte sich etwa der Kirche zu Beginn seiner Regierungszeit als der »Vater aller« vor – und stand sich und dem hohen Anspruch schon deswegen im Wege, weil er Vater nur einiger weniger, seiner Kinder eben, war und blieb.

Obwohl italienische Städte die Erhebung des Borgia mit

Freudenfesten feierten, waren schon kurz nach der Wahl Alexanders die ersten Anzeichen der kommenden Verwicklungen zu erkennen. In Florenz zum Beispiel waren Stimmen laut geworden, die darauf hinwiesen, daß allein Gott wissen könne, ob und wie der Charakter eines Spaniers zu dem der Einheimischen passe. Piero de' Medici, politisch nicht der Hellste seiner Familie und bald darauf von den Florentinern gestürzt, war nichtsdestotrotz an der Spitze einer Abordnung aus Florenz mit großem Gepränge zur Leistung der Obedienz in Rom eingezogen. Gratulationsreden – sie liegen gedruckt vor – hatten einander abgelöst, und ein deutscher Chronist kommt über den neuen Papst geradewegs ins Schwärmen: *In ime ist holdseligkeit, glawbwirdigkeit, hailperer rat, gotßdienstlichkeit und kuntschaft aller ding, die zu einer solchen hohen wirdigkeit und stand gepürlich sint …*

Bald sah alles anders aus: Das Kriterium des politischen Nutzens war ausschlaggebend geworden, und Hemmungen kannte Rom immer weniger. Auch der Stuhl Petri hatte in diesem fast zeitlosen Spiel die ihm zustehende Rolle zu übernehmen. Die Zeit des unbeschränkten Befehlens war für die Päpste unwiderruflich vorbei; keine Großmacht hat ihnen künftig diese Herrscherrolle mehr zugestanden. Was den Päpsten blieb, war das Spiel mit der Diplomatie. In deren enggezogenem Kreis können sie mitspielen, ihrer Aufgabe glücklich zu werden versuchen.

Auch Rodrigo Borgia stellt bald fest, was ihm verblieb. Allerdings ist es kaum ein Zufall, daß speziell ein Amtsinhaber wie er die ihm zugedachte Rolle schon deswegen so glänzend spielen konnte, weil er selbst das Glück hatte, in der Politik überhaupt ein vergleichbares Geschlecht miteinplanen zu dürfen. Ohne ein solches wäre er unter den

Territorialherren Italiens ein Außenseiter geblieben, impotent von Berufs wegen.

Da er nun aber, durch Gottes glückliche Fügung, wie er betont, eigene Kinder hat, darf er sich seiner Aufgabe als Chef eines umfangreichen Clans freuen. Im übrigen hat er wiederholt versichert, dieses Spiel sei nun doch nicht ganz nach seinem Geschmack, und er wolle deswegen vor seinem Tod noch Kirchen- und Familienbesitz säuberlich voneinander trennen, damit man wisse, was Territorium der Kirche und was Grund und Boden der Sippe sei.

Verwirklichen konnte der Papst den Vorsatz nicht, selbst wenn er, was fraglich bleibt, ernst gemeint gewesen wäre. Und so hat der Borgia denn bis zu seinem Ende mitgespielt, mit eigenen und mit fremden Karten. Es ist geboten, sich nüchtern mit dieser Sachlage auseinanderzusetzen und auch heute noch zu bedenken, daß die Zeigefinger damals zumeist von denen ausgestreckt worden sind, deren eigene Familien im Hasardspiel des Zeitalters die schlechteren Karten abbekommen hatten.

Viel weniger als an Geld und Handel dachte der sonnige Papst allerdings an theologische und kirchliche Probleme. Freilich wird immer wieder darauf verwiesen, daß Ignoranz und Unwillen vieler hoher und höchster Kirchenfürsten jener Zeit in Sachen Theologie ohnedies mit Verwunderung konstatiert werden kann. Etwas anderes war es mit dem Spaß am kirchlichen Zeremoniell, diesem Beitrag des höheren, farbenfrohen Klerus zur Theaterfreudigkeit der Epoche.

Was an Rodrigo Borgia nach wie vor auffiel, waren sein ausgeprägt praktischer Geschäftssinn sowie seine Fähigkeit, heiter zu bleiben und nie lange zornig sein zu können. Sogar in den dunkleren Tagen seines Lebens, und es gab nicht wenige, so die Ermordung seines Lieblingssohnes, die Tiberüberschwemmung von 1495, in deren Folge angeblich ein »Monstrum« entdeckt worden sein soll, das in Flugschriften bald die Züge des Papstes annahm, der Blitzeinschlag in die Engelsburg (1497), ein schwerer Jagdunfall (1497) oder im Sommer 1500 der Einsturz der Decke des päpstlichen Audienzsaales, der zwei Kuriale tötete und beinahe das Leben Alexanders kostete, oder ein schwerer Sturm bei Elba im Februar 1502, der sein Schiff fast zum Kentern gebracht hätte – selbst in diesen schmerzlichen Stunden setzte sich die Lebensfreude des Heiteren durch. Solche Ereignisse stimmten den Papst traurig, regten ihn zur Reue an und gaben ihm Gedanken an die Reform der Kirche ein, aber sie wurden wieder verdrängt.

Doch unter der Decke brodelte alles: Das Volk wurde unruhig, eine Menge, die in einem ganz unverhältnismäßigen Ausmaß aus Desperados aller Art und jeglicher Provenienz bestanden haben muß, aus Bettlern aller Einkommensstufen, aus Spaßmachern und wohlfeilen Narren, aus Familiaren der Kardinäle, krank vor Ehrgeiz, aus Gewerbetreibenden, die vor allem vom Pilger- und Fremdenverkehr in der Ewigen Stadt lebten. Im übrigen beherrschten durchorganisierte Räuberbanden die Stadt und ihren Umkreis. Mörder waren wie Sänftenträger stundenweise zu mieten, und die zahllosen Asylrechte machten eine wirksame Verfolgung von Mordtaten beinahe aussichtslos. Die verwilderte Stadt verschluckte alles. Jeder der noblen Kardinäle beanspruchte zudem innerhalb der Stadtgrenzen des Papstes sein eigenes Territorium, oft sogar halbe Stadtteile, und wußte sein Reich auch mit Waffengewalt zu verteidigen.

Über alles legte sich die hauchdünne Decke des Glaubens,

von Leuten verteidigt, die ihrerseits kaum christliche Ausnahmeerscheinungen gewesen sind. Von Interesse an der Substanz des Kirchlichen, ja des Christlichen war nicht zu sprechen. In Rom gab es deswegen auch nicht mehr viel zu achten; ein Sehender mußte zu den Verächtern gehören.

Schon wurde der Schatten, den Frankreich auf Italien warf, dunkler, Auftakt zu einer von Einmischungen ausländischer Mächte geprägten Ära, die den Niedergang des Papsttums beschleunigen und Italien der Fremdherrschaft unterwerfen sollte. Während der nächsten siebzig Jahre würden zahlreiche Invasionen die Halbinsel verheeren, ihren Wohlstand zugrunde richten, große Gebiete in fremde Hände bringen, die Souveränität der Fürsten einschränken und die Einigung Italiens um vierhundert Jahre hinauszögern. Dies alles, ohne daß auch nur eine der beteiligten Parteien einen dauerhaften Gewinn daraus gezogen hätte. Durch den unablässigen Fürstenstreit in sich zerrissen, war Italien ein verlockendes und zugleich äußerst verwundbares Angriffsziel (B. Tuchman). Das Ausland neidete ihm den Reichtum seiner Städte, auch wenn Italien nicht ganz so ruhevoll, fruchtbar, blühend und anmutig war, wie es der Geschichtsschreiber F. Guicciardini vor dem Einfall der Feinde schildert.

Keine ökonomische Notwendigkeit trieb deren Invasion voran, aber noch immer galt der Krieg als Domäne der Herrschenden. Entschädigungszahlungen und Steuereinnahmen aus eroberten Gebieten waren ihre Haupteinnahmequelle; aus ihr wurden auch die Kosten der Feldzüge bestritten. Wie die ersten Kreuzzüge des Mittelalters ein Ventil für die Aggressivität des Adels gewesen waren, so waren vielleicht auch die Feldzüge in Italien Ausdruck nationalistischer Expansionsgelüste (B. Tuchman). Frankreich hatte sich vom Hundertjährigen Krieg erholt, Spanien die Mauren vertrieben, und beide Länder hatten dabei den Zusammenhalt ihrer Nationen gefestigt. Das zerstrittene Italien verlockte zum Angriff.

Alexander VI. begab sich entschlossen auf das Gebiet der Politik, tat sich nach möglichen Allianzen in der sich abzeichnenden europäischen Krise um und erließ 1493 eine berühmte Bulle, die eine Demarkationslinie *(raya)* hundert Meilen westlich der Azoren durch den Ozean zog.

Es war Gewohnheitsrecht eines Papstes, die Zuerkennung der Souveränität über jedes Land unwiderruflich anzuordnen, das nicht schon im Besitz eines christlichen Fürsten gewesen war (G. Granzotto). Der Borgia-Papst übernahm die fast abstruse Verpflichtung; dabei verstanden weder die betroffenen Könige noch der Pontifex etwas von Geographie. Alexander VI., der sich ein Renommee schaffen wollte und ferne Beute witterte, agierte hier nicht ungern. Er konsultierte alle möglichen Koryphäen und stützte sich vor allem auf seinen späteren Freund Columbus, einen Kenner, der tatsächlich die unendlich erscheinenden Weiten im Westen durchpflügt hatte.

So teilte die Bulle *Inter caetera* Alexanders VI., die nicht die einzige bleiben würde, die neu entdeckten überseeischen Territorien zwischen einem unzufriedenen und auf Nachbesserung dringenden Portugal und Spanien auf, dessen Herrscherpaar er wegen seiner Unterstützung bei der Papstwahl verpflichtet war. Die Teilung, die trotz ihrer verschwommenen Formulierungen und Kompetenzzuweisungen das Schicksal ferner Länder besiegelte, blieb bis heute bedeutsam, eine der seltenen politischen Taten des Papsttums von Jahrhundertrang.

Es ist fraglich, ob sich der Papst in diesem Zusammenhang ernsthaft »als den Auserwählten zur Errettung der Christenheit« verstand, »als den großen Bekehrer der Heidenvölker, ausersehen, Gottes Wort in die Welt zu tragen und die Völker unter dem Zeichen des Kreuzes in Frieden zu vereinigen« (M. Hermann-Röttgen). Tatsächlich hatte Alexander VI. die Beutegier seiner Kirche bedient. Bald werden Hunderttausende niedergeknüppelt, zwangsgetauft. Die schon im Abendland bewährten Methoden der geistigen wie der ökonomischen Unterdrückung und Ausbeutung setzen auf dem neuen Kontinent ein, und ein Leichenteppich wird sich über das entdeckte Land legen.

Auch die Deutung von S. Poeschel ist überzogen. Rodrigo Borgia soll sich auf dem berühmten Fresko des Pinturicchio, des wohl besten Malers des Landes, zu Füßen des Auferstandenen, unter Ausschluß eines fürbittenden Heiligen selbst als derjenige präsentiert haben, dem der Auftrag Christi zuteil geworden, das Heilige Land zu retten? Das personenbezogene Gesamtprogramm in den *Appartamenti Borgia*, seiner zwischen 1492 und 1494 gestalteten halboffiziellen Wohnung, dem als die am besten ausgestattete Fürstenwohnung Italiens einzigartigen kunsthistorischen Monument, könnte zwar lauten: »Die Durchsetzung der universalen Herrschaft Christi unter seinem Stellvertreter Alexander VI.« Doch der Borgia blieb mit beiden Beinen auf der Erde.

Schon im ersten Jahr seines Pontifikats vergrößert er das Kardinalskollegium erheblich. Das beschwört den Zorn der oppositionellen Kardinäle herauf, die als notorische Parteigänger des della Rovere nicht im Goldregen des Borgia gestanden hatten. Auch die Tatsache, daß der Papst sein Geld nicht wie erhofft an die Kurialen verteilte, sondern fast ausschließlich seinen Kindern zuwandte, schuf ihm am eigenen Hof keine Freunde.

Gegen heftigen Widerstand wurden 1493 elf neue Kardinäle kreiert, darunter Alessandro Farnese, Bruder der Geliebten des Heiligen Vaters. Alessandro, der einmal seine eigene Mutter wegen eines banalen Erbschaftsstreits in das Burgverlies von Capodimonte geworfen hatte, wurde mit sanftem Spott, doch ohne moralische Entrüstung *cardinale gonella*, Dessous-Kardinal, geheißen. Doch der Spott verging, der Kardinalshut blieb (A. Uhl), und der Unterrockkardinal sollte als Papst Paul III. (1534–1549) die Reformation durch das Konzil von Trient anzugehen suchen, ein Unternehmen, das wenigstens einige mit seiner etwas fragwürdigen Herkunft als Kardinal Alexanders VI. versöhnt hat.

Zudem erhob der Borgia-Papst einen Sproß der Familie d'Este, ganze fünfzehn Jahre alt, zum Kardinal, dazu seinen eigenen Sohn Cesare, dessen Untauglichkeit für eine kirchliche Laufbahn so offenkundig war, daß er sie bald wieder aufgab, um sich gemäßeren Beschäftigungen wie dem Krieg und, zeitweilig auch mit Hilfe des Leonardo da Vinci, den dafür brauchbaren Künsten, Techniken und Listen widmen zu können.

Die übrigen waren unter dynastischer Rücksicht so ausgewählt, daß alle auswärtigen Mächte zufrieden sein konnten. Die Neuzugänge festigten Borgias Einfluß auf das Kollegium, so daß Kardinal della Rovere, als er über die Ernennungen informiert wurde, angeblich laut aufstöhnte und vor Verdruß erkrankte.

Er wußte, warum. Die Verleihung des Purpurs an handverlesene Erwählte hatte nicht nur aktuelle Bedeutung, sie wies weit in die Zukunft hinein: Jeder künftige Prätendent mußte vor und während seiner Wahl mit solchen Kollegen rechnen, die ihm, als Kreaturen des Vorgängers, womöglich ihre Stimmen versagten. Und als Papst hatte er erst recht mit einem solchen Erbe zu leben. Auf diese Weise konnte (und kann) ein Papst die Geschicke der Kirche noch über seinen Tod hinaus mitbestimmen.

Alexander VI. ernannte in seiner Regierungszeit insgesamt 43 Kardinäle, darunter 17 Spanier und fünf Angehörige seiner eigenen Familie, eine drückende Erblast für den Nachfolger. Die Beträge sind überliefert, die jeder Kandidat für seine Erhebung bezahlt hat. Borgia rechnete mit solchen Einnahmen, durchschnittlich 15 000 Dukaten pro Kopf. Der Papstvater brauchte das Geld.

Ärger kam auf ihn zu. Als 1493 der Feldzug zur Debatte stand, mit dem der französische König Karl VIII. seinen Anspruch auf Neapel durchsetzen wollte, berief dieser eine Kommission. Sie sollte das Programm erarbeiten, das seinen Marsch durch Italien in den Rang eines Kreuzzugs für die Kirchenreform erhob.

Der König beabsichtigte sogar, ein Konzil einzuberufen, um Alexander VI. wegen Simonie abzusetzen. Dies war nicht sein Einfall. Ein armseliger Sproß des Hauses Valois, der ständig seinen Träumen von Ritterruhm in einem Kreuzzug gegen die Türken nachhing, hatte er die Kirchenreform unter der Überredungskunst des Kardinals della Rovere zu seiner Sache genacht.

Dieser war in seinem unbändigen Haß auf Papst Alexander, der schon in seiner Namenswahl (griech. *alexandros* = berühmter, großer Mann) seine persönlichen Ziele bekannt gegeben hatte, mit der ausdrücklichen Absicht nach

Frankreich gekommen, seinen Rivalen zu vernichten. Einen »derart lasterhaften und von der ganzen Welt verabscheuten Papst«, so bestürmte er weit übertreibend den König, müsse er vom Stuhl stoßen, damit ein neuer Papst gewählt werden könne – am besten er selbst, Giuliano della Rovere.

Ein ähnliches Vorhaben, von Kardinälen angeregt und von Frankreich unterstützt, hatte die Abendländische Kirchenspaltung (1378–1417) verursacht, ein Schisma, das noch in frischer Erinnerung war. Nichts in der Geschichte des Christentums hatte der Kirche so großen, nicht wiedergutzumachenden Schaden zugefügt. Das Volk glaubte sogar, seit dieser Kirchenspaltung sei kein Mensch mehr in den Himmel gekommen (R. König). Es zeugte von Verantwortungslosigkeit, daß della Rovere und seine Parteigänger die Wiederholung dieses Schrittes auch nur in Erwägung ziehen konnten.

Alexander hatte freilich allen Grund, della Roveres Einfluß auf den König von Frankreich zu fürchten, vor allem wenn es dem Kardinal gelang, den wirren Sinn des Königs auf eine Reform der Kirche zu lenken. Nach F. Guicciardini, durchaus kein Bewunderer der Päpste, erschien Alexander VI. schon der Gedanke an eine Reform »über alle Maßen schrecklich«. Wird bedacht, daß Alexander VI. später immer wieder die als lästig empfundenen Gegner, auch Kardinäle, einkerkerte oder auf andere Weise ausschaltete, erscheint es fast wie ein Wunder, daß er den widrigen Kardinal della Rovere nicht einsperrte. Doch sein Feind war so vorsichtig, Rom zu meiden und in der sicheren Feste Ostia zu residieren.

Die Berichte aus Frankreich lösten in Italien ein hektisches Taktieren und Paktieren aus. Alles traf Vorbereitungen, um den Ausländern entgegenzutreten oder, falls opportun, sich auf ihre Seite zu schlagen. Für die päpstlichen und die weltlichen Herrscher lautete die Frage, ob sie aus einer Verbindung mit Neapel größere Vorteile zu erwarten hätten als aus einer Verbindung mit Frankreich. In Neapel warf sich Ferrante, auf dessen Königreich es die Franzosen abgesehen hatten, in einen Sturm von Allianzen und Gegenallianzen mit dem Papst und mit italienischen Fürsten. Doch als Ränkeschmied konnte er sich nicht enthalten, die von ihm selbst geschlossenen Bündnisse durch entgegengesetzte Abmachungen wieder zu untergraben. Binnen eines Jahres erlag er diesen Anstrengungen. Ihm folgte sein Sohn Alfonso auf den Thron. Gegenseitiges Mißtrauen beherrschte seine Nachbarn, die sich »von Nichtigkeiten leiten ließen, über Absurditäten zueinander fanden und sich in kurzsichtigen Plänen und wahnwitzigen Intrigen ergingen« (G. Meredith).

Der Papst versuchte, den türkischen Sultan als Bundesgenossen gegen den Franzosen zu gewinnen. Die von ihm entwickelte Allianzpolitik (1500 rief er freilich zu einem Türkenkreuzzug auf) dürfte alles in allem geschickter gewesen sein als die vorhergegangenen und künftigen Feldzüge des Abendlandes gegen die Türken; gedankt wurde sie ihm nicht.

Karl VIII. ging ein erhebliches Risiko ein, denn über die Linie Orléans hatte das französische Königtum noch erheblich stärkere Ansprüche auf Mailand als auf Neapel. Aber Ludovico il Moro, im Grunde seines Wesens ein Abenteurer, glaubte zuversichtlich, mit dieser Gefahr fertig werden zu können. Wie der Gang der Dinge zeigen sollte, war das ein Irrtum.

Aus solchen Motiven und Berechnungen wurde Italien

dem Einmarsch geöffnet, der dennoch im letzten Augenblick beinahe gar nicht stattgefunden hätte. Karls Räte, denen das ganze Unternehmen zweifelhaft erschien, hoben die zu erwartenden Schwierigkeiten und die Unzuverlässigkeit Ludovicos wie auch der Italiener überhaupt hervor und weckten damit beim König so starke Bedenken, daß er das schon in Marsch gesetzte Heer noch einmal haltmachen ließ. Aber della Rovere war rechtzeitig zur Stelle, um ihm zuzureden und seine Begeisterung aufs neue zu entflammen. Im September 1494 überquerte ein französisches Heer, 60000 Mann stark, die Alpen. In sich trug es »den Keim zu unermeßlichem Unglück« (F. Guicciardini).

Der junge Franzosenkönig, der letzte des Hauses Valois, von vielen als Reformer der Kirche mißverstanden, fiel in Italien ein. Er wird mit diesem jugendlich ungestümen Zug ohne direktes Zutun zum Anlaß für den Sturz der Medici in Florenz und bringt zugleich das italienische Staatensystem ins Wanken. Mit seiner Kunst der schnellen Kriegführung löst der Franzose ein langjähriges Ringen aller europäischen Mächte aus.

Nach anfänglicher Unschlüssigkeit, die Züge von Panik erkennen ließ, brachte Papst Alexander VI. eine Verteidigungsliga mit Florenz und Neapel zustande, die wieder auseinanderbrach. Florenz fiel ab, und Karl VIII. zog, ohne auf Widerstand zu treffen, nach Rom. Dort mußte sich der in die baufällige Engelsburg geflohene Papst nach verzweifelten Versuchen, sich einem offiziellen Empfang Karls VIII. in der Stadt zu entziehen, der überlegenen Macht beugen. Der König leistete dem Papst die von der Etikette erforderten Ehrenbezeigungen. Dieser fiel vor Erregung in Ohnmacht.

Die Parade der Franzosen beim Einzug in die Stadt des

Papstes hatte sechs Stunden gedauert: Fußvolk, Bogen- und Armbrustschützen, schweizerische Söldner mit Hellebarden und Lanzen, gepanzerte Ritter, die königliche Leibgarde mit eisernen Streitkolben auf den Schultern und schließlich 36 Kanonen auf Wagengestellen, die unter furchterregendem Gepolter über das Kopfsteinpflaster gezogen wurden. Rom erbebte unter dem Zustrom der Eindringlinge. »Die Erpressungen sind furchtbar«, berichtete der Gesandte von Mantua, »die Morde unzählig, man hört nichts als Jammern und Wehklagen. Seit Menschengedenken war die Kirche nie in so schlimmer Lage.«

Karl VIII. wurde in die neugestalteten *Appartamenti Borgia* geführt. Er schaute sich um und versicherte schließlich, in allen ihm bekannten Schlössern, Palästen und Burgen habe er noch keine so schöne Wohnung wie die Alexanders VI. gesehen. Die hoch gelobten Appartamenti sind noch heute zugänglich.

Bei den Verhandlungen zwischen den Eroberern und dem Papsttum wurde dann hart gerungen. Zwar mußte Alexander Neapel den Franzosen zusagen, aber zwei weiteren Forderungen widersetzte er sich standhaft. Er lehnte es ab, den Franzosen die Engelsburg zu übergeben, und weigerte sich, Karl von Frankreich zum König von Neapel zu krönen. Dies erforderte Standfestigkeit, auch wenn der Papst den Franzosen den Durchzug durch päpstliches Territorium nach Neapel gestatten und seinen Sohn Cesare als Geisel mitgeben mußte. Dieser entkam seinen Bewachern am ersten Abend.

Das Thema, das bei allen Verhandlungen nicht zur Sprache kam, war die Kirchenreform. Trotz des ständigen Drängens von Kardinal della Rovere und seiner Partei war Frankreichs König nicht der Mann, ein Konzil auf sich zu nehmen, die Reform voranzutreiben oder einen Papst abzusetzen.

Alexander VI. hielt sich.

Die Präsenz der Franzosen in Süditalien trieb Spanien dazu, ein Bündnis mit dem Reich einzugehen. König Ferdinand II., der eine französische Herrschaft über Neapel wegen Spaniens eigener Ansprüche auf den Thron keinesfalls dulden wollte, brachte Kaiser Maximilian I., der ebenfalls eine Expansion Frankreichs fürchtete, dazu, sich ihm anzuschließen: Er versprach dem Sohn Maximilians, Philipp, die Hand seiner Tochter Johanna zu einer Ehe von schicksalsträchtiger Bedeutung. Mit Spanien und dem Reich unter Kaiser Maximilian I. als Verbündeten konnten sich Mailand und das Papsttum mit Aussicht auf Erfolg gegen Frankreich wenden.

Als sich Venedig anschloß, entstand 1495 die Liga, wegen der Teilnahme des Papstes »Heilige Liga« genannt und von diesem unter Reliquienschauen und Ablaßzusagen im Petersdom verkündet. Dieses Bündnis, mit dem die Geschichte des modernen Europa begann (F. Gregorovius), ließ die Franzosen, die sich in Neapel verhaßt gemacht hatten, fürchten, sie könnten in Süditalien isoliert werden. Sie marschierten heimwärts – Karl VIII. bat höflich wie nie um eine Audienz beim Papst, die ihm versagt wurde – und bahnten sich, nachdem es am 6. Juli 1497 in Fornovo (Lombardei) zu einer wirren Schlacht gekommen war, ihren Weg zurück nach Frankreich.

Die Franzosen hatten den Papst erschreckt, doch wider Erwarten oder Hoffen vieler Enttäuschter nicht angerührt. Einzig das *mal francese*, die Syphilis, soll das Heer epidemisch in Italien zurückgelassen haben, eine der großen

Seuchen der Zeit, über die ohne die spätere Prüderie gesprochen wird. Ein Arzt aus Verona, Fracastoro, befaßt sich eingehend mit der »Lustseuche« und findet nach dem fluchbeladenen Hirten Syphilos aus der alten Sage auch ihren antikisierenden Namen.

Damit war er der humanistischen Mode treu geblieben, alles und jedes antik zu benennen. Doch die neue Krankheit zu heilen verstand er nicht; seine Quecksilberbehandlung setzte sich nur mühsam durch. Der Siegeszug dieses Leidens erschien unabwendbar. Von ihm zu schweigen hieße ein Stück glänzend-morbider Renaissance zu übertünchen. Heilmittel, die wirksam waren und nicht nur von Mund zu Mund, von Markt zu Markt weitergereicht wurden, gab es nicht. Dagegen fanden gepulverte Würmer und Raupen, Rost, Grünspan, Alaun, Gujakholz ihre Abnehmer. Die Krankheit überlebte sie alle miteinander. Cesare Borgia wird sie bald auch haben, ebenso einige andere Kardinäle. Der Vater Alexander VI. bleibt, allen Gerüchten zum Trotz, sauber.

Daß niemand – am allerwenigsten Frankreich – einen Gewinn aus dem sinnlosen und doch folgenschweren Abenteuer des Italienfeldzugs Karls VIII. zog, vermochte die europäischen Mächte nicht davon abzuschrecken, immer wieder in dieselbe Arena zurückzukehren und einander Italien streitig zu machen. In dem Maß, wie sich auch die Päpste auf weltliche Händel einließen, fehlte es ihnen an Zeit und an Interesse für die Angelegenheiten des Glaubens. Ständig mit den Verwirrspielen dieser oder jener Allianz befaßt, vernachlässigten sie mehr als je zuvor die inneren Probleme der Kirche und nahmen die Anzeichen für eine bevorstehende Krise in ihrer eigenen Sphäre kaum wahr, von dem tatsächlichen Bruch zu schweigen.

Vorboten gab es schon: Seit 1490 verlieh Girolamo Savonarola, Prior von San Marco in Florenz, der religiösen Verzweiflung in flammenden Predigten eine Stimme. Alexander VI. überhörte sie während sieben langer Jahre, in denen sie von Florenz Besitz ergriff und in Italien widerhallte.

Die mit Beredsamkeit vorgetragenen Bußpredigten und apokalyptischen Prophezeiungen des äußerlich wenig ansprechenden Mönchs verbreiteten »so viel Schrecken, Angst, Schluchzen und Tränen, daß alle ganz bestürzt in der Stadt herumliefen, mehr tot als lebendig« (Pico della Mirandola). Savonarolas Vorhersage, Lorenzo der Prächtige und Innozenz VIII. würden 1492 sterben, was tatsächlich geschah, verlieh ihm gewaltige Macht. Auf ihn gehen die Scheiterhaufen zurück, in denen die Menge unter Schluchzen und hysterischem Schreien Luxusgüter und Wertsachen, Bilder, feine Gewänder und Schmuck verbrannte. Er organisierte Kinderbanden, die die Stadt auf der Suche nach »Eitelkeiten« durchkämmten, um sie zu verbrennen. Seine Anhänger rief er auf, ihr Leben zu ändern, frühchristliche Tugenden wieder aufzunehmen, Festen und Spielen, Wucher und Blutrache zu entsagen und den Geboten des Glaubens Folge zu leisten.

Geißelte Savonarola die Kirche, kannte sein Zorn keine Grenzen: »Die Schändlichkeit fängt in Rom an und geht durch das Ganze. ... Fang nur von Rom an, und du wirst finden, daß sie all ihre Pfründen durch Simonie gewonnen haben ... Die Huren gehen öffentlich nach St. Peter, jeder Priester hat seine Konkubine.« Die Kirche war nach dem Bußprediger zu einem Haus der Schande verkommen.

Savonarola beschrieb die Wirklichkeit. Das regte in Rom niemanden auf. Die Kurie war gegen Predigten immun. Sie hatte durchaus Moral. Doch diese war dem prallen Menschenleben zugewandt und damit nicht die des anachronistisch wirkenden Bußpredigers. Sie würde es auch nicht werden. Niemand, am wenigsten der Papst, sah dazu Veranlassung.

Über den Unwert der Askese war sich Rom im klaren. Eiferer, die sich allzu wichtig nahmen, in unfruchtbare Selbstquälerei verfielen, in der Abtötung der Sinnlichkeit dieser eine erhöhte Wichtigkeit verliehen – nichts für den Hof des Papstes. Weltanschauung stand gegen Weltanschauung, und so sollte es bleiben.

Gefährlich wurde Savonarola erst, als er Karl VIII. als das Werkzeug der Reform begrüßte, das Gott, »wie ich es lange vorhergesagt habe«, geschickt, um die Leiden Italiens zu heilen und die Kirche zu reformieren. Daß er für die Franzosen eintrat, war ein tödlicher Fehler seiner politischen Theologie, denn damit machte er den Papst auf sich aufmerksam.

Zunächst suchte Alexander VI., geduldig und liberal, Savonarola ohne Aufsehen zum Schweigen zu bringen, indem er ihm einfach zu predigen verbot. Doch der Mönch trotzte dem Verbot mit der Begründung, Alexander habe durch seine Verbrechen die Autorität als Heiliger Vater verloren: »Der Papst ist kein Christ mehr, ist ungläubig, ein Häretiker; als solcher hat er aufgehört, Papst zu sein.«

Diese Vermengung von Lebenswandel und Lehre war alles in allem unüblich. Doch sie wirkte. Die Geduld des Papstes wich einer Anwallung von – vorübergehendem – Zorn. Alexander VI., von allen Seiten dazu gedrängt, raffte sich zum Handeln auf. Der Papst griff zum Mittel der Exkommunikation, der sich Savonarola pragmatisch widersetzte, indem er Messen las. Dann befahl der Papst den florentinischen

Behörden, sie selbst sollten den Prediger zum Schweigen bringen, sonst werde er die Stadt in den Bann tun.

Inzwischen hatte sich die öffentliche Meinung gegen Savonarola gewandt, vor allem nachdem eine Feuerprobe, zu der ihn seine Gegner genötigt hatten, nicht zustande gekommen war. Von den florentinischen Behörden eingekerkert und gefoltert, um ihm das Geständnis, ein Betrüger zu sein, zu entreißen, dann von den päpstlichen Examinatoren ein weiteres Mal auf ein Geständnis der Häresie hin gefoltert, wurde er dem weltlichen Arm zur Hinrichtung übergeben. Unter dem Johlen der Menge wurde er am 23. Mai 1498 erhängt, sein Leib auf einem Scheiterhaufen vor dem Palazzo Vecchio verbrannt. Unbewaffnete Propheten, kommentierte N. Machiavelli, der als junger Mann der Hinrichtung beigewohnt hatte, nähmen ein schlimmes Ende.

Das Donnergrollen war erstickt, aber die Feindseligkeit gegen die konkrete Hierarchie blieb. Gestalt und Schicksal Savonarolas haben erheblich zum negativen Bild Alexanders VI. beigetragen; zu groß war der Kontrast zwischen den beiden – und der jeweils verkörperten Auffassung von Kirche und Welt.

Bußprediger, Beförderer einer volkstümlichen Frömmigkeit, die die Übel ihrer Zeit geißelten und die Menschen ermahnten, ein besseres Leben zu führen und von der Sünde abzulassen, übten auf das Volk starke Wirkung aus. Ihre Vorträge endeten meist mit »Massenbekehrungen« und Dankesgaben an den Sprecher. Eine der populärsten Prophezeiungen aus der Zeit der Jahrhundertwende träumte einmal mehr von dem »engelgleichen Papst«, dem *papa angelicus*, der die Reform beginnen werde, worauf, wie Savonarola versprochen hatte, eine bessere Welt folgen sollte.

Die Kirche hat Savonarola noch nicht rehabilitiert. Sie hätte eingestehen müssen, daß ein Stück Wahrheit, wenn überhaupt, einmal mehr nicht auf seiten eines Papstes war, sondern auf der seines Opfers. Es ist nun einmal so: Wahr ist nichts schon deshalb, weil ein Papst es sagt. Umgekehrt: Hin und wieder sagt auch ein Papst etwas Wahres.

IX.
»Ich küsse diese süßeste Hand, die mich sterben macht«
Wie eine Papsttochter auf Männer wirkt

»Lucrezia ist die unseligste Frauengestalt der modernen Geschichte. Ist sie das, weil sie auch die schuldigste der Frauen war? Oder ist sie es nur, weil sie einen Fluch tragen muß, mit dem sie die Welt aus Irrtum belegt hat?«

F. Gregorovius

»Man kann nicht nach Belieben stehenbleiben, wenn man von einem Strom der Verbrechen fortgerissen wird.«

V. Hugo, Lucrèze Borgia, 1831

Bartholomeo Veneto
Porträt der Lucrezia Borgia
(um 1630)

Nun endlich muß von einem Kind des Papstes gesprochen werden. Der Papsttochter, ob als mächtige Mätresse, als *femme fatale*, als biedere Gattin, als reuige Sünderin angesehen, gilt ohnedies ein singuläres Interesse, vor allem unter Männern. »Es ist bekannt, wie Geschichtsschreiber und Dichter von jeher bis auf unsere Tage nicht müde geworden sind, Lucrezia Borgia als die Urheberin zahlreicher Verbrechen und Skandale hinzustellen« (L. v. Pastor). Und immer bleibt etwas hängen, wenn gut verleumdet wird. Es findet sich kein Frauenbild zwischen Engelin und Teufelin, das Lucrezia nicht zugeschrieben wird (M. Hermann-Röttgen).

Der angeblich so lasterhafte Liebling des Papstvaters, besonders ihre perfekte, reizende Figur, galt manchen als Verkörperung der wegen ihrer florentinischen Zartheit und Anmut berühmten Venus aus der »heidnischen Periode« des Sandro Botticelli (Alessandro Filipepi, 1445–1510). Auch auf einem Fresko des Pinturicchio in den *Appartamenti Borgia* des Vatikans soll sie dargestellt sein – als heilige Katharina von Alexandrien, der Schutzheiligen unehelicher Kinder. Später wurden die Galerien Europas nach Bildnissen dieser Papsttochter durchsucht (C. Yriarte); auch das bekannte Bild einer Renaissance-Schönen aus der Hand des B. Veneto (Städel zu Frankfurt am Main) soll Lucrezia darstellen. Das einzige authentische und bezeugte Bild Lucrezias findet sich auf drei zeitgenössischen Medaillen von 1502. Kupferstiche oder Holzschnitte sind nicht bekannt.

Der Gesandte von Parma beschrieb als Augenzeuge diese Frau: »Sie ist von mittlerer Größe und anmutiger Gestalt, im Gesicht eher lang, die Nase schön geschnitten, das Haar golden, die Augen haben keine besondere Farbe, ihr Mund ist ziemlich groß, die Zähne sind strahlend weiß, ihr Hals ist schlank und schön, ihr Busen bewunderungswürdig geformt. Immer ist sie fröhlich und lächelt.«

Von Lucrezia, die nicht nur nach damaligen Begriffen eine Schönheit war, sprechen noch heute, nach fünfhundert Jahren, viele. Selbst wer sich kaum je mit der Kirchen- oder Papstgeschichte befaßt hat, kann doch meist auf Anhieb ihren Namen nennen. Ihr Ruf – G. Donizetti hat ihr 1833 eine Oper gewidmet, seine zu Lebzeiten erfolgreichste – überdauerte die Jahrhunderte, gerade weil er von jeher durch Hetzkampagnen aller Art beschädigt ist. Doch reizt die mysteriöse, nicht umfassend aufzudeckende, dafür um so lieber untergeschobene Sittenlosigkeit einer jungen Frau dazu, sich mit Lucrezia zu befassen. War sie Engel, war sie Teufel oder beides, also, wie M. Bellonci 1941 die Hitze der Männer auf den Punkt bringt, »nur Weib«?

Sie war, wenn auch von Rodrigo Borgia außerehelich gezeugt, am 18. Mai 1480 mit dem sprichwörtlichen silbernen, wenn nicht goldenen Löffel im Mund geboren worden: Der stolze Herr Vater war immerhin Kardinal der Heiligen Römischen Kirche gewesen – und hatte mittlerweile die letzte und höchste Stufe auf der Karriereleiter erklommen.

Schon als junger Kardinal hatte Rodrigo Borgia, nun Papst Alexander VI., bekanntlich zumindest zwei Söhne und zwei Töchter mit Frauen, deren Namen nicht überliefert sind, und später, als er das 40. Lebensjahr überschritten hatte, drei weitere Söhne und eine Tochter mit der in späteren Männerphantasien als Hauptschuldige am Fall ihres Geliebten und ihres – angeblich inzestuös geliebten – Sohnes Cesare verdächtigten Giovanna (Vanozza/Vannozza) Cattanei (* 1442).

Von ihr, die schreiben oder wenigstens Briefe diktieren konnte und hin und wieder unbefangen sogar mit Vanozia Borgia unterschrieb, soll die Lieblingstochter Lucrezia die zarte Figur und das Haar geerbt haben. Eines der Gasthäuser der vermögenden Vanozza, nach feindlichen Quellen ein Bordell, wird noch beim Campo dei Fiori in Rom gezeigt, die *Vacca* (»Zur gastlichen Kuh«) oder der *Biscione* erfreuten sich großer Beliebtheit. Ihr berühmtester Sohn Cesare soll, wenn nicht in Subiaco, in einem ihrer Häuser – heute Via del Pellegrino Nr. 58 – geboren worden sein.

Vanozza, mehrfach nicht ohne Zutun ihres Geliebten verheiratet, fügte ihrem stolzen Wappen Stiere und Streifen der Borgia ein, wie noch heute am Gebäude der ehemaligen *Vacca* zu sehen ist. Sie war vorgeblich in der Rolle als anerkannte Geliebte die Nachfolgerin ihrer Mutter, Tochter Lucrezia die Nachfolgerin Vanozzas. Drei Generationen von Frauen und derselbe Mann? Der Frauen ist bei diesem – und in der Dichtung über ihn – kein Ende.

Leo X. Medici wird 1518 die Teilnahme des gesamten päpstlichen Hofes am Begräbnis der 76 Jahre alt gewordenen Vanozza in S. Maria del Popolo anordnen. Vanozza hatte zusammen mit Rodrigo Borgia diese gemeinsame Lieblingskirche reich ausgestattet; hier wird auch Zeremoniar Burchardus beigesetzt werden. Erst Alexander VII. Chigi (1655–1667) läßt die von Pinturicchio in der Kirche gestaltete Kapelle der Papstwitwe aufheben, um seine eigene

Grabkapelle vorzubereiten. Zumindest bis zu dieser Zeit scheint niemand Anstoß an der Grablege genommen zu haben, der dem Andenken einer Frau gewidmet war, der Rodrigo Borgia. seine Zuneigung so augenscheinlich geschenkt hatte. Der fromme Brauch, die für Vanozza gestifteten Seelenmessen zu lesen, wurde sogar erst 1760 eingestellt. Ihr Epitaph (mit den Namen vierer Papstkinder), mittlerweile in der früheren venezianischen Nationalkirche S. Marco an der Piazza Venezia zu Rom befindlich, wurde zu Beginn der neunziger Jahre des 20. Jahrhunderts einmal mehr verschoben, ohne daß bauliche oder konservatorische Gründe vorlagen (M. Hermann-Röttgen).

Es gelang Papst Alexander VI. auch, für seinen ältesten Sohn, Pedro-Luis, das Herzogtum Gandia (bei Valencia) zu erlangen und die Verlobung mit einer Kusine König Ferdinands anzubahnen. Als Pedro-Luis jung starb, fielen sein Adelstitel, seine Besitzungen und seine Verlobte an Stiefbruder Juan, dem freilich ein Tod von jener Art vorbestimmt war, die dem Namen Borgia zu seiner Berühmtheit verhelfen sollte.

Die Vaterschaft für einen Giovanni, der 1498 zur Welt kam, als Borgia schon Papst war, scheint selbst innerhalb der Familie nicht unumstritten gewesen zu sein. Ein päpstlicher Erlaß legitimierte diesen *Infans Romanus*, den späteren Fürsten von Nepi, zunächst als Sohn Cesares, ein zweiter als Sohn des Papstes. Die öffentliche Meinung wollte in ihm ein uneheliches Kind Lucrezias sehen; sein Vater sollte Perotto sein, ein schöner Kammerdiener des Papstes. Die Anerkennung der Vaterschaft durch Alexander VI. wäre dann nur ein Vorwand gewesen, um die Ehre der Tochter zu schonen.

Kinder bildeten zusammen mit weiteren Verwandten die

»Familie« des Heiligen Vaters, und dieser würde, nicht zuletzt aufgrund der Praktiken des unmittelbaren Vorgängers Innozenz VIII., eines *autentico libertino* mit sieben Kindern, wohl wissen, wie der Vaterpapst mit seiner Sippe umzugehen hatte. Alexander VI. mußte denn auch eine höchst diffizile Doppelrolle ausfüllen, als Papst eben und als Vater. Wie ein Papst die Seinen ausstatten, einrichten, verheiraten wollte, wurde zu einem wichtigen Moment für die europäische Politik.

Wem solches Glück bei Frauen und Kindern versagt blieb, sah es fassungslos – und begegnete dem Glücklicheren mit Mißtrauen und unverhohlenem Neid. Die Psychologie des Neides verlangt nun aber, daß die Beneideten so lange herabgesetzt werden, bis sie klein erscheinen wie die Neider selbst (I. Hermann). Die Borgia sind nach den Maßstäben ihrer Zeit auffallend schön, gesund und reich. Dazu leben sie stolz und unbekümmert, genießen sorglos ihre Vorsprünge – Haltungen, die bis heute als arrogante Provokation empfunden werden können. Den Durchschnitt zu provozieren ist jedoch gefährlich. Für den Leumund, das Leben.

Gestreute und willig geglaubte Gerüchte taten bald ihr Werk. Den Borgia kümmerte das Geschwätz *(dicerie)* nicht. Niedrigkeiten galt es zu übersehen, als Bagatellen abzutun. Ein Mann hatte es einzurichten, daß seine Geliebten verheiratet waren, sei es, um einen Schein von Respektabilität zu wahren, sei es aus Vergnügen daran, den Ehebrecher zu spielen und sich nicht bloß um ein blutjunges Mädchen zu mühen, wie er es sich jederzeit hätte nehmen können.

Während Vanozza seine Geliebte gewesen war, hatte Kardinal Borgia nacheinander zwei Heiraten für sie arrangiert – und eine weitere für deren Nachfolgerin in seinem Bett, die blendend schöne Giulia Farnese, deren goldblondes Haar bis auf die Füße fiel. Diese junge Frau, treffend *La Bella* genannt, wurde 1489 mit fünfzehn Jahren im Palast des Borgia dem einäugigen O. Orsini angetraut – und fast gleichzeitig, neben anderen, die Geliebte des Kardinals. Sie soll – fälschlicherweise – auf den Fresken des Pinturicchio in den *Appartamenti Borgia* sogar als Madonna dargestellt worden sein, die der Borgia geradezu angebetet habe. Noch Ende des 19. Jahrhunderts wurde diese Mär den Touristen erzählt.

Seinerzeit zerriß sich alle Welt das Maul: Ein ungewöhnliches Privatleben erregte in der Hochrenaissance wenig Skandal, aber die Liaison zwischen einem neunundfünfzigjährigen Liebhaber und einer über vierzig Jahre jüngeren Frau, die an der Kurie »Braut Christi« genannt wurde, erschien zu anstößig, weil die Verbindung zu viele Gefühle der Zukurzgekommenen verletzte. Das jahrelange Liebesverhältnis mit der jungen, durchaus schwierigen Farnese-Orsini – Vanozza lebte mittlerweile als gut versorgte Matrone – wurde Gegenstand anzüglicher Geschichten und brachte Borgia weiter in Verruf.

Dabei hatte L. Valla (1407–1457) das Empfinden der Zeit bereits ausgedrückt: »Wenn eine Frau mir gefällt und ich ihr, was soll dann ein Dritter dazwischengehen und uns trennen?« Und: »Mich oder sonst einen geht es absolut nichts an, ob eine Frau mit ihrem Ehemann schläft oder mit ihrem Liebhaber.«

Rodrigo Borgia ein Einzelfall?

Theologische Theorien hin oder her, der Papstfamilie Borgia schien es zu gelingen, mit ihren Affären ein Zeitalter mehr und mehr in Empörung zu versetzen, das die meisten Ausschweifungen gelassen betrachtete. Erst »das Christentum gab dem Eros Gift zu trinken. Er starb zwar nicht daran, doch entartete er, zum Laster« (F. Nietzsche).

Papst war der Borgia dennoch geworden. Er blieb es trotz aller Anfechtungen, ja er wurde – nach den Zeitgenossen Guicciardini und Machiavelli – sogar als der mächtigste Papst aller Zeiten angesehen. Einer seiner treuesten Freunde war Columbus, den Alexander VI. immer unterstützt hat: Im Testament des Entdeckers (1506) ist die Rede von einem Gebetbuch, das ihm der Borgia seinerzeit geschenkt habe und das er der Republik Genua hinterlassen wolle. Von diesem rührenden Vermächtnis der Treue nach dem Tod abgesehen, geht es dem Papst ziemlich schlecht. Der Wind, der das Strohfeuer des Anfangs entfacht hatte, blies ihm ins Gesicht.

Anlaß zu diesem Umschwung bot nicht zuletzt die päpstliche Familienpolitik, die immer gröbere Züge annahm. Die vier Kinder mit Vanozza wurden von ihrem päpstlichen Vater abwechselnd für die eigenen Pläne eingesetzt, wo immer er oder, was das gleiche war, die Kirche Roms sie benötigte.

Nur zu bald hatten die gelehrigen Nachkommen ihrerseits das Spiel erlernt, um den Erzeuger fortan für die Interessen der Familie einsetzen zu können. Doch in diesen Bestrebungen der Borgia-Sippe, sich bei der eigenen Rangerhöhung jeweils nach Kräften gefällig zu sein, spiegelt sich die Situation an den Fürstenhöfen der Epoche wider, zu denen auch derjenige zu Rom gehörte.

Immerhin: Unter den achtzehn Enkeln des Borgia-Papstes waren die Herzöge von Ferrara, von Gandia, von Squillace. Ein Urenkel, ein Ururenkel wurden Kardinäle. Der letzte Herzog von Gandia starb 1740; erst damit erlosch das Papstgeschlecht. Ein anderer Borgia begründete eine eigene Linie; er war Vizekönig von Peru.

R. Friedenthal hat darauf aufmerksam gemacht, daß die vielzitierte Schwäche des Papsttums jener Zeit nicht nur theologisch greifbar gewesen ist. Vielmehr lag sie auch darin begründet, daß »bei Wechsel der Dynastie die neue Familie unweigerlich damit begann, die Nepoten der vorhergehenden ihres Besitzes nach Möglichkeit zu berauben und das eigne Haus auszustatten. Anstelle der Tradition, die der große Hauptbegriff der Kirche war, bildete sich die Tradition heraus, daß mit jeder Papstwahl eine Art Revolution stattfand. Die bestehenden Besitz- und Machtverhältnisse wurden in Frage gestellt und umgestoßen; neue wurden geschaffen, deren Dauer nur vom Lebensalter des jeweils regierenden Papstes abhing.«

In der Politik des Borgia-Papstes, der seinerseits durchaus einige gute Trümpfe auszuspielen hatte, ging es jedenfalls, nachdem die Vorentscheidung für und nicht gegen das Glücksspiel gefallen war, mal bergauf, mal bergab. In Rom finden sich bald mehr Soldaten als Priester, Bündnisse werden am laufenden Band geschlossen und wieder aufgelöst, und der Papst ist praktisch mit einer jeden der damaligen Mächte verbündet und dann wieder verfeindet. Die Leute werden ein Lied von solchen Spielereien am großen Tisch der Weltpolitik singen. Alexander VI. versucht ständig, auch hierin seiner Papstvater-Rolle getreu, die eigenen Nachkommen so zu verheiraten, daß die sich ergebenden Hochzeiten politisch günstige Konstellationen anzeigen oder sichern helfen.

Nun kann normalerweise die eigene Tochter beim besten Willen nicht mehr als einmal an den Mann gebracht werden, und geistliche Söhne dürften sich aufgrund des Zölibatsgesetzes ohnedies nicht für diese Art von Kirchen- und Familienpolitik geeignet haben. Noch galten die Theorien von der Unauflöslichkeit der Ehe und der priesterlichen Ehelosigkeit. Doch Vater Borgia war realistisch genug, seine Tochter aus politischen Rücksichten mehrfach zu verloben und zu verheiraten.

Schon 1490 war die blutjunge Lucrezia mit dem Grafen von Oliva, Don Cherubin de Centelles, im Frühjahr des folgenden Jahres mit dem Grafen Gasparo von Procida und Aversa verlobt worden. 1493 hatte der Papst seine Tochter, nach Meinung der Zeit im idealen Alter von dreizehn Jahren, in einem *matrimonio papalesco*, wie der Bräutigam spottete, mit Giovanni Sforza, dem rohen Herrscher von Pesaro, verheiratet. Ihre Mitgift betrug 15000 Dukaten, mehr hatte der Papst nicht aufbringen können. Der Ehemann, nunmehr »Schwiegersohn der Christenheit«, war zwanzig Jahre älter als die Dreizehnjährige, die ihn ebensowenig kannte wie die beiden Verlobten ihrer Kindheit. Sie schwieg, zog fürs erste in einen angemieteten römischen Palast und bekam als erste Hofdame – Giulia Farnese zugeteilt.

Die am 12. Juni 1493 im Vatikan gefeierte Hochzeit war ein Ereignis gewesen: Giulia Farnese, Geliebte des Brautvaters, hatte Lucrezia begleitet; auch Battistina, die Enkelin des früheren Papstes Innozenz VIII., und 150 Damen des römischen Adels hatten sich eingefunden. Der Papst traute seine Tochter selbst, und sogar der Bräutigam war anwesend. Nur Mutter Vanozza durfte auf Weisung des Papstes nicht teilnehmen; sie mußte plötzlich erkrankt sein.

Burchardus höhnte, der alte Papst habe beim Festmahl zwischen seiner Tochter und seiner Geliebten Platz genommen, weil er sich noch für einen Jüngling gehalten habe.

Zudem sei das Hochzeitskonfekt *(Confetti)*, gezuckerte Mandeln, Damen in den Ausschnitt gesteckt worden.

Lucrezia, die *principessa vaticana*, führte die nächsten Jahre mit den Hofdamen im Mietpalast das ihrem Rang entsprechende Leben, während sich Ehemann Sforza beharrlich weigerte, mit seiner Frau zusammenzuziehen. In der entstandenen Wohngemeinschaft der Frauen lebte auch die kleine Laura, Tochter Giulias, die voll Stolz den zahlreichen Besuchern vorgeführt und als das lebende Porträt des Papstes angesehen wurde. Dieser hatte alles in dem Haus der Frauen praktisch geregelt: Er konnte immer wieder die Gelegenheit wahrnehmen, nicht nur seine Geliebte zu besuchen, sondern auch seine beiden Töchter Lucrezia und Laura zu sehen.

Sohn Jofré, der zunächst für den geistlichen Stand bestimmt worden war, wurde noch im Jahr der Hochzeit Lucrezias dispensiert und mit der launenhaften Sancia von Aragón verbandelt, einer unehelichen Tochter König Alfons' II. Dieser Heirat waren im Vatikan laute Szenen vorangegangen: Kardinal Ascanio Sforza und der von diesem – ebenso naiv wie hochverräterisch – über alle Geheimnisse der päpstlichen Staatskunst und Militärpolitik informierte Mann Lucrezias hatten eine Verbindung der Borgia mit Neapel hintertreiben wollen. Doch auch Sohn Juan, mit dem Herzogtum Gandia belehnt, feierte bald Hochzeit mit Maria Enríques, einer Prinzessin von Aragón und königlichen Cousine.

Nicht alle Träume des Papstvaters erfüllten sich. Alexander VI. mußte sich nicht nur um die Ehe Lucrezias mit einem abwesenden Mann, sondern auch um die beiden fernen Söhne sorgen, die nicht so wollten wie er. In seinem originellen Briefstil, der in der Erregung spanische, italienische und lateinische Vokabeln durcheinanderwarf, machte der Papst seinen Söhnen immer neue Vorhaltungen. Die angeschlossenen Ratschläge, von Vaterliebe und Vatersorge für alle Lebenslagen diktiert, nahm keiner der beiden wörtlich. Das vom Papa und seinem unruhig flackernden Stil häufig gebrauchte *Maravellem Nos* (»Wir können nur staunen«) richtete nichts aus.

Lucrezia wurde schließlich, nachdem ihr Mann keine Anstalten machte, nach Rom zu ziehen, nach Pesaro geschickt. Sie sandte von dieser Reise eine Menge Berichte an den Papa, beschrieb Empfänge, Gäste, Kleider, sparte frivole Details nicht aus. Doch der Heilige Vater hatte sich zu dieser Zeit mit anderen privaten Problemen zu befassen: Zum einen warb, zum Ärger Lucrezias, Caterina Gonzaga, eine bekannte Schönheit, – vergeblich – um seine Gunst. Zum anderen machte »die undankbare und falsche« Giulia Farnese keine Anstalten, in sein Bett zurückzukehren, obwohl Alexander VI., als dessen »Herz und Augen« sie galt, mit dem Kirchenbann gedroht hatte. Wollte sie noch eher als zum Papst zu ihrem Ehemann zurück? Das eben nicht zu tun hatte sie dem Borgia feierlich versprochen. Dieser flehte, forderte, fluchte Woche um Woche. Alles vergebens.

Als Giulia sich endlich auf den Weg nach Rom machte, fiel sie in Viterbo den Truppen des französischen Königs in die Hände. Um sie freizugeben, forderten diese ein Lösegeld von 5000 Dukaten. Der Papst zahlte sofort.

Giulia wurde ritterlich von 4000 Franzosen nach Rom begleitet und einem in schwarzen Samt gekleideten, mit einem Degen gegürteten, ziemlich albern aussehenden Liebhaber übergeben, dem regierenden Papst, der, so Burchardus, endlich wieder einmal hatte jugendlich wirken wollen. Die Gerüchteküche war angeheizt, und Briefe aus Rom sprachen davon, die Schöne habe eine Nacht im Vatikan verbracht. Bald darauf dürfte sich Giulia vom Papst getrennt haben. Sie zog sich mehr und mehr zurück, zeigte sich reuevoll. Am 14. März 1524 ist sie gestorben, ihr Bett mit Baldachin vererbte sie ihrem Bruder Alessandro, dem ihre Liaison mit dem Borgia-Papst den roten Hut eingetragen hatte.

Alexander VI. ließ sich künftig nicht mehr in der Öffentlichkeit mit einer Geliebten blicken. Wohl lernte 1503 ein weiterer kleiner Papstsohn reiten, ein anderer lag in der Wiege, doch die Namen der Mütter blieben geheim. Vermutlich kamen diese Geliebten aus einer »Mägdestube« (S. Schüller-Piroli).

Der Papst wollte, zumal seine Briefe nichts genutzt hatten, schließlich den Sohn Jofré wieder um sich haben. Dieser zog mit Frau Sancia in Rom ein, brachte ein gewaltiges Gefolge mit, sogar Hofnarren und Hofzwerge, und wurde von Lucrezia festlich an der Porta del Popolo abgeholt.

Der Heilige Vater wartete im Vatikan so ungeduldig auf seine Kinder, daß er nicht stillsitzen konnte. Er spähte immer wieder auf den Petersplatz und war überglücklich, als er Lucrezia und Jofré endlich zu sehen bekam. Sancia und Lucrezia wurden an den Stufen des päpstlichen Thrones auf Polster gesetzt. Dort saßen sie künftig jeden Abend, ob der Papst Bußpredigern lauschte oder spanischen Volkstänzen seine Aufmerksamkeit schenkte.

Neuer Ärger ließ nicht auf sich warten: Eines Tages entschied Alexander VI., eine noch engere Verbindung mit Neapel liege in seinem Interesse, und so annullierte er 1497 die Ehe seiner jetzt siebzehnjährigen Tochter Lucrezia, um sie, eine »willenlose dynastische Handelsware« (H. Kühner), mit dem schönsten jungen Mann Italiens, dem neapolitanischen Thronprätendenten Alfonso von Aragón zu verheiraten, dem außerehelichen Sohn des Königs von Neapel und Herzog von Bisceglie.

Kardinal Ascanio Sforza wurde am 14. Juni 1497 im Vatikan von einem zornigen Papst vor vollendete Tatsachen gestellt. Giovanni Sforza, der düpierte Ehemann Lucrezias, bestritt den Vorwurf, er habe die Ehe nicht vollzogen. Es habe sogar außerordentlich viel Vollzug gegeben, erklärte der Sforza und widersetzte sich lautstark der Trennung. Doch er mußte unter schwerem Druck des Papstes, der mittlerweile von dem – nie bewiesenen – Hochverrat gehört hatte, nachgeben und die Mitgift seiner jungen Frau rückerstatten. Lucrezia selbst erläuterte in wohlgesetzten lateinischen Worten vor dem Konsistorium der Kardinäle den »geschlechtlichen Nichtvollzug« ihrer Ehe.

Mit großen Feiern wurde die Papsttochter, nur mit 4000 Dukaten Mitgift versehen, Alfonso angetraut. Ihn liebte sie allen Berichten zufolge als ersten Mann ihres Lebens wirklich. Bei der Hochzeit kam es zu einem Gedränge, ja einer Schlägerei zwischen den Leuten des Cesare Borgia und denen der Sancia, der Frau seines Bruders. Einige Bischöfe bezogen Faustschläge, und der Heilige Vater sah sich von düsteren Gestalten mit Degen umringt.

Beim anschließenden Bankett versöhnten sich alle: Sancia durfte den Papst persönlich bedienen, und Cesare trat in einer Tierpantomime als Einhorn auf.

Die Beleidigung der Sforza und der angenommene Verstoß gegen das Ehesakrament brachten Alexander VI. erst recht in Verruf. Während Kardinal Ascanio Sforza bald wieder im Palast Lucrezias aus und ein ging, als sei nie etwas gewesen, streute Giovanni Sforza, der Papst habe sich eh nur von inzestuöser Begierde nach der eigenen Tochter leiten lassen. Angesichts von Lucrezias rascher Wiederverheiratung ist das wenig wahrscheinlich, aber die Geschichte paßte zu den immer greller werdenden Verleumdungen und Gerüchten. Diese bezogen sich auf Alexander VI. und seine hübsche Tochter, deren lange blonde (aufwendig und zeitraubend gefärbte) Haare alle Welt bewunderte.

Lucrezia gebar ihrem zweiten Ehemann am 1. November 1499 um sechs Uhr früh einen Sohn. Auf päpstlichen Befehl wurde dies noch vor Tagesanbruch allen Kardinälen, ausländischen Gesandten und Freunden mitgeteilt. Am 11. November wurde der Enkel nach dem stolzen Papstgroßvater Rodrigo benannt und unter Beisein des gesamten päpstlichen Hofes in der Sixtinischen Kapelle getauft. Später wird der Kleine zu dem vom Vater ererbten Herzogtum Bisceglie (Apulien) von seinem Papst und Großvater das Herzogtum Sermoneta im Süden Roms bekommen.

Alles hätte so schön sein können, doch das Schlimmste stand kurz bevor.

Am 15. Juli 1500 wurde Klein-Rodrigos Vater Alfonso, nachdem ein früherer Anschlag mißlungen war, bei der Peterskirche von fünf Angreifern überfallen, die sich als Pilger getarnt hatten. Er konnte ihnen begegnen, mußte aber schwer verwundet in das Schlafgemach des Papstes getragen werden. Von Lucrezia mit Hingabe gepflegt, war er überzeugt, daß sein Schwager Cesare der Anstifter gewesen sei und versuchen werde, die Tat mit Gift zu vollenden. In seiner Furcht vor einem Giftanschlag wies Alfonso ärztliche Hilfe ab, vertraute auf die Fürsorge Lucrezias, die für ihn kochte, aber auch auf die Wache, die Alexander VI. um das Krankenlager postiert hatte, und wurde wieder gesund.

Cesare aber, der seinem Schwager mehr und mehr aus politischen Gründen mißtraute, wartete ab: »Was mittags nicht geschah, wird sich abends tun lassen.«

Nach einer unbestätigten Überlieferung – andere sprechen von einem schnellen Mord am Abend des 18. August 1500 in den *Appartamenti Borgia*, die Lucrezia für kurze Zeit verlassen hatte – bekam der Papstsohn in der Tat seine Chance: Eines Tages soll Alfonso vom Fenster aus den verhaßten Schwager im Garten erblickt, zu Pfeil und Bogen gegriffen und auf Cesare Borgia geschossen, ihn aber verfehlt haben. Binnen weniger Minuten hatte ihn die Leibwache Cesares totgeprügelt.

Alexander VI. reagierte nicht so heftig auf den Mord, wie seine Tochter es erwartet hatte. Lucrezia weinte ununterbrochen, was nun wieder den Papst reizte. Sie verließ den Vater und floh fürs erste mit ihrem Söhnchen Rodrigo nach Nepi, dem von ihr, von Vanozza und Cesare so geliebten Wohnsitz. Dort zeichnete sie ihre Briefe mit »Die Unglücklichste« – und empfing Bruder Cesare doch wieder.

Der Papst war inzwischen wohl selbst eingeschüchtert durch »den Tiger, den er großgezogen hatte« (T. Tomasi, 1685). Auch als Cesare, wie ein Gerücht wollte, einen angeblichen Favoriten seiner Schwester namens Perotto durch den Mantel hindurch erstach, unter den sich dieser an den Papst geschmiegt hatte, soll dieser untätig geblieben sein, obgleich das Blut des Getöteten ihm angeblich ins Gesicht gespritzt war. Ungleich wahrscheinlicher ist freilich, daß Perotto, ein Kämmerer des Papstes, anders gestorben war:

Im Februar 1498 war seine Leiche, an eine Hofdame Lucrezias gefesselt, aus dem Fluß gefischt worden.

Der Mord an Lucrezias zweitem Ehemann bedeutete zwar eine empfindliche Störung der päpstlichen Familienpolitik von innen und wohl nicht einmal die einzige in einer Zeit, die, nach dem Gesetz der Blutrache, von Mordtaten nur so wimmelte. Doch das Gewissen des Papstes regte sich angesichts des gewaltsamen Todes seines Schwiegersohnes keineswegs. Zwei Monate nach Alfonsos Tod soll der Papst vielmehr einem von Cesare im Vatikan veranstalteten Bankett präsidiert haben, das unter dem Namen »Kastanienball« zum Ausgangspunkt der schwülsten Sexualphantasien wurde. Burchardus vermerkt in seinem Tagebuch, daß bei diesem Fest fünfzig Kurtisanen mit den Gästen des Papstes tanzten, »zuerst in Kleidern, dann nackt«. Kandelaber wurden auf den Boden gestellt, dann zwischen ihnen Kastanien ausgestreut, welche »die nackten Dirnen, auf Händen und Füßen zwischen den Leuchtern durchkriechend, aufsammelten, wobei der Papst, Cesare und seine Schwester Lucrezia zuschauten«. Endlich paarten sich die Gäste, Kardinäle darunter, mit den Frauen, und Preise, seidene Überröcke und Barette, winkten jenen, »welche mit den Dirnen am häufigsten den Akt vollziehen konnten«.

Der skrupellose Tagebuchschreiber Burchardus, nicht frei von »Hexen«-Glauben und kaum ein Mann der Renaissance, hatte in seiner Heimat enge Beziehungen zu den bekanntlich von Innozenz VIII. gestützten Inquisitoren J. Sprenger und H. Institoris. Wahrscheinlich hat er in dem Bericht über den Kastanienball vom 31. Oktober 1501, diesen »Hexensabbat«, die Fakten mit mittelalterlichen Klischees aus dem »Hexenhammer« der beiden sadistischen Dominikanerinquisitoren und anderen Erzählungen über das Wirken von Dämonen angereichert (S. Schüller-Piroli). Von einem Tatsachenbericht kann denn auch kaum die Rede sein.

Vor allem Cesare war dem Mann aus dem Elsaß, nach dessen Wahlheimat Straßburg noch heute ein Bezirk Roms benannt ist *(Argentina)*, nie geheuer. Sooft Cesare und sein Vater spanisch miteinander reden, fühlt sich Burchardus ausgegrenzt. Das bleibt ihm unheimlich.

Feste wie der Kastanienball, über den sich Burchardus erregt, waren nicht unüblich (und sind es, als abgemilderte Volksbräuche, heute noch nicht): Auch an anderen europäischen Höfen fanden sich im Rahmen nicht nur karnevalistischer Aufführungen Nackttänze, und noch im 18. Jahrhundert gab Frankreichs König zwölf Bälle mit Tänzern und Tänzerinnen, die splitternackt waren. Spiele mit nackten Mädchen, die Kirschen aufsammelten, waren dem Jahrhundert auch nicht unbekannt.

Schon 1475 hatte M. Widman von Kemnat, Hofkaplan des Pfälzer Kurfürsten Friedrich I., berichtet: *Wen sie gessen haben, so schreit der deuffel oder der ketzermeister: Meselet, meselet! Und lescht die liecht aus; darnach lauffen sie undereinander und vermischen sich fleischlich und der vatter mit der tochter, desgleich bruder mit der schwester und halten nit naturlich ordenung in dem werck …*

Das Klischee der Kenner.

In der Stadt des Heiligen Vaters sollte es nicht anders sein: Einen Monat später wird von einer Szene berichtet, bei der in einem Innenhof des Vatikans Hengste auf zwei rossige Stuten getrieben wurden und diese fast umbrachten, während der Papst und Lucrezia von einem Balkon »unter lautem Gelächter und großem Vergnügen zuschauten«. Später sahen sie zu, wie Cesare eine Gruppe unbewaffneter Verbrecher zusammenschoß, die wie die Pferde in den Hof getrieben worden waren. Immer wieder wird das Klischee bedient, nach dem ein voyeuristischer Teufel gewohnt ist, den behexten Akteuren zuzuschauen.

Die Gerüchte rissen nicht ab, und das Echo in den damaligen Medien war nicht unbedeutend: Der Papst, bis ins hohe Alter ein Freund des Tanzes, ließ angeblich schon während des Kastanienballs Straßendirnen in den Vatikan kommen; die ganze Nacht vor dem Fest Allerheiligen gab es Wein, Tänze und Gelächter. Wenig später erfährt Machiavelli, Alexander VI. empfange ohnedies »jeden Abend fünfundzwanzig und mehr Frauen«. Und niemand anderes als Lucrezia, Prototyp der »Hexe«, soll diese Verwilderung der Sitten bewußt oder instinktiv herbeigeführt haben.

Kopfschütteln? Testen wir uns selbst: Das Befremden aller, die mittelalterlichen Vorstellungen und Lebensentwürfen zugewandt geblieben waren oder sie in ihrer bourgeoisen Form noch heute hegen, ist beinahe körperlich zu spüren. Wer aus dem Rahmen des Durchschnittlichen fällt, das sich so gern für das Normale hält, wird von diesem gnadenlos schuldig gesprochen.

Beide Male war Lucrezia betroffen, für spätere Jahrhunderte nicht nur die biedere Ehefrau und ständig Verführte, sondern der überzeugendste Beleg für das Mysterium Frau, ein Mythos aller Probleme und Phantasien des Mannes.

Die immer im Mittelpunkt des Interesses stehende Papsttochter mit den »großen blauen Augen und den sanften und schönen Zügen einer Grazie, umwallt von dem goldfarbenen Haar« (F. Gregorovius), die »wunderschöne Jungfrau« des Ariost, die »zarte Pflanze, aufwachsend in einem Treibhaus der Sünde« (C.F. Meyer), fällt aus jedem Tugendkatalog heraus und wird zur verkörperten Sünde.

Wer wegen seiner exponierten Stellung ins Gerede kommt, verliert in der öffentlichen Meinung schnell seine Persönlichkeit, büßt differenzierte Eigenschaften ein, unterliegt einer verengten Perspektive und wird zum Exempel, an dem sich jedes Stereotyp festmachen läßt. Vorzugsweise treffen diese Mechanismen eine Frau.

Wie Lucrezia selbst das unaufhörlich und aufdringlich gezeigte Interesse der Männer empfand, fragte weder ihr Vater noch ein anderer Mann ihrer Zeit. Auch in späteren Jahrhunderten bewies sich nur die Solidarität der Männer gegen diese Eine. Keiner interessierte sich dafür, ob sie von Anfang an nur eine Frau sein wollte, die ihren eigenen Gefühlen hätte leben dürfen. Von daher gesehen, hatte sie ein exemplarisch beschränktes Frauenleben zu bestehen.

An Lucrezia scheiden sich männliche und weibliche Perspektiven.

Sie hat – später auch als historische Gestalt – ohne viele Umstände den ihr auf den Leib geschriebenen Part zu übernehmen. Sie ist nicht nur eine neue Lady Macbeth, sondern fleischgewordene Liebesgöttin, *Aphrodite pandemos*, schöne Helena, Frau Venus aus der Tannhäusersage. Sie tanzt, so die Sehnsucht nach erregenden Gefühlen außerhalb der bürgerlichen Moral (H. Röttgen), vor ihrem Papstvater nackt wie Salome vor Herodes (H. Kaulbach) und gewinnt als Kindfrau Macht über den alternden Heiligen Vater. Sie ist laszive Initiatorin aller Feste, mit denen Alexander VI. den Vatikan besudelt und von der sich jeder Mann gern hätte besudeln lassen. Sie wird zur Ausrichterin schlimmster Lustwettkämpfe dämonisiert, bei denen sie Preise vergab, zur Geliebten selbst des Mönches Savonarola (M. Beerbohm), zur Hetäre des Hauses, zum männermordenden Monstrum, zur giftmischenden Herrin aller Wollust, zur personifizierten, unerreichbaren Unmoral, zur Dauergefahr, zur Verführerin von Anbeginn, zum blonden Sexsymbol.

Nicht ins Bild wird ihr Tod passen. Eine Marilyn Monroe, eine Lady Diana stirbt nun mal nicht unspektakulär.

Eine spätere Spottgrabschrift denkt sich für ihr Grab aus: »Hier ruht eine Lucrezia durch ihren Namen, in Wirklichkeit aber eine Thais: Tochter, Gattin und Schwiegertochter Alexanders.«

Lucrezia wird von Männern keinesfalls als Gefallene gesehen, sie bleibt – wie die in Liebesmitteln und Giften wohl bewanderten Dirnen Roms – die stets nachtaktive Jägerin, von der ein Mann sich hätte gerne jagen und nehmen lassen: Ihr, einer weiteren staatsverderbenden Kleopatra, wird ersatzweise in Anlehnung an die inquisitorischen Vorgaben der »Hexen«-Prozesse die Schuld am Untergang der Männer und damit der Familie Borgia zugewiesen. Der gute Vater Papst aber ist salviert. Er war nur »behext«; das läßt ihn wie alle anderen Männer als Opfer und Verführten betrachten.

Viel Körper macht das Weib.

Burchardus hatte in seinem Tagebuch vermerkt, daß Lucrezia in Abwesenheit ihres Vaters sogar die Amtsgeschäfte führte. Eine *madama papessa*? Grund genug, sich um die Kirche zu ängstigen, die – zwischen Juli und Oktober 1501, während der Amtsinhaber die Verhandlungen um die dritte Heirat seiner Tochter führte – eben dieser, also einem Weib in die Hände gefallen war.

Nach dem Mord an Lucrezias Mann hatten die Bewerber aus dem In- und Ausland Schlange gestanden. Doch die Papsttochter war entschlossen, auf kein Werben einzugehen, und hatte mehrere Vornehme vor den Kopf gestoßen, die sich ein leichtes Spiel mit ihr erhofften. Ihr Leitsatz in jenen langen Monaten war es, nicht mehr zu heiraten, »weil meinen Männern zu viel Schlimmes passiert«. Im übrigen war vor allem die Staatsräson des väterlichen Kirchenstaates zu beachten.

Am 30./31. Dezember 1501 heiratete die Papsttochter zum dritten Mal, gekleidet in ein mit Hermelin besetztes, perlengeziertes Gewand aus Goldbrokat und karmesinrotem Samt. Der fünfundzwanzigjährige Witwer Alfonso III., Erbe des Hauses d'Este und künftiger Herzog von Ferrara, war der Erwählte. Der Papst soll allerdings nicht nur mit dem deutschen Kaiser Maximilian I., Mailand und Venedig politische Schwierigkeiten bekommen haben, auch wegen der Gerüchte um einen Vater-Tochter-Inzest schien es nicht so leicht, die Schöne wieder zu verheiraten.

Zudem, eine Begebenheit am Rande, fanden sich zunächst nicht die vierzehn Nonnen, die Lucrezia hatten nach Ferrara begleiten sollen. Um die frommen Damen zu überzeugen, hatte es zahlreicher Audienzen beim Papst bedurft, maßloser Versprechungen, tränenreicher Rührszenen in St. Peter und schließlich heftiger Auftritte zwischen Lucrezia und der Äbtissin von Viterbo, wobei auf beiden Seiten in den *Appartamenti Borgia* kräftig geschrien worden war.

Doch dann beging Lucrezia das Ereignis mit einer prächtigen Zeremonie in der *Sala Paolina*. Dreizehn Kardinäle und der Papst waren anwesend. Der einzige Störenfried war der langatmige Festprediger, der vom Brautvater mehrmals zur Eile angehalten werden mußte. Der Hochzeit folgte eine Woche ausgelassener, prunkvoller Feste, Bankette, Theatervorführungen, Pferderennen, Stierkämpfe sowie eine Seeschlacht auf dem Petersplatz – zur Feier der Verbindung zwischen den Borgia und der vornehmsten Familie Italiens. Bruder Cesare bewährte sich als Stierkämpfer, und Lucrezia tanzte mit ihm spanische Volkstänze, um den Heiligen Vater zu amüsieren.

Der Papst, der die Gelegenheit der Heirat seiner Tochter genutzt haben soll, sich incognito obszöne Spiele anzusehen, zahlte den Brüdern des Bräutigams die immense Summe von 100 000 Golddukaten als Mitgift für Lucrezia. Hinzu kamen Kleider und Schmuck für die Braut im Wert von 75 000 Dukaten sowie Zusagen finanzieller Vorteile an Ferrara, die weiteren 100 000 Dukaten entsprachen.

Der Papstvater schaute dem sich entfernenden Festzug nach, bis er die Wagen, die zweisitzige Sänfte seiner Tochter und die Pferde in der Ferne verschwinden sah. Dann ging er in sein Appartement und ließ sich Lucrezias Söhnchen Rodrigo bringen.

Die Papsttochter, der bereits ein Ruf vorausging, zog unter Pomp durch Italien, um Ferrara zu erreichen. In den Städten und Orten, die am Weg lagen, gab es wohl kaum jemanden, der sich die Attraktion nicht beschaut – und persönliche Schlüsse gezogen hätte. Der hohe Bekanntheitsgrad, den Lucrezia mit ihrer Herkunftsfamilie teilte, verstärkte die Bereitschaft, sich Geschichten auszudenken und sie weiterzugeben.

Alexander VI. zeigte sich über die neue Verbindung zufrieden. Er äußerte sich gegenüber dem Gesandten Ferraras am päpstlichen Hof, Ehemann Alfonso besuche, wie er gehört habe, Lucrezia brav zur Nachtzeit. Tagsüber gehe er zwar anderen Freuden (mit vollbusigen Schankmädchen) nach, doch da er jung sei, tue er daran »sehr recht«.

Lucrezia, nach wie vor von vielen Männern angehimmelt,

gebar ihrem dritten Ehemann, der 1508 aus Eifersucht den allzu schwärmerischen Dichter Ercole Strozzi ermordet haben soll, im Lauf einer achtzehn Jahre währenden, vielleicht gar im Sinn bürgerlicher Romantik mittlerweile als Liebesbeziehung zu deutenden Ehe vier (nach anderen Quellen sieben) Kinder. Ihr ältester Sohn Ercole würde eine Tochter des französischen Königs Ludwig XII. heiraten, auf den zweiten, nicht nur wegen seiner herrlichen Villa in Tivoli berühmten, Ippolito, wartete der Purpur, Francesco tat sich als Kriegsheld hervor, Eleonora ging ins Kloster.

Papsttochter Lucrezia, »süßeste und liebste Gefährtin« ihres Mannes, machte sich einen Namen als einflußreiche Förderin der schönen Künste (Ariost lebte an ihrem Hof), trug unter ihren reichen Gewändern einen härenen Bußgürtel und starb mit 39 Jahren – nicht, wie die Legende wissen wollte, durch die Hand eines Sohnes aus inzestuöser Beziehung, sondern im Kindbett (24. Juni 1519). Ihr Grab befand sich in der Familiengruft der Herzöge von Ferrara in der Klosterkirche Corpus Domini. Seit einem Brand (1665) ist seine Lage umstritten.

Der spätere Kardinal Pietro Bembo (1470–1547), auch er Liebesdichter am Hof von Ferrara und intimer Beziehungen zu Lucrezia verdächtigt, deren »süßeste Hand, die mich sterben macht« er zweideutig besang, besaß ein besonderes Vermächtnis, eine Welle aus der »Lockenschlange« (C. F. Meyer), die der Angebeteten über die »Schwanenstirn« fiel. Das Souvenir wird in der *Biblioteca Ambrosiana* (Mailand) gezeigt, Lord Byron soll ein blondes Haar aus der Locke gestohlen haben.

Eine Medaille zeigt um 1505 auf der einen Seite Lucrezia als Fürstin von Ferrara, auf der anderen *Amor Cupido*, den begehrlichen, aber gefesselten Liebesgott. Auch hier wieder die Doppelnatur des Vaters? Und der Tochter? Der Ruf Lucrezias als attraktive, blutschänderische Tochter, die entweder mit ihrem Papstvater oder mit ihrem Bruder Cesare oder mit beiden ein Verhältnis unterhalten und an den Geschäften der beiden aktiven Anteil genommen haben soll, ist trotz gegenteiliger Forschungen noch immer nicht behoben. Weit und gut verbreitete Verleumdungen halten sich.

X.
Papstsproß Cesare
Was ein prachtvolles Raubtier so treibt

»Jeder ernsthafte Leser meiner Schriften muß wissen, daß ein Typus Mensch, der mir nicht Ekel machen soll, … einem Typus Cesare Borgia hundert Mal ähnlicher als einem Christus ist.«

F. Nietzsche, Brief an M. von Meysenbug,
20. Oktober 1888

Raffael
Stanza della Signatura: Die Schule von Athen
Ausschnitt: Pietro Bembo (links hinten), Raffael (rechts hinten), Michelangelo (rechts vorn)
(1509)

»Der, dessen Leben zu beschreiben ich mich anschicke, war ein wildes Tier; sagen wir ›eine afrikanische Bestie‹, gehen wir nicht fehl«, hatte T. Tomasi 1655 seine *Vita del Duca Valentino* eingeleitet. Ähnliche Charakterisierungen waren bereits 1523 in einem *Lamento di Valentino* aufgetaucht.

Gehen wir nicht fehl?

Papst Sixtus IV. hatte den schon berüchtigten Sohn des Borgia-Kardinals mit dem sprechenden Namen Cesare vom Makel der außerehelichen Geburt befreit und ihm damit die Tür für Rangerhöhungen geöffnet. Innozenz VIII., unmittelbarer Vorgänger Alexanders VI., verlieh Cesare das spanische Bistum Pamplona. Der Weg zur weiteren Karriere war dem Sohn geebnet.

Ganz glatt ging es allerdings immer seltener. Eines Morgens wurde der älteste Sohn Alexanders VI., der Herzog von Gandia, tot aufgefunden. Die Leiche trieb im Tiber, die Hände des Toten waren auf dem Rücken gefesselt, der Körper von neun Stichwunden entstellt, ein gewaltiger Schnitt durch die Kehle hatte fast den Kopf vom Leib getrennt. Die gefüllte Börse war nicht angetastet, der Degen steckte noch. Um einen Raubmord konnte es sich nicht handeln.

Am 14. Juni 1497, als Kardinal Ascanio Sforza von einem schroffen Papst über die Trennung Lucrezias von Giovanni Sforza informiert worden war, hatte Juan Borgia mit Freunden und Verwandten, darunter Bruder Cesare und Papstnepot Juan, in einem Weingarten seiner Mutter Vanozza gefeiert. Dann hatte er sich verabschiedet, um eine Frau aufzusuchen.

Zwar hatte dieser Fürst von Benevent schon aufgrund der großen Anteile an päpstlichem Besitz, die ihm sein Vater hatte zukommen lassen, keinen Mangel an Feinden gelitten. Auch war er ein stadtbekannter Schürzenjäger gewesen, der den Papst Jahre zuvor auch deswegen verärgert hatte, weil er nächtelang durch die Stadt streifte, »um Hunde und Katzen zu töten«. Noch mehr Ärger bekam Juan mit seinem Vater, weil er sich weigerte, die Ehe mit Maria Enríques zu vollziehen. Zudem hatte er sich im Mai 1497 bei einem Bankett des Kardinals Sforza mit dessen Gefolgsleuten angelegt. Dabei war er an seine Geburt als unehelicher Sohn erinnert worden.

Kardinal Sforza hatte zumindest seit den Vorgängen um die Heiraten des Papstsohnes Jofré und der Papsttochter Lucrezia noch Rechnungen mit Alexander VI. offen. Der Papst hatte die Türen zum Palast des Sforza aufbrechen lassen. Tags darauf war der schlimmste Beleidiger Juans, ein Kammerherr des Kardinals, gehenkt worden.

Durch den Mord an seinem Sohn war Alexander VI. selbst betroffen. Der Schaden, den der Papstvater nahm, war groß. Der Spott wußte die Angelegenheit auf einen Punkt zu bringen: »Um uns überzeugend zu belegen, daß du, Papst, wie Petrus der ›Menschenfischer‹ bist, hast du den eigenen Sohn mit Netzen gefischt!«

Ein Mörder konnte, obgleich sich eine Menge Mitsuchender fand, nicht dingfest gemacht werden. Die Römer sprachen bald von dem Gespenst des Ermordeten, das sich jammernd in der Engelsburg herumtrieb und Rache einforderte. Der untröstliche Vater mußte jedoch die Untersuchung des Mordfalles erfolglos einstellen. Später versicherte er mehrfach, er kenne den Täter, verschweige aber um des lieben Friedens wegen seinen Namen. Die Identität eines ominösen, schwarz maskierten Fremden, den der Herzog von Gandia auf seinem Maulesel mitgenommen hatte, konnte nie geklärt werden.

Juan wurde in der Familienkapelle der Vanozza bestattet. Alexander VI. verweigerte tagelang Speise und Trank, fand keinen Schlaf, weinte ununterbrochen und betonte dann beim ersten Konsistorium nach dem Tod des Sohnes, er hätte lieber sieben Papstkronen als diesen Sohn verloren. Höchst zweideutig versicherte er schließlich, er wolle den Kardinal Ascanio Sforza nicht verdächtigen oder gar beschuldigen.

Den Papstnepoten Cesare Borgia aber beschimpfte der Papst lautstark, weil er Juan in jener Nacht nicht beschützt habe. Der Kardinal zeigte sich seither so gekränkt, daß er Alexander VI. nicht mehr ansprach, obwohl er ihm fast täglich im Vatikan begegnete.

Da kein Mörder gefunden wurde, mußte einer erfunden werden: Je länger das Rätsel ungelöst blieb und das Geflüster anhielt, desto mehr richtete sich der Verdacht gegen den – von seinem Vater gescholtenen, weil auch er nicht auf seinen Bruder aufgepaßt hatte – Papstsohn Cesare, einen neuen Kain. Sei es, daß er seinen Bruder, der dem Vater aus dem Gesicht geschnitten war, aus der väterlichen Gunst verdrängen wollte, sei es, daß die Tat auf ein inzestuöses Dreiecksverhältnis mit Bruder und Schwester zurückging, die Borgia-Legende bekam zu tun. F. Guicciardini, der dem Ermordeten »alle irdische Größe« bescheinigt, weiß es Jahrzehnte später genau und findet Nachfolger für seine Mär:

»In der Liebe der Madonna Lucrezia konkurrierten die beiden Brüder, wurden aber noch ausgestochen vom eigenen Vater.«

Die *femme fatale* war mit einbezogen, eine weitere Eva und Schlange, die durch ihre Sünde – Urschuld der Frau – alle Familienmitglieder in Blutschande zusammenband. Die allzeit willige Solidarität der Männer redete sich ein, jede Frau, die zum Inzest verführte, müsse mit dem Teufel im Bunde sein, weil ein Mann anders nicht schuldig werden könne. Die Gerüchteküche Rom kannte keine Niedertracht mehr, die den Borgia nicht zugetraut worden wäre.

Savonarola schrieb einen mitfühlenden Brief an den Papst, obwohl dieser ihn kurz zuvor mit dem Kirchenbann bedroht hatte. In Florenz wisperte derweil das Volk, die Ermordung des Papstsohnes sei eine Strafe Gottes für die ungerechtfertigte Exkommunikation des Mönchs gewesen.

Manchen Historikern gilt der unaufgeklärte Mord an einem Fürsten, einer bewachten, geschützten, unverletzlich erscheinenden Person aus einer von seltenem und anhaltendem Glück begünstigten und von Erfolgen verwöhnten Familie, als Wendepunkt im Leben und Pontifikat des Borgia-Papstes.

Ein vielfach Beneideter hatte öffentliches Unheil erlitten, die Glücksgöttin Fortuna ihr Rad weitergedreht.

Merklich erschüttert, wohl auch geängstigt durch den Tod seines Lieblingssohnes, wurde Alexander VI. von Gewissensbissen befallen. Mit seltener Selbsterkenntnis erklärte er den zum Konsistorium versammelten Kardinälen, der Schlag, der ihn getroffen habe, sei ihm wegen seiner Sünden von Gott geschickt worden. Um so mehr sei er jetzt entschlossen, sein Leben zu überdenken: »Wir werden mit der

Reform bei Uns selbst beginnen und dann über alle Stufen der Kirche schreiten, bis das Werk vollbracht ist.«

Umgehend ernannte der geschockte Heilige Vater eine aus mehreren angesehenen Kardinälen bestehende Kommission, die ein Programm entwerfen sollte. Sie drang aber, abgesehen von der Empfehlung, die Pfründenhäufung einzuschränken, nicht zum Kern des Problems vor. Bei den Kardinälen beginnend, empfahl sie die Verringerung der Einkünfte auf 6000 Dukaten. Die Verkleinerung ihrer Haushalte auf nicht mehr als achtzig Personen und ihrer Garden auf dreißig Reiter war ebenso erwünscht wie eine größere Zurückhaltung bei Tisch, die Beschränkung auf ein gekochtes und ein gebratenes Fleischgericht pro Mahlzeit. Außerdem müßten Darbietungen von Musikern und Schauspielern durch Lesungen aus der Heiligen Schrift ersetzt werden. Auch sollten die Kardinäle nicht mehr an Turnieren oder am Karneval teilnehmen, keine Theateraufführungen besuchen und sich nicht verschiedene »junge Leute« als Leibdiener halten, was immer dies bedeuten mochte. Zudem seien alle Konkubinen innerhalb von zehn Tagen nach der Veröffentlichung einer Reformbulle zu entlassen.

Der Plan dürfte die Begeisterung des Heiligen Vaters beeinträchtigt haben. Die Empfehlung gar, ein Reformkonzil einzuberufen, brachte ihn vollends auf den Boden seiner Normalität zurück. Die in Aussicht genommene Bulle *In Apostolicae Sedis specula* wurde nie veröffentlicht.

Der Papst ließ das Thema Kirchenreform fallen. Was er in der Phase der Traurigkeit geplant hatte, wurde verworfen, kaum war es wieder etwas heller um ihn geworden. Sorgfältig waren im Entwurf zu der Reformbulle die Mißstände der damaligen Kirche aufgelistet, bereut, abgeschafft – und vergessen worden. Die Heiterkeit setzte sich durch, die Freude am Spiel mit der Macht, der kluge Spaß an der Nutzung des Gebotenen.

Im übrigen: Waren nicht die früheren Papstgeschlechter, die Piccolomini, Cibo, della Rovere auch aufgestiegen? Hatten sie den Aufstieg nicht ohne größere Opfer, sogar ohne Blut geschafft? Sollte dies nicht auch einem Borgia glücken?

1499 waren die Franzosen nach Italien zurückgekehrt. Ihr neuer König Ludwig XII. hatte den Anspruch der Orléans auf Mailand erneuert. Wieder stand ein Kirchenmann, Erzbischof von Rouen und Erster Minister, hinter dem Unternehmen. Diesen Georges d'Amboise trieb der Ehrgeiz, Papst zu werden. Er glaubte, seinem Ziel einen entscheidenden Schritt näher zu kommen, wenn die Franzosen die Herrschaft über Mailand ergriffen.

Alexander VI., der aus seinen Erfahrungen mit der ersten Invasion gelernt hatte, reagierte klug. Ludwig XII. hatte die Annullierung seiner bereits 22 Jahre bestehenden Ehe mit der unglücklichen (später seliggesprochenen) Johanna von Valois, der Schwester Karls VIII., beantragt. Er wollte Anne de Bretagne, die begehrte Witwe Karls VIII., heiraten und ihr Herzogtum der französischen Krone einverleiben.

Zwar wurde Ludwigs Plan, seine kinderlos gebliebene und angeblich wegen seines Widerwillens gegen die verwachsene Frau überhaupt nicht vollzogene Ehe annullieren zu lassen, vom Beichtvater des verstorbenen Königs heftig verurteilt. Auch das französische Volk, bei dem die verstoßene Königin sehr beliebt war, nahm die Option übel auf. Doch um die öffentliche Meinung kümmerte Alexander VI. sich zuletzt. Er erkannte die Möglichkeit, seine Schatullen mit Gold zu füllen und dem Sohn Cesare weiterzuhelfen, der sich mit Heiratsabsichten trug.

Die Römer sahen den Kardinal Cesare Borgia zuletzt im Februar 1498, als der Papstsohn *in fiocchi*, in Prunkgewändern, seinen Papstvater begleitete, um sich den Fortgang der Arbeiten an der goldenen Decke von S. Maria Maggiore zu besehen.

Cesare wurde auf eigenen Wunsch aus dem Bischofsamt der Stadt Valencia, die er nie betreten hatte, und dem Kardinalat entlassen. Das geschah nicht wegen erwiesener Unfähigkeit für den geistlichen Stand oder wegen der jetzt erklärten Abneigung Cesares gegen diesen, sondern wegen der mehrfach unter Beweis gestellten Potenz des Papstsohnes. Sie ließ darauf hoffen, den neuen französischen König durch eine Heirat an die Borgia binden zu können.

Der beispiellose Verzicht auf den Kardinalspurpur brachte viele Kardinäle gegen den Papstsohn auf. Sie ließen sich allerdings von der Aussicht bestechen, die Pfründen des früheren Kollegen unter sich aufteilen zu können. Ein Venezianer aber brachte die Vorgänge auf die Formel: »So steht nun in Gottes Kirche alles auf dem Kopf« *(tutto va al contrario)*.

Einen Borgia kümmerte das nicht: Der Papstsohn wollte Carlotta von Aragón, Tochter Alfonsos von Neapel, die unter dem Schutz des Königs am französischen Hof lebte, zur Frau haben.

Gegen die Zahlung von mageren 30000 Dukaten und die wesentlich vorteilhaftere Zusicherung, Cesare in seinen Absichten zu unterstützen, gewährte der Papst dem König die Annullierung der Ehe. Alexander VI. erteilte Ludwig XII. die für die Heirat mit Anne de Bretagne nötige Dispens und legte einen Kardinalshut für den Erzbischof von Rouen obendrauf.

Mit dieser zweiten Eheannullierung war ein neuer Höhepunkt der Papstsorge erreicht. Die Borgia zögerten nicht. Bereits in herzoglichem Kostüm und mit beispiellosen Brautgaben, die mit dem Gepäck des eleganten Mannes auf fünfzig Mauleseln befördert wurden, begab sich Cesare nach Frankreich. Dort verhandelte er, wegen seines Glanzes von den Höflingen des Königs bewundert, über eine päpstliche Unterstützung für den Feldzug gegen Mailand.

Alexanders VI. Annäherung an Frankreich diente vor allem dem Wohl seines vielgeschmähten Sohnes, von dem der Vater mittlerweile sagte, er sei ihm teurer als alles andere auf Erden. Doch erzürnte sein Vorgehen eine ganze Reihe von Gegnern, die Sforza, die Colonna, die Herrscher von Neapel – und Spanien. In dessen Namen suchten portugiesische Gesandte den Papst auf und machten ihm Vorwürfe wegen seines Nepotismus, seiner Simonie und seiner Frankreichpolitik, die den Frieden Italiens und sogar den der gesamten Christenheit gefährde. Auch drohten sie mit einem Konzil, falls der Papst seinen Kurs nicht ändere.

Nichts dergleichen geschah.

Spanische Gesandte, die entschiedener auftraten, folgten in gleicher Mission. Vordergründig ging es ihnen um das Wohl der Kirche, aber ihr eigentliches Motiv, Frankreichs Pläne zu durchkreuzen, war nicht weniger politisch als das des Heiligen Vaters. Während hitziger Beratungen wurde die Kirchenreform durch ein Konzil erneut als Druckmittel eingesetzt. Ein zorniger Gesandter sagte Alexander VI. sogar ins Gesicht, seine Wahl sei ungültig. Der Papst drohte daraufhin, den Gesandten in den Tiber werfen zu lassen. Zudem rügte er den König und die Königin von Spanien so beleidigend wie möglich, weil sie sich in Angelegenheiten eingemischt hätten, die sie absolut nichts angingen.

Cesares Heiratspläne scheiterten indes an der hartnäckigen Abneigung der Prinzessin Carlotta gegen den Papstsohn; zudem wollte sie künftig nicht gerade als »die Kardinalin« figurieren. Die märchenhaften Schätze, die der Bewerber mitgebracht hatte, bekam sie nie zu Gesicht. Offenbar war sie eine besonders eigenwillige Frau, der die rohen Sitten der französischen Könige keine Furcht einjagten. Immerhin würde, ein Beispiel für viele, der für seine Ritterlichkeit berühmte Nachfolger Ludwigs XII., König Franz I., Nichten auspeitschen lassen, die nicht die Bewerber akzeptiert hatten, die er für sie vorgesehen hatte.

Nun drohte die Allianz mit Frankreich zu zerbrechen, wodurch der Papst plötzlich isoliert gewesen wäre. Schon fühlte er sich so gefährdet, daß er seine Audienzen nur in Begleitung einer bewaffneten Wache abhielt. In Rom lief gleichzeitig das Gerücht um, die europäischen Mächte würden diesem Papst jede Gefolgschaft aufkündigen und sich anderweitig nach einem passenderen Heiligen Vater umsehen, womöglich stehe ein neues Schisma bevor.

Doch der französische König half aus und arrangierte für Cesare eine Heirat mit der sechzehnjährigen Schwester des Königs von Navarra, Charlotte d'Albret (10. Mai 1499 in Blois; auch der Vollzug dieser Ehe ist dokumentiert). Der Papstvater reagierte hocherfreut. Er ließ in Rom die Nachricht von der Heirat mit Freudenfeuern und Volksfesten feiern, unterstützte den Anspruch Frankreichs auf Mailand und trat dem Bund zwischen Frankreich und Venedig bei.

Ludwig XII. wird – nicht ohne Bewunderung von Mann

zu Mann – an den Experten Alexander VI. schreiben, Cesare, der Exkardinal, habe (am Nachmittag, am Abend und in der Nacht) bei seiner Hochzeit sogar noch »vier Lanzen mehr gebrochen« als er selber seinerzeit. Die Flitterwochen hatte das junge Paar im Schloß von Romorantin verbracht, das der König bereitgestellt hatte.

Die Medien der Zeit hatten ihren Stoff: Schon im Schloß von Blois hatten berittene Kuriere gewartet, um die Taten des Bräutigams Cesare den interessierten Höfen zu vermelden. War die Ehe vollzogen, konnte sie nur unter großen Schwierigkeiten für nichtig erklärt werden (das gilt bis heute). Und stand das Können des Exkardinals fest, kam dies seinem heldischen Renommee zugute.

Der attraktive und extravagante Cesare kannte seine Potenz. Als ihm wieder einmal eine Vergewaltigung vorgehalten wurde, soll er geantwortet haben, dies habe er nicht nötig, weil ihm genügend Frauen freiwillig zu Willen seien; schon mit zwanzig habe er zweihundert Mädchen und Frauen besessen gehabt. Ähnliches wurde seinem Vater nachgesagt. Auch er suchte frohe Nächte sich zu frohen Tagen.

Cesare soll auf seinen späteren Feldzügen durch die Romagna auch Frauen der gegnerischen Söldnerführer entführt haben, um sie zur Liebe zu zwingen. Mit der Zeit werden von den Widersachern des Papstsohnes eigene Listen mit den Namen aller Frauen angelegt, die in die Reihe der sexuellen Eroberungen des wie Don Juan unersättlichen Borgia gehörten. Unter anderem fand die Erzählung von den sagenhaften vierzig Frauen Gehör, die Held Cesare beschlief. Dies soll nach der Eroberung Capuas *(Sacco di Capua)* geschehen sein, die 1501 – ungewöhnlich für die Zeit – vermutlich 4000 Menschenleben kostete.

Burchardus hatte schon 1495 seinem Tagebuch anvertraut, Cesare habe ein Verhältnis mit seiner Schwägerin Sancia gehabt, die ein Jahr zuvor mit seinem etwas zart wirkenden Bruder Jofré verheiratet worden war (die Ehe blieb kinderlos). Wenig später berichtet der Zeremonienmeister, mittlerweile habe Papstsohn Juan die Sancia übernommen. Diese galt gemeinhin als eine temperamentvolle Frau, der Liaisonen nachgesagt wurden.

Juan, ein lausiger Feldherr zwar, doch ein um so bekannterer Abenteurer, hatte bereits sein Soll für die Familie erfüllt: Seine Hochzeit hatte Alexander VI. mit Neapel und Spanien verbündet. Frankreich konnte erst durch die Bindung des Cesare, der künftig als Vetter des französischen Königs die Lilien in seinem Wappen führte, mit der päpstlichen Sippe ausgesöhnt werden.

Cesare war vom französischen König im Gegenzug für die erlangte Scheidung am 17. August 1498 zum Herzog von Valence *(Duca Valentino)* erhoben worden. Und noch einmal überquerte das französische Heer, verstärkt durch schweizerische Söldner, die Alpen. Als Mailand am 2. September 1499 fiel, zeigte Alexander VI. offen seine Freude, ohne Rücksicht darauf, daß er sich damit verhaßt machte. Nun bestand Aussicht, daß Sohn Cesare, der geniale Erfinder der »Staatsräson« als des Ausdrucks neuer Weltlichkeit und Eigengesetzlichkeit eines Staates, die erwünschte Romagna gewann und die Macht der Familie durch die Mithilfe Fortunas noch schneller emporschoß. Cesares Wappenschild konnte mittlerweile kaum mehr die Fülle der Embleme fassen: den Borgia-Stier, die Streifen der Familie Borgia-Doms, die Lilien Frankreichs, den Ehrenbaldachin, die Tiara, die Schlüssel Petri, die Wahrzeichen des

Confaloniere, des Bannerträgers der Heiligen Römischen Kirche.

Schon nach wenigen Wochen verläßt Cesare seine junge Frau; er wird sie nicht mehr wiedersehen. Im Frühjahr 1500 bringt Charlotte die gemeinsame Tochter Louise zur Welt. Diese Enkelin des Papstes wird in zweiter Ehe Philipp von Bourbon heiraten und 1553 sterben.

Cesare bleibt potent: Auch von homosexuellen Bindungen ist in der Borgia-Legende die Rede. In Rom nimmt der Papstsohn angeblich Beziehungen zu einer Dama Fiammetta (Michaelis) auf, einer wohlhabenden Kurtisane, deren Häuser noch heute in Rom gezeigt werden. Eines von ihnen steht an der Piazza Fiammetta, einem Platz, der seit dem 17. Jahrhundert den Namen der Edelkurtisane trägt und der einer der wenigen auf der Welt ist, die nach einer Prostituierten benannt wurden (M. Lucentini). Fiammetta selbst wird in allen Ehren in einer Grabkapelle von S. Agostino, einer römischen Lieblingskirche Raffaels und Michelangelos, beigesetzt werden; ihr Grab ist wie die der übrigen »ehrenhaften Kurtisanen« (Burchardus) heute nicht mehr aufzufinden.

Alexander VI. macht indes nach wie vor in Routine, erhebt neue Kardinäle und stärkt seine spanisch eingefärbte Hausmacht, ebenso sicher seine Finanzen, oder noch eher diejenigen Cesares, der allen Ernstes im Begriff ist, den Kirchenstaat endgültig zu erobern. Die Papstfamilie, so lautet die Devise, braucht schon wieder neues Territorium. Dieses muß zunächst einem anderen weggenommen werden.

Inmitten von Krieg und Aufruhr fanden die Pilger, die zum Heiligen Jahr 1500 nach Rom kamen und sich dort zwei Wochen aufhalten mußten, falls sie alle Ablässe erlangen wollten, keine Sicherheit, sondern öffentliche Unruhe,

Straßenraub und Mord. Dabei hatte der Papst, ein Mann »aufrichtiger, wenn auch etwas elementarer Frömmigkeit« (M. Batllori), die Ewige Stadt gründlich säubern lassen: Räuber waren ebenso wie Bordellbesitzerinnen hingerichtet worden.

Der Papst hatte sich auch, was oft vergessen wird, als Bauherr (Ausbau der Engelsburg, gedeckter Verbindungsgang vom Vatikan in diese Festung) und kunstliebender Herr seiner Stadt betätigt. Eine edle Passion im Sinn seiner Zeit war ja vor allem die Baukunst, die öffentlichste und volkstümlichste der Künste; sie stützte die Vorstellung von *letizia* und *libertà*, nach der ein heiterer und freier Alexander VI. lebte. Unter seiner Regierung entstanden die bedeutenden Fresken des Pinturicchio in den neugestalteten *Appartamenti Borgia* des Vatikans, die deutsche Nationalkirche S. Maria dell'Anima, die französische Nationalkirche S. Trinità dei Monti, der kleine Tempel des Bramante am Gianicolo, eines der einflußreichsten architektonischen Werke aller Zeiten, und die Pietà des von Vater und Sohn Borgia geschätzten jungen Michelangelo.

Alexander VI., einer der ersten Päpste, über die zu ihren Lebzeiten in Büchern geschrieben wurde, förderte zudem die Wissenschaft. Er dürfte Bildung als Weg zum rechten Leben, Schutz vor Häresie und Rettung der Seele verstanden haben (S. Poeschel). Unter anderem gründete und förderte er europäische Hochschulen von Aberdeen bis Avignon und schenkte der römischen Universität *La Sapienza* ihr erstes bedeutendes Gebäude. In deren Hörsälen lehrte im Heiligen Jahr 1500 auch Kopernikus und erklärte zum erstenmal das umstürzendste aller astronomischen Prinzipien: Die Erde dreht sich um die Sonne, nicht umgekehrt.

Keine Rede davon, daß ihm die revolutionäre Erkenntnis Kerker, Folter, Scheiterhaufen eingetragen hätte. Unter Alexander VI. herrschte uneingeschränkte Gedanken-, Rede- und Lehrfreiheit. Auch wenn der Papst persönlich angegriffen wurde, wich er nicht von seinem Prinzip ab. Im Vergleich mit späteren Päpsten, die selbst geringste Vorwürfe mit Todesurteilen ahndeten, blieb der joviale Borgia-Papst aus Überzeugung liberal. Ein Prozeß, wie er Giordano Bruno unter Klemens VIII. († 1605) und Galileo Galilei unter Urban VIII. († 1644) erwarten sollte, war undenkbar. Diesem Papst blieb jede Form von religiösem und moralischem Fanatismus fremd (I. Hermann). Eine Jagd auf Andersdenkende gab es nicht. Leo XII. († 1829), Gregor XVI. († 1846) und der heiliggesprochene Pius X. († 1914) betrieben sie dagegen, um Beispiele aus neuerer Zeit zu nennen.

Rodrigo Borgia »der schlimmste aller Päpste«, ein »Papst ohne Religion« (F. Gregorovius)? Wäre es nicht an der Zeit, die Borgia-Legende als das zu interpretieren, was sie war, und sie konsequent abzubrechen? Gewiß war Alexander VI. kein Unschuldslamm, doch der auf einer bewußt gesponnen Legende fußende Superlativ tut ihm Unrecht. Der Borgia war nicht der geheimnisumwitterte, singuläre Kriminelle, kein an Schandtaten und Verbrechen nicht mehr zu überbietender Papst. Nicht wenige Amtsinhaber übertrafen ihn.

Alles bleibt eine Frage der Perspektive. Daher ist immer zu fragen, wer zu wem spricht, wann, wie, worüber, mit welcher Absicht, zu welchem Zweck – und erst dann zu urteilen.

Auch die Renaissance, zu deren Denken und Leben der Borgia-Papst kompromißlos stand, stellte nicht »die schlimmste« Epoche der Geschichte dar. Verglichen mit früheren und späteren Zeiten forderte sie nur wenige Menschenleben. Nicht ohne Grund wird denn auch nicht das 16., sondern das 20. Jahrhundert von dem Historiker K. Deschner als das bei weitem blutigste bezeichnet. Doch »keine Macht ist sicher, keine Religion gut, deren Wachstumsprinzip auf Blut beruht« (N. Machiavelli).

Cesare aber, der *uomo universale* eines J. Burckhardt, gilt später aufgrund der Legende als *luogotenente del diavolo*, Platzhalter des Teufels (T. Tomasi, 1655), ein »Ungeheuer, das sich nur von Blut sättigt« (K.H.F. Frentzel, 1782). Der Papstsohn hatte sich mittlerweile ganz seiner militärischen Karriere verschrieben und war zur Eroberung der Romagna aufgebrochen. Deren Herren hatte der Papst im September 1499 kurzerhand für abgesetzt erklärt.

Cesare hatte mit Hilfe französischer Truppen Imola und Forlì niedergeworfen. Dort belagerte er die Festung des eleganten, gebildeten, in Giftrezepturen wohlbewanderten »Mannweibs« Caterina Sforza, der früheren Frau eines Nepoten Papst Sixtus' IV. und Mutter eines Condottiere mit dem sprechenden Namen Giovanni delle Bande Nere. Er nahm die Schöne, Mutige, *the grace of all Italian womanhood* (B. Barnes), die von Alexander VI. abgesetzt worden war, schließlich gefangen und zog sie wohl auch in sein Bett.

Ziel des »Schönen und Fürchterlichen« (P. Verlaine) war nach Meinung vieler nicht die wünschenswerte Einheit Italiens, wie die Ruhmeslegende wollte, sondern die Errichtung einer weltlichen Herrschaft auf Kosten des Kirchenstaats. Nicht nur mißgünstige Zeitgenossen glaubten, Cesare, der immer eindringlicher auch von der Toskana sprach, strebe nach einem Königreich in Mittelitalien für sich selbst. Wahrscheinlich war diese Absicht, wenn Cesare sie denn hatte, ein Symptom für den Gigantismus der Zeit, der immer wieder das mühsam aufrechterhaltene Gleichgewicht der italienischen Staaten störte.

Immerhin gelang es Cesare, der nicht auf italienische Bündnisse vertraute, da er die vielen kleinen Einzelstaaten verachtete, mit der Zeit, der Kirche den größten Staat zu verschaffen, den sie je besessen hat. Dieser blieb auch unter späteren Päpsten nichts anderes als ein Räuberstaat – mit einem immer wieder theologisch legitimierten Bedürfnis nach Stabilität und Sicherheit. Der Heilige Vater zeigte Verständnis. Vater und Sohn dachten einträchtig an die Säkularisierung der im Laufe der Jahrhunderte von Päpsten und Kardinälen zusammengerafften Ländereien. Die Hausmacht der Familie sollte, koste es was es wolle, ausgebaut werden. Ihr Ziel war es, einen einheitlichen Staat zu errichten, der mächtig genug war, um ganz in sich selber zu ruhen. So wurde ohne Scheu eine Eroberungspolitik betrieben, die immer absolutistischer anmutete. Vater und Sohn wußten in jedem Fall die Gelegenheit zu erkennen und zu nutzen.

Das Bündnis zwischen dem Vater, der bei Bedarf die Waffen der Kirche ins Feld führte und mit dem Kirchenbann drohte, und dem vor Ort kriegführenden Sohn bewährte sich. Wohlbefestigte Städte fielen an die Borgia, und als der Feind niedergerungen war, kamen bisherige Verbündete wie der Herzog von Urbino an die Reihe, »dessen Tod früher bekannt wurde als seine Krankheit« (N. Machiavelli).

Nachdem die großen Familien der Savelli, Caetani und Colonna enteignet waren, wurde deren Besitz als Herzogtum Sermoneta dem zweijährigen Söhnlein Lucrezias aus deren zweiter Ehe zugewiesen. Der Kleine trug den Vornamen seines päpstlichen Großvaters. Und ein flugs legitimierter

Dreijähriger, wohl ein später Sproß des Papstes, den dieser während seiner Amtszeit als Stellvertreter Christi gezeugt hatte, der erwähnte *Infans Romanus*, erhielt das Herzogtum Nepi zugewiesen. Dazu kamen die von Cesare (auch er konnte als Vater in Frage kommen) besetzten Herzogtümer Urbino und Camerino.

XI.
Das Männerglück ist eine Frau
Wie sich eine große Papstfamilie auflöst

»Cesare Borgia als Papst … Wohlan, das wäre der Sieg gewesen … damit war das Christentum abgeschafft!«

F. Nietzsche, Der Antichrist, 61

Raffael
Papst Julius II.
(1512)

Am 1. Mai 1501 erhob Papst Alexander VI. seinen Sohn Cesare zum Herzog der Romagna. Einige der von dem Herzog vertriebenen Landesherren versuchten zwar, vereint gegen den Papstsohn vorzugehen. Doch es gelang diesem, trotz schwerer militärischer Rückschläge die Gegner zu überlisten und ihre Allianzen zu brechen. Selbst der Augenzeuge Machiavelli war hin und wieder wirr im Kopf von der ungeheuren Geschäftigkeit im Lager des Borgia: Hier wurde bewußt eine trübe Atmosphäre erzeugt, in der alles konturenlos war, und hinter diesem Schleier der eigentliche Plan geschmiedet (R. König).

Cesare meint nicht zu Unrecht, es lohne sich, die zu betrügen, die ohnehin Meister allen Verrats sind. Mit einer von fern her berechneten Grausamkeit (L. v. Ranke) lockt er sie in seine Falle, ohne Erbarmen schafft er sie sich vom Hals. Wer des Verrats verdächtig ist, wird entfernt: Ramiro dell'-Orco zum Beispiel läßt der Papstsohn in zwei Stücke hacken und die Leichenteile ausstellen.

Am sinnfälligsten beweist der bei seinen Söldnern sehr beliebte Cesare, der im Juni 1502 seinen dritten Romagnafeldzug begonnen hat, seine Hinterlist zum Silvestertag desselben Jahres. Er läßt in Senigaglia Aufständische, die gekommen sind, um ihm wieder den Gefolgschaftseid zu leisten, ohne viel Umstände verhaften. Zwei von ihnen werden auf der Stelle ermordet, ihre nackten Leichen aus dem Fenster geworfen.

Die Renaissance pries bereits die Tat als solche, die nur eben große, ästhetisch glanzvolle Tat (A. v. Martin). Cesare findet daher über Italien hinaus Bewunderer. Machiavelli, der ihn 1502/1503 begleitete und Zeuge der Vorgänge in Senigaglia war, überbringt Glückwünsche aus Florenz. König Ludwig XII. versichert dem Papstsohn, seine Handlungsweise sei der eines großen Römers würdig. Isabella d'Este weist darauf hin, daß ihr Söhnchen inzwischen mit Cesares kleiner Tochter Louise verlobt sei, und schickt handgemalte Masken, in denen der Feldherr sich im römischen Karneval vergnügen soll.

Vergnügen sucht Cesare zunächst in den Armen der Dorotea Caracciolo, die er hatte entführen lassen, ein landesweiter Skandal, der selbst Alexander VI. aufschreckt. Cesare, dem sein Vater den Verlust des Verstandes bescheinigt, schert sich nicht darum. Dorotea begleitet ihn nach dem ungewöhnlichen Beginn ihrer Liebe auf seinen Feldzügen. Sie ist, von Ariost besungen, vermutlich die Mutter seiner beiden um 1500/1501 geborenen Kinder Girolamo, den Lucrezia später an ihren Hof in Ferrara nehmen wird, und Camilla, einer späteren Äbtissin, die 1573 im Rufe der Heiligkeit stirbt.

Zudem waren nicht alle Opfer des Cesare Borgia so edel, wie manche sie schildern: Einer der Söldnerführer hatte bei seiner Hochzeit im Sommer 1500 sämtliche Männer seiner Familie umbringen lassen, ein anderer ermordete seine ganze Sippe, mit Frauen und Kindern und den Föten im Mutterleib, um seiner Macht absolut sicher zu sein.

Wahrscheinlich gab es wenig Alternativen für Cesare.

Zahlte sich aber erbarmungslose Grausamkeit auf Dauer aus? Ist sie nicht auch ein Zeichen von Schwäche, kehrt sie sich nicht am Ende immer wieder gegen den Täter?

Nachdem in den Territorien, die auf der Wunschliste der Borgia standen, alle Parteien, Freund und Feind, gleichermaßen gedämpft sind, tritt Cesare selbst als Herrscher auf. Der Herzog von Papstes Gnaden füllt das entstandene Machtvakuum aus und ordnet die eroberten Gebiete mit Schrecken und Strenge. Die Anhänger der Besiegten, meist Edelleute von geringerem Rang, zieht er an sich und nimmt sie in Sold.

Der Papstsohn ist jedoch kein bloßer Söldnerführer, keiner der vielen Haudegen und Condottieri. Diese meist kleinen militärischen Talente, »in Geld entlohnte Werkzeuge« (A. v. Martin), hatten das Volksheer abgelöst. Sie betrieben, extrem unbürgerliche Krieger, den Krieg für das Handgeld einer *condotta*, um den Kriegsscheuen persönliche Risiken zu ersparen. Sie kamen, in der Regel nicht adelig, durch ihre Fäuste und Waffen zu Macht, Geld und Einfluß. Sie bewiesen die feine Witterung eines modernen Börsianers, setzten auf das richtige Unternehmen, wechselten bei Bedarf die Partei, handelten den Preis für einen zu erwartenden Sieg schon vorher aus. Soldaten von Profession, die sie waren, verfielen sie in Trübsinn, sobald ein Friede geschlossen war und eine harte Zeit für sie anbrach. Einer von ihnen hatte in Mailand sogar versucht, die katholische Meßliturgie nachzubessern, indem die Worte *Dona nobis pacem* (Gib uns Frieden) gestrichen wurden.

Cesare Borgia diente als Vorbild für den neuen Herrschertyp der Renaissance, den N. Machiavelli 1513 in seinem berühmten *Principe* beschrieben hat. Der florentinische

Staatsphilosoph erblickte in der Grausamkeit und Verschlagenheit des Papstsohnes Eigenschaften, die für die Errichtung einer geeinten italienischen Monarchie notwendig waren.

Cesare ist von brutaler Kürze in der Charakterisierung von Personen und Situationen. Doch er kann, was häufig übersehen wird, auch warten. Er wiegt seine Chancen aus, läßt sich durch ein Heer von Spitzeln genau über die Lage auf dem laufenden halten, spinnt Ablenkungsmanöver, um Zeit zu gewinnen und seinen Schlag vorzubereiten. Seine Gewohnheit, Befehle erst unmittelbar vor der Ausführung zu erteilen, erhält seinem Handeln den Charakter der Plötzlichkeit, auch dies ein Grundzug politischer Taktik (R. König).

»Der Verbrecher ist häufig genug seiner Tat nicht gewachsen: er verkleinert und verleumdet sie« (F. Nietzsche). Diesem Urteil brauchte Cesare sich nicht zu unterwerfen.

Die Kosten der Feldzüge des Sohnes entzogen den Schatullen des Papstvaters große Summen; einmal beliefen sie sich während zweier Monate auf 132000 Dukaten, was gut die Hälfte der damaligen Einkünfte des Papstes ausmachte. Ein anderes Mal betrugen sie in acht Monaten 182000 Dukaten. Alexander VI. hatte erhebliche Mühe, solch immense Gelder zu beschaffen, auch wenn ihm das Amt viele höchst weltlich zu nutzende Chancen bot.

Was leistete der Borgia dagegen für die Kirche? Die Antworten auf diese Frage sind geteilt. Borgia-Legende und Konterlegende kommen naturgemäß zu unterschiedlichen Resultaten. Doch fiel zumindest die geschäftig und geschickt eingesetzte Routine dieses Amtsträgers aus dem Rahmen:

Sie bewies Meisterschaft und übertraf die sehr vieler Vorgänger und Nachfolger.

Das Heilige Jahr 1500 etwa, das letzte vor dem tiefen Einschnitt Luthers, hat Alexander VI. zu feiern gewußt, zumal er für eine gut traditionelle Etikette stets etwas übrig hatte. Es scheint ihm, obgleich er abergläubisch auf Amulette (eine konsekrierte Hostie?) vertraute, freilich nicht viel bedeutet zu haben, daß just in seine Regierungszeit das seltene Jubiläum der 500 Jahre fiel. Für viele war das Anlaß, die große Wende zu erwarten, Weltuntergangsvisionen zu verbreiten, Aberglauben und Astrologie zu bemühen.

Die »Heiligen Jahre«, von Papst Bonifaz VIII. Caetani 1300 eingeführt, brachten stets so viele Interessenten nach Rom, daß sie in immer kürzeren Abständen gefeiert worden sind: Ursprünglich auf volle hundert Jahre angesetzt, wurde die Frist zunächst auf fünfzig Jahre herabgesetzt, um der Lebensjahre Jesu willen auf 33 und endlich, wohl wegen der vielen einträglichen Nachfragen nach dem Jubiläumsablaß, auf 25 Jahre festgelegt. Das dürfte in etwa der durchschnittlichen Lebenserwartung der Menschen von damals entsprochen haben.

Die Quelle sprudelte zur Zufriedenheit ihrer Entdecker. Luther sagt dazu, es sei einem Papst darum gegangen, daß *er ymer frisch gelt uberkome. Drumb yhm auch die gar zu lang waren*, die Zeitabstände nämlich, die zwischen den Jubeljahren klafften.

Alexander VI. mochte sich der Einrichtung nicht verschließen, die Geld in seine Kassen zu bringen versprach. Immerhin war schon aus dem ersten Heiligen Jahr 1300 berichtet worden, daß in St. Peter zwei Kleriker von früh bis spät das Spendengeld hatten zusammenkehren müssen, insgesamt 150 000 Golddukaten Gegenwert, davon ein Fünftel vom angeblichen Petrusgrab. Der Pilgerzustrom hielt sich 1500 allerdings in Grenzen. Aus Deutschland kamen Nikolaus Kopernikus und wahrscheinlich Mathias Grünewald. Papsttochter Lucrezia ritt mit einem Gefolge von ein paar hundert edlen Damen und Herren von einer Hauptkirche zur nächsten, um den Ablaß des Jubeljahres zu gewinnen und öffentlich ihren frommen Eifer zu beweisen. Überwältigend war dies nicht.

Der Borgia-Papst hatte im Jubeljahr 1500 die noch bestehende Sitte begründet, die »Heiligen Pforten« der päpstlichen Hauptkirchen feierlich zu eröffnen und zu schließen. Heiligsprechungen nahm er nicht vor. Die Wiedereinführung des (bis heute üblichen) Angelusläutens, vom Onkel Kalixtus III. übernommen, ragt nicht als Höhepunkt päpstlichen Wirkens hervor, seine Zugeständnisse an die immer sadistischer operierende Spanische Inquisition hielten sich in Grenzen. In Rom fand die Inquisition wenig Interesse. Alexander VI. hat es in lautstarken Disputen mit spanischen Gesandten abgelehnt, den aus Spanien ausgewiesenen Juden und Mauren Asyl in seiner Stadt zu verweigern.

Das Heilige Jahr 1500 hatte Geld eingetragen, teuer bezahlte Kardinalsernennungen desgleichen, und der eine oder der andere Mord an einem Kardinal, ob der Papst nun von Fall zu Fall eingeweiht war oder nicht, erwies sich als kaum weniger lohnend. Immerhin beerbte der Heilige Vater von Rechts wegen die Opfer. Alexander VI. soll sich im übrigen einen privaten Mörder namens Troccio gehalten haben, was Schlüsse zumindest auf die Borgia-Legende zuläßt.

Den türkischen Prinzen Dschem hielt der Borgia-Papst wie sein Vorgänger in Haft. Der Sultan schlug ihm freilich vor, die Tage des Thronprätendenten etwas abzukürzen, und bot dafür das sagenhafte Honorar von 300000 Dukaten. Diesem Angebot hätte der Heilige Vater kaum widerstehen können, denn so viel Geld für einen einzigen Mord war ansonsten nicht zu erhoffen. Doch da starb der unglückliche Prinz, den Alexander VI. mittlerweile hatte dem französischen König Karl VIII. ausliefern müssen, am 25. Februar 1495. Daher dürfte das Geld im Vatikan nicht eingegangen sein.

Der Borgia hatte sich auch einmal verspekuliert.

Alexander VI. versäumte zwischen 1499 und 1502 nicht, die christlichen Fürsten der westlichen Hemisphäre pflichtgemäß zu einer Liga gegen den Feind aus dem Osten aufzurufen. Er hat auch, einer langen Übung folgend, seine geistlichen Waffen eingesetzt und selbst die entsprechenden Zehnten angedroht. Die angesprochenen Verbündeten jedoch waren alles andere als kampfeslustig. Der Aufruf des Papstes ging in einem Vakuum von Desinteresse unter.

Die Zeiten eines Gottfried von Bouillon († 1100), des Ideals eines Ritters, waren ein für allemal vorbei. Die dem Borgia zuhörten, waren keine begeisterungsfähigen Ritter mehr. Sie riefen auch kein »Gott will es« mehr. Es waren gelangweilte und mit sich selbst beschäftigte Fürsten – und Diplomaten, die nur auf das baldige Ende einer päpstlichen Pflichtübung warteten.

Zudem mißtrauten manche, wie der durchaus dem Borgia verpflichtete Ferdinand von Aragón, unverblümt der Absicht des Papstes, die eingegangenen Gelder ihrem eigentlichen Zweck, der Aufrüstung gegen den Sultan, zuzuführen. Geld konnten die Päpste immer gebrauchen, das wußte alle Welt.

Was die Zweckentfremdung der »Türkengelder« betraf, war die christliche Welt Kummer gewohnt. Umgekehrt hatte Onkel Kalixtus III. Borgia, unter dessen – noch erhaltenem – Sterbelager 1458 eine Truhe mit nicht weniger als 120 000 Golddukaten für einen neuen Waffengang gegen die Türken gefunden wird, zu verhindern gesucht, daß die gesammelten Gelder für andere Zwecke mißbraucht würden. Er hatte daher den Türkenpredigern streng verboten, selbst Geld anzunehmen. Dazu sollten allein die handverlesenen Sammler befugt sein, die stets zu zweit auftreten mußten und darüber hinaus, der ständigen Versuchungen wegen, zu doppelter Buchführung verpflichtet waren. Die Gelder wurden zudem in besonders sicheren Behältnissen in den Sakristeien der Hauptkirchen aufbewahrt, in Truhen, die oft nicht weniger als vier Schlüsselbesitzer erforderten, um das mehrfach gesicherte Schloß aufzubekommen. Doch reichten allem Anschein nach selbst diese Vorsichtsmaßnahmen des römischen Souveräns nicht aus.

Denn die weltlichen Herrscher, in deren Territorien gesammelt worden war, beschlagnahmten nicht selten selber die mühsam eingetriebenen Schätze. Karl VII. von Frankreich († 1461) hatte mit solchen Geldern eine Flotte ausgerüstet, die ihren Kreuzzug aber nicht gegen die Türken, sondern gegen die christlichen Brüder in England führte. Herzog Karl von Burgund, einer der luxuriösesten Fürsten seiner Zeit, verpraßte kurzerhand die Spenden bei üppigen Banketten. Dabei behauptete er nicht ohne Hintersinn, nur auf diese edle Weise die Tat feiern zu können, die seine Annahme des Kreuzes und damit seine mögliche Beteiligung an einem Kreuzzug darstelle. Der Herzog ließ sich das Kreuz standesgemäß von einem päpstlichen Legaten anheften, feierte rauschende Feste zur Verherrlichung der eigenen Kühnheit – und kam nie wieder auf das Thema zu sprechen. Und Alonso V., Herrscher von Aragón, widmete die ersten Schiffe, die Kalixtus III. für seine Türkenflotte zusammengebettelt hatte, kurzerhand zur Seeräuberei um, damit genuesische Handelsschiffe gekapert würden.

Der Verdacht, der auch an Alexander VI. hängenblieb, war daher so unbegründet nicht. Die in Aussicht gestellten Ablässe, hundertfach denunziert und tausendfach erprobt, vermochten die offene Verdächtigung auch nicht zu entkräften. Die Zensuren, die der Souverän im Vatikan über zahlungsunwillige Kleriker in Frankreich verhängt hatte, wurden von der Theologischen Fakultät zu Paris für unzulässig erklärt.

In der Stadt des Heiligen Vaters, von der Egidio da Viterbo sagte, sie kenne unter den Borgia »kein Gesetz und keinen Gott; es herrschen Gold, Gewalt und Venus«, war der in Schwarz und Gold gekleidete Cesare der eigentliche Machthaber. Der schöne Mann, den ein Porträt des G. Barbarelli (Giorgione, 1477–1510) zeigt, war freigebig, nicht ohne Züge von Großartigkeit, wollüstig, blutbesudelt, ein »Virtuose des Verbrechens« (L. v. Ranke). Er beherrschte nicht nur die *sceleratezza*, Wissen und Handeln nach Verbrecherart, sondern auch die politische Taktik in einer in lauter faktische Verhältnisse aufgelösten Welt (R. König) meisterlich. Er war in der Kriegskunst geschickt und ein mutiger Mann, sogar fähig, im Stierkampf das Tier mit einem einzigen Streich zu enthaupten. Er blieb ein höchst begabter Organisator, ebenso ein gefühlloser Tyrann, dem Spione zuhauf zur Seite standen. Wen Gewalt nicht erreichte, starb durch Gift.

Der Papstsohn, über den ein reiches, wenn auch von seinen Verfassern bereits vorsortiertes Dokumentenmaterial vorliegt, war kunstliebend wie sein Vater. Cesare förderte Dichter und Maler und zögerte doch nicht, einem Mann Zunge und Hand abzutrennen, der einen Witz über ihn erzählt hatte. Ein Venezianer, der eine Schmähschrift gegen den Papst und seinen Sohn in Umlauf gebracht haben sollte, wurde in den Tiber geworfen. »Jede Nacht«, meldete der hilflose venezianische Gesandte, »findet man zu Rom vier oder fünf Ermordete, nämlich Bischöfe, Prälaten und andere, so daß ganz Rom davor zittert, von dem Herzog [Cesare] ermordet zu werden.«

Verschlagen, listig und rachsüchtig, entledigte sich Cesare Borgia seiner zahlreichen Gegner auf die direkteste, wirksamste und nachhaltigste Weise. Jeder Mord aber, jede Beleidigung säte Rache. Sei es um sich zu schützen, sei es um die Narben des *mal francese*, die sein Gesicht entstellten, zu verbergen – Cesare Borgia verließ seinen Palast nicht mehr ohne Maske.

Zu Beginn war es, wenigstens in der hehren Theorie, eine wesentliche Tendenz des Christentums gewesen, Gewalt unmöglich zu machen. Doch bald hatten sich in der Praxis der Kirche Gewalttäter durchgesetzt. Und nun, unter den beiden Borgia, mußte wieder einmal die Stellung des Papstes dazu herhalten, Gewalt nicht zu unterdrücken, sondern sie hervorzubringen. Nicht von ungefähr klagten Zeitgenossen, dieser Papst bahne dem Antichrist den Weg, indem er auf Erden das Reich des Satans statt das des guten Gottes heraufführe.

Um die Kriegszüge seines Sohnes Cesare und damit das erwünschte Söldnerheer von 100000 Mann finanzieren zu können, schuf der Papstvater zwischen März und Mai 1503 achtzig neue Kurienämter, die für jeweils 780 Dukaten zum Verkauf standen. Er ernannte außerdem auf einen Schlag neun neue Kardinäle, unter ihnen fünf Spanier – und konnte aus deren Zahlungen Einnahmen von insgesamt 120000 bis 130000 Dukaten verbuchen. In dieser Zeit brachte der Papst auch die Hinterlassenschaft des venezianischen Kardinals G. Michiel an sich, 150000 Dukaten in bar, Ländereien und Viehherden. Dieser war nach zweitägiger heftiger Darmerkrankung im April 1503 verstorben. Nach allgemeiner Ansicht hatte ihn Cesare vergiften lassen, womöglich wußte der Heilige Vater davon. Ähnliches wurde, so Burchardus, auch über den Tod des Kardinals G. Orsini erzählt, der am 23. Februar 1503 in der Engelsburg verschieden war. Der Gesandte Venedigs schrieb über die Gepflogenheiten des Papstes, die Kardinäle sich erst bereichern zu lassen, bevor er sie aus dem Weg schaffte: »Unser Herr pflegt sie erst zu mästen, um ihnen dann den Garaus zu machen.«

Das Gift und die Borgia, eine elementare Verbindung? Kaum. Giftverdacht, Giftgerücht, Giftpolemik gehörten zur Epoche. Sie trafen jeden Fürsten der Zeit. Vergiftete Handschuhe, vergiftete Briefe, vergiftetes Konfekt zählten zu den Klischees zeitgenössischer Legenden. Nicht selten blieb es nicht beim Verdacht, nicht bei der Legende, gerade in Rom nicht.

Es versteht sich, daß Mord Mord bleibt und nicht entschuldigt werden kann. Nicht ganz so selbstverständlich erscheint vielen die Tatsache, daß Rom mordete. Doch belegen diese Morde ebenso wie viele andere Verbrechen, welche die Papstgeschichte füllen, nur eine von Träumern gern übersehene und geleugnete Tatsache: Die Kirche brachte nur einen einzigen »Engelspapst«, Coelestin V. (1294), hervor, dafür fanden Dutzende von Kriminellen Platz auf dem »höchsten Thron der Welt« (A. Uhl).

Der uralte, längst von den Tatsachen eingeholte Traum lebt noch heute weiter und bastelt sich eine – möglichst weit in die Vergangenheit (»Urkirche«) zurückverlegte – Wunderwelt. Er fragt sich unverdrossen, ob eine Alternative zu den Borgia von vornherein außerhalb der Möglichkeiten der Betroffenen lag. Gewiß seien alle Päpste von der Gesellschaft, in der sie lebten, geformt und in ihrem Handeln bestimmt gewesen. Doch aufgrund der Verantwortung, die aus der Macht, gerade der religiös begründeten, erwächst, *wäre* es erforderlich gewesen, sich den bestehenden Verhältnissen zu widersetzen (B. Tuchman).

Erneut bekommt der Traum seine Nahrung. Doch solche Optionen, und würden sie oft repetiert, bleiben Spekulation. Sie bedienen Glaube, Hoffnung, Liebe – und haben bis heute nichts mit der Wirklichkeit zu tun. Päpste, alles andere als Träumer, gehen den bequemen Weg. Anders wären sie nicht in ihr Amt gelangt, anders hielten sie sich nicht in ihm.

Alexander VI. wirkte nach Botschaftsberichten des Frühsommers 1503 immer jünger. Er spielte mittlerweile mit Rodrigo, dem Enkel, und Giovanni, dem jüngsten Sohn, ritt mit den beiden auch durch Rom, zeugte ein elftes Kind, unternahm eine Jagdpartie nach der anderen, speiste in den Weinbergen rund um die Stadt. Bei einer Audienz für den Gesandten Venedigs hatte der Papst sogar nicht mehr auf seinem Thron sitzen können. Gegen jedes Zeremoniell war er im Thronsaal auf und ab gelaufen und hatte den verblüfften Venezianer an der Hand mit sich gezerrt.

Doch immer mehr Feindseligkeit umgab den Papst. Die

enteignete, beleidigte Familie Orsini führte einen langwierigen Krieg gegen Cesare, dessen üppig aufschießende Macht immer unheimlicher wirkte. Spanische Truppen waren im Süden gelandet und kämpften mit den Franzosen um das Königreich Neapel, das sie binnen kurzem erobern und für die nächsten dreieinhalb Jahrhunderte unter spanische Herrschaft bringen sollten.

Aus Sorge um den Glauben warfen Kirchenmänner immer drängender die Konzilsfrage auf. Kardinal Sangiorgio, von Alexander VI. ernannt, stellte in einem Traktat fest, die fortgesetzte Weigerung des Papstes, ein Konzil einzuberufen, schade der Kirche und empöre alle Christen. Wenn aber alle Mittel versagten, sei es Pflicht der Kardinäle, selbst ein Konzil herbeizuführen. Jener Mangel an »Bußfertigkeit«, den auch J. Burckhardt als das große Manko der Antike wie der Renaissance bezeichnet, mußte ein Ende haben.

Die eingeforderte *Katharsis*, der erbauliche Schluß eines theatralischen Lebens, fällt jedoch aus. Der dreiundsiebzigjährige Alexander VI. stirbt völlig unerwartet.

Sofort kommen die Klischees über den Tod des Frivolen ins Spiel: Dr. Faust, Don Juan grüßen. Gleich wird vermutet, der Papst und sein Sohn hätten sich aus Versehen selbst vergiftet (L. v. Ranke) und der Papst sei einer Dosis jenes legendären »weißen Pulvers« der Borgia erlegen (V. Hugo), das einem mißliebigen Kardinal zugedacht war und die dieser durch Bestechung des päpstlichen Küchenmeisters hatte umwidmen können (J. Burckhardt, anders P. Villari). Und obwohl niemand den Schuldigen kennt, wird der Leibkoch hingerichtet.

Wahrscheinlich stammte das ominöse Gift, das den Papstvater sterben und seinen Sohn Cesare schwer erkranken ließ, jedoch von dem eben erst zum Kardinal ernannten Adriano Castellesi da Corneto, der eine Rechnung mit den Borgia zu begleichen hatte – und eine Karriere als Giftmörder kennen würde. Er soll später den Mord an Alexander VI. gestanden haben, für einen Kardinal ein originelles, in der Papstgeschichte einmaliges Geständnis. Der Verfolgung entzog der Mörderkardinal sich durch die Flucht.

Castellesi da Corneto hatte am 11. August das legendenumwobene Abendessen zum elften Gedenktag der Papstwahl ausgerichtet. Dabei sollen die beliebten in Traubensaft eingekochten Früchte *(confezione in vignola)* gereicht worden sein. Ihre Farbe verriet kein Pulver, ihr Zuckeranteil kein Gift.

Tags darauf hatten den Papst schwere Krämpfe befallen. Er wurde von seinen Leibärzten zur Ader gelassen, sein Zustand besserte sich. Er spielte aufrecht im Bett sitzend schon wieder Karten und fiel doch, »wohlversehen mit den Sakramenten der Heiligen Kirche«, am 18. August 1503 dem Anschlag zum Opfer.

Nach einer gegenteiligen Ansicht war der betagte Papst für die im römischen Sommer grassierende Malaria, die auch andere hinwegraffte, besonders anfällig gewesen. Noch in den ersten Tagen des August hatte er von der glühenden Hitze dieses Jahres gesprochen, die vor allem »für Dicke verderblich« sei.

»Jeder auserlesene Mensch trachtet instinktiv nach seiner Burg und Heimlichkeit, wo er von der Menge, den Vielen, den Allermeisten *erlöst* ist, wo er die Regel ›Mensch‹ vergessen darf, als deren Ausnahme« (F. Nietzsche). Vielleicht hatte es der stolze Papst, der den antiken Mythos von den Männern, die Geschichte machen, so klug bediente, doch versäumt, sich mehr um die Wissenslust und die Emotionen seiner Untertanen zu kümmern: »Öffentlichkeitsarbeit« war schon damals kein schlechtes Mittel, Verständnis zu wecken, ja vorsichtig zu überreden, ohne zu befehlen. Die Medici in Florenz beherrschten das Metier glänzend. Sie verstanden es, sich die öffentliche Meinung zunutze zu machen (M. Brion). Der Papst aber hatte wenig in dieser Richtung getan. Dabei waren ihm Möglichkeiten zur Genüge eröffnet. Immerhin waren seine Multiplikatoren über die Welt verstreut, Bischöfe, Priester, Ordensleute. Er unternahm relativ wenig, sein Ruf kümmerte ihn nicht. So stand Rom meist beiseite. Es blieb denen ausgeliefert, die seine Neugier zu bedienen und die Informationslücken mit Gerüchten zu füllen wußten.

Jetzt jubelt fast alle Welt, der machtlose Tote wird verspottet, und der Jubel scheint noch um einiges ehrlicher als bei den sonstigen Todesfällen im Vatikan. Betrauert haben den Papst nur seine Kinder. Sie hatten Grund, denn der Herr Vater hatte noch lange regieren, Geld für die Seinen beschaffen wollen. Alexander VI. hatte sich im Vollbesitz seiner Kräfte gewähnt. Sein Kult der Kraft war intakt geblieben.

Was folgte? Tacitus († nach 115) hatte geschrieben: »Man glaubte nach Belieben Sagenhaftes und Ungeheuerliches, weil das Gerede bezüglich des Todes der Herrschenden ohnehin immer besonders wild ist.«

Die erregte Bevölkerung Roms, angeblich erleichtert wie nach dem Tod eines Ungeheuers, ersann eine Schauergeschichte nach der anderen über diesen Heiligen Vater. Schnell wird von Dirnen erzählt, die am Sterbebett des Papstes gesessen waren und in deren Brüste sich die Hände des

Sterbenden verkrallten. Vor allem wurde gemunkelt, der verstorbene Papst, den Zeitgenossen für ebenso ungläubig hielten wie die meisten Kardinäle der Epoche, habe die Tiara durch einen Pakt mit dem Satan an sich gebracht. So hatte die Legende es schon von dem »Magierpapst« Silvester II. (✝ 1003), dem berühmtesten Gelehrten des 10. Jahrhunderts, berichtet.

Ein Diener Alexanders VI. wollte in den letzten Lebenstagen des Borgia einen Teufel gesehen haben, der mit den Gewändern und Insignien des Heiligen Vaters angetan war: Der Dämon rief angeblich *Ego sum Papa* (»Ich, der Teufel, bin der Papst«). Spätere Darstellungen zeigen den Teufel denn auch nicht mit Bockshörnern, sondern mit einem Stierkopf. Die Borgia-Legende zeitigt ihre Ergebnisse. Burchardus berichtet trocken, ohne einen Zweifel aufkommen zu lassen, kurz vor dem Tod Alexanders VI. seien Teufel in Affengestalt im Sterbezimmer des Borgia aufgetaucht. Giovanni Carafa, der spätere Papst Paul IV. (✝ 1559) und wohl »die grausamste Gestalt der ganzen Papstgeschichte« (H. Kühner), wollte die Affen gar mit eigenen Augen gesehen haben.

Einmal gelebt wie ein Dämon, mit einem Dämon – das gelingt nicht jedem.

Der Ehre wäre genug getan durch einen anständigen Tod (N. Machiavelli; 19. Dezember 1525). Dem Unwürdigen aber wird ein würdeloser Tod zugedacht. Berühmte »letzte Worte«, wie sie verehrten Toten, darunter vielen späteren Päpsten, in den Mund gelegt werden, finden sich nicht.

Alexanders schwarzer, aufgedunsener Leichnam mit der aus dem schäumendem Mund hervortretenden Zunge war dem dämonistischen Sagenkreis zufolge so furchtbar anzusehen, daß niemand ihn berühren mochte. So sei nichts anderes übriggeblieben, als ihm ein Seil um die Füße zu binden und ihn daran ins Grab zu schleifen. Andere sprachen davon, die Totengräber hätten Mühe gehabt, den korpulenten Papst, der im Alter herzhaft über seine eigene Figur lachen konnte, im Sarg unterzubringen. Vorgeblich mußte die Leiche in eine Totenkiste gestopft werden wie die Füllung in eine ausgenommene Gans.

Mögen die Schilderungen auch vom Haß entstellt, legendär oder poetisch überformt sein: Beim Leichenbegängnis im August 1503 blieben die meisten Ehrenbezeigungen aus. Auch Burchardus tat nur das Nötigste, schon aus Angst, den Dämonen zu begegnen, die sich seiner Meinung nach in den mittlerweile so still gewordenen Appartamenti Borgia herumtrieben und den Leichnam beäugten.

Über die Aufbahrung in der Sixtinischen Kapelle und die eilige nächtliche Beisetzung in der *Capella degli Spagnoli* von St. Peter verlautete wenig. Offenbar war es zu einem Handgemenge zwischen der Geistlichkeit und den Palastwachen gekommen. Nebenbei mehrten sich die Plünderungen in Rom, und wie nach dem Tod Papst Kalixtus' III. wurden die Spanier auf den Straßen gejagt. Der Befehlshaber der von Alexander VI. neu befestigten Engelsburg, ein spanischer Bischof, mußte sogar Kanonen in Richtung Innenstadt abfeuern lassen, um die Menge vom Sturm auf den Vatikan abzuhalten.

Ein Sargpamphlet hat eine Inschrift für das Grabmal des Borgia-Papstes entworfen: »Ich, Alexander, liege hier, freue dich, befreite Stadt / Rom, weil mein Tod dir das Leben geben hat.« Auf die im Archiv der Universität Bologna erhaltene Urkunde der Doktorpromotion (1456) des Rodrigo Borgia hat ein Zeitgenosse lapidar die Erhebung zum

Kardinal und zum Papst sowie seinen Tod vermerkt und hinzugefügt: »in der Hölle begraben«.

Die Legende ist von unerbittlicher Konsequenz. Ein würdeloses Leben, ein würdeloser Tod durch Gift, ein würdeloses Begräbnis, ein würdeloses Grab: Fruchtlose Abmahnungen folgten und eine unwürdige Vernachlässigung durch spätere Mitglieder der Familie Borgia, die offenbar nichts mehr mit den Päpsten zu tun haben wollten, welche die Legende so sehr belastete. Erst 1889 fanden die sterblichen Überreste Alexanders VI. zusammen mit denen seines Onkels Kalixtus III. in einem seltsam geformten Marmorkasten ein Grabmonument in einer Kirche Roms. Vorher waren die Särge herumgestoßen worden und hatten über Jahrhunderte hinweg unbeachtet in einem Winkel dieser spanischen Nationalkirche S. Maria di Monserrato gestanden. Andererseits wurde die Gestalt Alexanders VI., dieses einmaligen Papstes, durch die Legende lebendiger, als Rodrigo Borgia es hatte zu seinen Lebzeiten werden können (M. Hermann-Röttgen).

Den aufgrund seiner Vergiftung schwerkranken Cesare hatte der Tod seines Vaters, dieses »außerordentliche Mißgeschick« (N. Machiavelli), unvorbereitet getroffen. Er sagte »am selben Tage, da Julius II. zum Papst erwählt ward« (31. Oktober 1503), zu Machiavelli, er habe für den Fall, daß sein Vater sterbe, seit längerem alles vorbereitet gehabt, gegen alles Mittel gefunden – nur nicht mit der eigenen gleichzeitigen Erkrankung gerechnet. Nun sah er sich gezwungen, mit der Familie nach Nepi zu fliehen. Da er noch immer unter Lähmungserscheinungen litt, mußte er in einer Sänfte getragen werden.

Der Anfang vom Ende einer päpstlichen Dynastie und des

Zuwachses *(ingrandimento)* ihrer Macht und ihrer Ländereien war da. Die Warnung schien sich erfüllen zu wollen, die Gegner würden nicht mehr lange zögern, mit der Sippe abzurechnen und die Kälber des Borgia-Stieres im Tiber zu ersäufen.

Was würde von dem Borgia-Papst bleiben? Die Antwort auf diese Frage hängt wesentlich von den Quellen und ihrer Interpretation ab. Gerade Burchardus, von seinem Nachfolger im Amt des päpstlichen Zeremonienmeisters P. Grassi als »überaus bestialisch, inhuman und neidisch« charakterisiert, war kein neutraler Beobachter gewesen. Er war päpstlicher Beamter, und ein Beamter dient, auch wo er haßt. Das Tagebuch des Burchardus, auf das sich Generationen von Historikern werfen werden, zeichnet ein bestimmtes Bild vom Pontifikat des Borgia. Es ist geprägt von fortwährender Gewalt, Mordanschlägen, Leichen im Tiber, vom Kampf der Parteien und Interessengruppen, von Bränden und Plünderungen, Verhaftungen, Folterungen und Hinrichtungen, alles verbunden mit Skandalen, Ausschweifungen. Doch auch fast ununterbrochenen Zeremonien – Empfängen von Botschaftern, Fürsten und Souveränen bei leidenschaftlichem Interesse für Gewänder und Schmuck, für das Protokoll der Prozessionen, für Stierkämpfe und Pferderennen.

Abgesehen von gelegentlichen Hinweisen, Alexander VI. habe die Fastengebote beobachtet und durch eine Art von Zensuredikt gegen diejenigen Drucker in Deutschland, welche die neue Kunst zum Druck anstößiger theologischer Werke mißbrauchen wollten, die katholische Lehre aufrechtzuerhalten gesucht, werden Religion und Kirche auch bei Burchardus kaum erwähnt. Die führenden Schichten der Renaissance hatten es nicht mit dem Glauben. Um ihres

Ruhmes willen errichteten sie fromme Stiftungen und blieben wenigstens nach außen rechtgläubig, zumindest für den Fall, daß es einen Gott gebe und die Seele unsterblich sei (N. Acciajuoli).

So blieb die »Reinheit der Lehre« unter dem in dieser Hinsicht als konservativ einzuschätzenden Borgia-Papst unangetastet. Diese Feststellung trägt zur Genugtuung bestimmter Papsthistoriker bei, die nicht müde werden, diesen Umstand zu betonen. Sie wollen das Amt von der Person trennen und eine höhere Führung diagnostizieren. Dann nämlich ist die »Bewußtseinsspaltung« aufgehoben: Der Papst konnte seinen geistlichen Pflichten mit Würde nachkommen, sich an das Dogma der Kirche halten, doch in seiner Funktion als weltlicher Herrscher Recht brechen, Verbrechen begehen und beides mit dem Mantel kirchlicher Unverletzlichkeit decken.

Die Devise, nach der das Petrusamt besteht, auch wenn ein Unwürdiger es geerbt und eine Zeitlang in Besitz hat (Leo I., ✝ 461), stellt freilich nur eine wohlfeile Generalklausel dar. In letzter Konsequenz deckt sie jeden und entschuldigt alles. Nicht wenige mögen sich damals eine ähnliche Blankovollmacht für ihr Amt und ihre Person gewünscht haben. Sie zu formulieren und mit dogmatischem Schein zu beglänzen war jedoch nur der Catholica möglich. Entsprechende Schlüsse auf die Institution sind erlaubt.

Beim Versuch einer Neubewertung von Amt und Person Alexanders VI. haben M. Creighton und C. Yriarte sich um die Rehabilitierung des »Erotomanen« bemüht. Sie deuteten die gegen ihn erhobenen Vorwürfe als Übertreibungen, Fälschungen, Gerüchte und führten sie auf die Böswilligkeit der zahlreichen Gegner zurück. Vieles ist daran richtig, doch bestimmte Fakten können nicht übersehen werden. Der Versuch mißlingt, Retuschen am Bild eines Papstvaters vorzunehmen, ja diesen, um möglichst so kirchenunschädlich wie L. v. Pastor zu schreiben, fast ganz weißzuwaschen.

Dennoch steht der Borgia-Papst nicht allein, erreichte nicht den Höhepunkt des Verbrecherischen: Vor ihm und nach ihm fanden sich andere. Ich denke an die Schuld nicht weniger Päpste des »dunklen« 10. Jahrhunderts, aber auch des 20. Jahrhunderts, wo Päpste sich als kriegsfreundliche Schreibtischtäter entpuppten (K. Deschner). Das sind Fakten, denen zu wenig Beachtung geschenkt wird. Zu Lasten Alexanders VI.

Immerhin hatte 1912 der Eucharistische Weltkongreß in Wien (unter Pius X.) als eine der wichtigsten Vorbereitungen zum Ersten Weltkrieg (Weihbischof Waitz) gegolten. Pius X. bedauerte noch am Vorabend dieses Krieges, daß Österreich-Ungarn nicht schon früher ultimative Schritte unternommen hatte. Die italienischen Katholiken (nicht nur diese!) hatten sich unter Führung ihrer Priester und Bischöfe begeistert für den Krieg ausgesprochen (J. Schmidlin). Immerhin hatte Papst Benedikt XV. (1914–1922), als vatikanischer Karrierist des Giftmordes an einem Konkurrenten verdächtigt, schließlich der Welt mitgeteilt, diesen Krieg, der Millionen Menschen das Leben gekostet hatte, habe »Luther verloren«. Immerhin hatte eben dieser Papst einem Kurienkardinal als derjenige gegolten, der »am besten aus dem Krieg herausgekommen« war. Immerhin hatten die Päpste Pius XI. (1922–1939) und Pius XII. (1939–1958) alle faschistischen Kriegstreiber, Franco, Mussolini, Hitler, unterstützt. Heute will es keiner mehr gewesen sein.

Und Alexander VI.? *Mutatis mutandis* kann Stendhals

Urteil auch auf ihn zutreffen: »Die italienischen Tyrannen hatten private Laster und öffentliche Tugenden. Diese Charaktere gaben der Geschichte einige skandalöse Anekdoten. Doch sie ersparten ihr, vom grausamen Tod von zwanzig Millionen Menschen berichten zu müssen.«

Auch Haß, Abscheu, Furcht, die Alexander VI. um sich verbreitet haben soll (B. Tuchman), waren so unüblich nicht. Der exponierte Herr des Kirchenstaats konnte von Amts wegen in einer »garantielosen Welt« (R. König) keine Lichtgestalt bleiben. Wer den Päpsten zubilligt, daß sie sich einen eigenen Staat errichteten, muß auch kalkulieren, daß sie mit den Folgen dieser Entscheidung zu leben hatten. Ein Stellvertreter Christi und ein Territorialherr in einem, die Rechnung konnte nicht aufgehen. Noch Pius IX., der Papst mit dem *malocchio*, dem bösen Blick, letzter Herr des Kirchenstaats, nach einigen Autoren Vater eines unehelichen Sohnes (des Kardinals Guidi) und von Johannes Paul II. seliggesprochen, hatte 1871 einen Schießbefehl erteilt und den Tod von Menschen billigend in Kauf genommen, um sein Territorium zu schützen.

Trotz seiner militärischen Macht konnte sich Cesare ohne Unterstützung aus Rom nicht halten. Dort folgte der alte Feind della Rovere am 1. November 1503 als Julius II. einem sorgenden Vater nach, die Franzosen unterlagen den spanischen Truppen, die Saat der Rache ging auf.

Cesare, *»è tutto festo«*, hatte ein Zeitgenosse über ihn geurteilt, ein Mann, der F. Nietzsche im Gefolge Machiavellis als »unsterblich gesund, unsterblich heiter und wohlgeraten«, als ein Mensch ohne »Krankhaftigkeit«, ohne »eingeborene Hölle«, als »einer der großen Virtuosen des Lebens«

galt, war am Ende. Es war Schluß mit dem Glauben an die märchenhaften Fähigkeiten des exemplarischen Gewaltmenschen (A. v. Martin). Das Glück, launisch wie ein Weib, das geschlagen und gestoßen werden will und sich nur dem Kühnen ergibt (N. Machiavelli), hatte ihn aufgegeben.

Nur Fortuna konnte ihn besiegen, nur Fortuna besiegte ihn. »Sein Geschick war über ihm.« (L. v. Ranke)

Solange Cesare Borgia politische und militärische Erfolge hatte erzielen können, waren ihm weithin auch seine Verbrechen nachgesehen worden (J. Burckhardt). Doch jetzt war es aus. In Neapel ergab sich ein isolierter Papstsohn den Spaniern. Sein oft gerühmtes »frisches Glück« und damit auch Machiavelli, dieser »Ästhet der Gewaltsamkeit« (R. König), verließen ihn. Die Herrschaft über die Romagna hatte er so schnell wie die Träume von der großen Zukunft der Familie Borgia aufgeben müssen. Künftig beherrschten die Vorwürfe wegen seines »Lebenswandels« das Urteil. Sie sind bis heute nicht verstummt. *Sex and crime* verkaufen sich gut.

Oben zu stehen hat stets seine Gefahr. Wer an einem Ende angelangt, zum Stillstand gekommen ist, spürt bald, daß es nicht mehr weitergehen kann – nur noch nach unten. Die Beherrschung aller Mittel zeigt noch die besondere Gefahr, daß man sich in der vollendeten Handhabung einer Technik erschöpft (A. v. Martin).

Nun brach alles über Cesare zusammen, Feind und Freund verriet ihn. Die Spanier sagten ihm freies Geleit zu, brachen ihr Versprechen und setzten ihn im August 1504 fest. König Ludwig XII. erklärte Cesare zum Verräter, der die französische Sache in Neapel preisgegeben und deshalb alle seine Besitzungen und Titel in Frankreich verwirkt habe. Unter anderem wurde ihm das Herzogtum Valence aberkannt. Eine Suche nach Hab und Gut setzte auch in Rom ein; kistenweise wurden die Sachen Cesares beschlagnahmt.

Seine Frau Charlotte zeigte sich entschlossen, Cesare aus eigener Kraft und mit eigenen Mitteln eine sichere Heimstatt in der Dauphiné zu schaffen. Sie wartete mit dem Töchterchen Louise auf Befreiung und Heimkehr ihres Mannes. Doch dieser kam nie; die Umstände waren zu widrig.

Nach zwei Jahren Kerker in der Burg Chinchilla und in Medina del Campo konnte Cesare, der einmal der bestgekleidete Fürst Europas gewesen war, sich am Seil von einem Turm herablassen. Spanien erklärte ihn zum unverbesserlichen Kriminellen und für vogelfrei; eine Prämie von 10 000 Golddukaten wurde auf seinen Kopf ausgesetzt. Er schlug sich nach Navarra durch, in das sagenumwobene Land der Basken.

Am 12. März 1507 fiel er in einem Hinterhalt bei Viana (Kastilien). Sein Körper war von 27 Wunden bedeckt. Im Dom von Viana wurde er bestattet. Sein Grabmal bestätigte, hier liege ein Mann, der Frieden und Krieg in der Hand gehabt habe und sich jetzt mit einem Häuflein geweihter Erde bescheide.

»Beweine, Romagna, deinen zweiten Caesar, trauernde Witwe, beweine den neuen Augustus ... Jeder beweine Caesar Borgia Valentino, der auf Erden ein Gott war«, faßte E. Strozzi die Reaktion auf den schmählichen Tod des Mannes zusammen, der ein militärisches Genie gewesen war.

Inzwischen gelten die sterblichen Überreste des Papstsohnes als verschollen. In den dreißiger Jahren des 20. Jahrhunderts hatten sie als Symbol der Rebellion des Baskenlandes gegolten. Das meisterlich geführte Schwert des

Borgia aber, das geholfen hatte, in drei großen Feldzügen die Romagna sowie weite Teile der Marken und Umbriens zu erobern, trägt die Gravur *Cum nomine Caesaris omen – Aut Caesar aut nihil* (»Mit Caesars Namen als Omen, entweder Caesar oder gar nichts«). Es liegt heute im British Museum in London.

Charlotte, Cesares Frau, hat nach dem Tod ihres offensichtlich über alles geliebten Ehemannes eine geradezu extreme Trauer entfaltet. Die Festräume ihres Schlosses blieben geschlossen, in den übrigen Zimmern hängten die Witwe und ihre Tochter Louise schwarze Trauerflore auf, schliefen auf schwarzem Bettzeug und speisten an schwarz gedeckten Tischen.

XII.
Affenwärter und Kardinal
Wie steil eine Karriere verlaufen kann

»Wieviel Uns und den Unseren die Fabel von Jesus Christus genützt hat, ist bekannt.«

Papst Leo X., 1513–1521

»Ich hört selbs zu Rom reden: Ist eine Hölle, so stehet Rom drauf.«

Martin Luther, 1483–1546

»Diejenigen Völker haben am wenigsten Religion, die der römischen Kirche, dem Haupt unseres Glaubens, am nächsten sind.«

Niccolò Machiavelli, 1469–1527

Jacopo Pontormo
Alessandro de' Medici
(1535)

Noch vor dem anstehenden Konklave hatte das Kardinalskollegium beim Bankhaus Spanocchi 15 000 Dukaten aufgenommen, um die Gedächtnismessen für Alexander VI. und die Wahl seines Nachfolgers finanzieren zu können. Das Darlehen war bedacht, das Geld nicht verloren; die hohen Herren würden es sich bei nächster Gelegenheit von Papstsohn Cesare Borgia zurückholen.

Kardinal Giuliano della Rovere, der schlimmste Verleumder des Verstorbenen, hatte es sich nicht nehmen lassen, während eines Gedenkgottesdienstes die Predigt auf Alexander VI. zu halten. Um so mehr schien der Kardinal gerüstet, hatte er auf diese Weise doch auch die Partei der Borgia-Kardinäle auf seine Seite gebracht. Doch nachdem ihm die Papstwürde schon zweimal entgangen war, verfehlte er sie ein drittes Mal. Sein stärkster Gegner war der arrogante französische Kardinal d'Amboise. Eine dritte Kraft bildete Cesare Borgia, der, obwohl selbst nicht mehr wahlberechtigter Kardinal, eine Gruppe von elf spanischen Kardinälen fest unter seiner Kontrolle hatte und alles daransetzte, einen Spanier, mit dem er ein Bündnis schließen wollte, zum Papst zu machen. Französische und spanische Soldaten, Truppen der Borgia, der Orsini und anderer italienischer Faktionen versuchten, durch ihre bedrohliche Anwesenheit den verschiedenen Interessen Nachdruck zu verleihen.

Unter diesen Umständen zogen sich die Kardinäle zum Konklave hinter die Festungsmauern der Engelsburg zurück und kehrten erst in den Vatikan zurück, nachdem sie Söldnertruppen zu ihrem Schutz angeworben hatten.

Unwägbarkeiten belasteten auch dieses Konklave. Als sich die Bewerber gegenseitig blockierten, kam es noch einmal zur Wahl eines Zufallskandidaten. Angesichts der aufrührerischen Massen, die ihrem Haß auf die Borgia lautstarken Ausdruck gaben und unter anderem das Haus Isabellas, der Tochter Alexanders VI., stürmten, war die Wahl eines Spaniers unmöglich. D'Amboise wurde durch die eindringlichen Warnungen della Roveres ausgeschaltet, im Falle seiner Wahl werde das Papsttum wieder nach Frankreich verlegt. Die italienischen Kardinäle besaßen im Kollegium zwar die überwältigende Mehrheit, ihre Stimmen verteilten sich allerdings auf mehrere Kandidaten. Della Rovere bekam eine Mehrheit, aber zum erforderlichen Zweidrittel fehlten ihm zwei Stimmen. Als er erkannte, daß seine Wahl ebenfalls blockiert war, unterstützte er den frommen, ehrwürdigen Kardinal von Siena, dessen Alter und schlechter Gesundheitszustand eine kurze Amtszeit verhießen. So fiel die Wahl auf Francesco Piccolomini, der zu Ehren seines Onkels Pius II. den Namen Pius III. annahm.

Der Gewählte war Vater von zwölf Kindern (F. Gregorovius).

In seiner ersten Erklärung kündigte der neue Papst an, seine oberste Sorge werde der Reform, angefangen bei der Spitze des päpstlichen Hofes, gelten. Kultiviert und gebildet wie sein Onkel, aber bedächtiger als dieser und mehr zur Zurückgezogenheit neigend, war Piccolomini schon mehr als vierzig Jahre lang Kardinal gewesen. Und nun regierte er ganze 26 Tage als Papst.

Endlich war Kardinal Giuliano della Rovere an der Reihe, dem römische Gerüchte bald den Giftmord an dem so unerwartet verstorbenen Pius III. zuschrieben. Damit folgte der gewaltige Papst Julius II. (1503–1513), Neffe Sixtus' IV., aus zehnjährigem Exil unter dem Borgia zurückgekehrt, ein berufener Rächer, der wild entschlossen war, das Erbe der Spanier zu tilgen. Julius II. ließ bekanntlich gerade Cesare Borgia verfolgen: Sein Sieg über den verhaßten Papstsohn ist auf Raffaels *Vertreibung des Heliodor aus dem Tempel* (sogenannte Stanzen im Vatikan) dargestellt. Zudem gibt Raffaels *Wunder von Bolsena* (Stanzen) die Szene wieder, da Julius II., bevor er gegen Cesare vorging, seine Unternehmung unter den Schutz des Altarsakramentes stellte.

Martin Luther will auf seiner Romfahrt um die Jahreswende 1510/1511 beobachtet haben, daß dieser Papst überall, wo es nur möglich erschien, die Wappenstiere der Borgia abschlagen und durch die eigenen Embleme ersetzen ließ. Kein Wunder, schon 1507 hatte Julius II. den verhaßten Vorgänger Borgia einen »Marranen (Halbgläubigen, Halbmauren, ein ungläubiges Schwein) schlechten und unseligen Andenkens« geschimpft. Auch hatten päpstliche Erlasse zwei Kinder des Hauses Borgia, die kleinen Giovanni und Rodrigo, ausdrücklich ihrer Herzogtümer verlustig erklärt.

Papst Julius II. hatte seinerseits als Kardinal mit seiner (verheirateten) Geliebten Lucrezia Normanni drei Töchter gezeugt. Ihre Namen werden mit Felice, Giulia und Clarice angegeben; bei den beiden letzteren ist die Vaterschaft nicht eindeutig. Sie sollen allerdings, wie es schon dem Dutzend bei seinem unmittelbaren Vorgänger Pius III. ergangen war, durch ein wundersam gnädiges Geschick hinweggerafft worden sein. So standen sie, ob nun schon tot oder nach anderen Quellen klug verheiratet, jedenfalls schweigsam und nicht ständig vorgezeigt, weder der Wahl noch dem Pontifikat dieses Papstes im Wege. Der Heilige Vater, dessen Leben durchaus von Ausschweifung und Unmäßigkeit bestimmt war (L. v. Ranke), konnte walten, wie er wollte.

Der Kriegsherr aus Leidenschaft räumte auf und schaffte alles aus dem Weg, was ihn störte: Räuberbanden, gegnerische Grundherren, alles weitere Gesindel in der Kirche und im Kirchenstaat. Zwar mußte er, höchst widerwillig, auch ein Konzil einberufen. Doch es erbrachte nichts. Unvergängliche Verdienste erwarb der Papst sich dagegen durch die Förderung Raffaels und Michelangelos.

Michelangelo mußte für den Papst eine völlig überdimensionierte Bronzestatue schaffen, die 1508 am Dom zu Bologna ihren Platz fand. Drei Jahre später lag sie im Staub; die Gegenpartei des Papstes hatte sie heruntergeworfen. Der Koloß, der fünfzig Tonnen wog und angeblich dem Volk mehr Angst eingejagt hatte als der Heilige Vater selbst, war mit einem Seil eingefangen und gestürzt worden. Die Unterlage aus Reisigbündeln, die den Fall hätte dämpfen sollen, hatte nichts genutzt. Die Statue barst, der Kopf ging verloren, und die Reste wurden zu einer Schleudermaschine zusammengeschweißt, die den Spottnamen *La Giulia* getragen haben soll. So verging der Ruhm der Welt.

Doch Julius II., den die Römer einen der Ihren, einen *terribile* zumal, hießen, ließ sich nie beirren. Obwohl er selbst durch Simonie ins Amt gelangt war, erklärte er, auch dies ist von vielen seiner Vorgänger bekannt, ebenso höchst heuchlerisch wie souverän die Ungültigkeit simonistischer Papstwahlen und drohte den entsprechenden Wählern schwerste Strafen an.

Genutzt hat dies ebensowenig wie die sonstigen Taten des weit überschätzten Kriegspapstes. Julius II. hatte seine Stadt, wenn schon nicht mit Hilfe des Glaubens, so doch mit gezogenem Schwert zu befrieden gesucht. Doch nur vier Jahre nach dem Tod dieses Papstes erhob sich Luther. Der Aufruhr der Reformer, in Savonarola unterdrückt, war am Leben geblieben. Die notwendige Reform wurde dabei nicht von Oberhirten getragen, sondern von Außenseitern aus der geistlichen Unterschicht.

»Luthers Papst«, Leo X. (1513–1521), bemerkte freilich so gut wie nichts von alledem. Gott hatte ihm, dem verschwenderischsten aller Päpste (B. Tuchman), das Amt verliehen, und nun wollte er es auch genießen. Inwiefern es Gott war, der sich um die Wahl des Medici gekümmert hatte, muß offen bleiben. Sicher ist dagegen, daß ihm der wiederaufgetauchte und schon bald wieder in Giftmordaffären verwickelte Kardinal Castellesi da Corneto, der mutmaßliche Mörder Papst Alexanders VI., seine Stimme gegeben hat. Auch das war vielleicht pure Berechnung: Manche waren im Konklave und nach diesem der Ansicht gewesen, das Aftergeschwür des neuen Papstes, von dem allgemein angenommen wurde, es werde den Medici umbringen, habe ihm die Wahl gewinnen helfen.

Doch die Annahme ging fehl, ein schneller Tod werde die Kirche von diesem Herrn erlösen. Leo X., lange schon Kardinal, feierte den prächtigsten Einzug aller Zeiten in seine Stadt. Er gab dafür 100 000 Dukaten aus, empfing endlich die Priester- und Bischofsweihe und blieb seine ganze Regierung hindurch nicht nur mit der Pflege seiner zartweißen Hände beschäftigt. Er widmete sich auch intensiv den wochenlangen Jagden, an denen bis zu 2 000 Reiter teilnahmen.

Er liebte gleichermaßen den römischen Karneval und den Schacher mit dem Jenseits. Für ein Fest seines Bruders Giuliano, der in das französische Königshaus eingeheiratet hatte, gab Leo X. 150000 Golddukaten aus, ein Betrag, der die Jahresausgaben seines Hofes um fünfzig Prozent, die unter Papst Julius II. um ein Dreifaches überstieg.

Der Papst, von einem Dominikanermönch als Sonnengott Apollon gefeiert, finanzierte 683 Kuriale, viermal so viele wie noch vor siebzig Jahren unter Pius II., vom Kardinal bis zum Tierwärter, vom Hoforchester bis zu den Hofnarren, mit denen der Heilige Vater oft herumalberte. Die Hofhaltung während dieses »Goldenen Zeitalters des Papsttums« verschlang ungeheure Summen. Der Papst steuerte auf den Bankrott zu, es kümmerte ihn nicht. Er verkleinerte seinen Haushalt nicht, gab das Glücksspiel nicht auf und beschenkte die Stierkämpfer, ein Erbe Alexanders VI., im Karneval 1519 mit prachtvollen Kostümen. Heerscharen von Literaten drängten zur päpstlichen Futterkrippe, holten Dukaten für ihre schwachbrüstigen Erzeugnisse ab, sackten Posten und Pfründen ein. Leo X. benutzte alle; er brauchte sie für die Zwecke seines Ruhm- und Repräsentationsbedürfnisses.

Der Papst, der sein Amt zu nutzen wußte und in seiner krankhaften Vergnügungsgier und wahllosen Verschwendungssucht (H. Kühner) eine weitere verderbliche Periode des Papsttums einleitete, ging nicht ohne Grund in der Villa des Bankiers Chigi (heutige *Farnesina*) ein und aus. Mehr Bankier als Papst, entwickelte er den Ablaßhandel zum Wirtschaftssystem größten Ausmaßes. Die Zahl der käuflichen Ämter schwoll auf 2200 an. Der Gesamterlös aus dem Ämterschacher wurde auf drei Millionen Dukaten, das sechsfache der päpstlichen Jahreseinkünfte, geschätzt. Die sensationelle Erhebung von 31 Kardinälen auf einmal erbrachte nur um die 300000 Dukaten. Dies reichte nicht. Der Heilige Vater mußte bis zu vierzig Prozent Kreditzins aufbringen, allein 800000 Dukaten hatte er in einen unsinnigen Krieg gegen Urbino investiert, in den sieben Jahren seiner Regierung an die fünf Millionen ausgegeben.

Die Bulle *Exsurge Domine* vom 15. Juni 1520, eine Urkunde von fast einem Meter Länge und über einem halben Meter Breite, in der Leo X. Luther den Bann androht, war auf dem Lustschloß Magliana vorbereitet worden. Dort wohnte der schwergewichtige, doch kraftlose Papst mit dem großen Kopf und den dünnen Beinen vom Pferd herab (im Damensattel) der Sauhatz bei. So lag es nahe, daß die Bulle mit den Worten einsetzt: »Erhebe dich, Herr: ... ein wilder Eber will deinen Weinberg verwüsten.« Ein weitergehendes Interesse am Fortgang der Sache Luther zeigte der Bonvivant auf dem Papstthron nicht.

Ganz selbstverständlich sorgte er dagegen für seine Familie. Kinder dürfte er nicht gehabt haben; er galt als »unternehmungslustiger Homosexueller« (P. de la Rosa). Neffe Giulio, unehelicher Sohn des Medici, der unter Sixtus IV. im Dom von Florenz erstochen worden war, wurde Kardinal, nachdem der Papst eidesstattlich gelogen hatte, dessen Eltern seien heimlich doch verheiratet gewesen. Der Heilige Vater pflegte neben den üblichen Kardinalserhebungen – neben anderen insgesamt fünf Söhnen des Hauses Medici, wurde der nichtswürdige Sproß des uns bereits bekannten Franceschetto Cibo und Enkel Innozenz' VIII. 1513 mit dem Purpur bedient (er bringt es schließlich auf vier uneheliche Kinder) – einen Nepotismus der besonderen Art:

Leo X. bewies eine besondere Vorliebe für fremdartiges Getier und richtete im Vatikan eine wahre Menagerie ein. Sein besonderer Stolz war ein weißer Elefant, den ihm der König von Portugal geschenkt hatte. Er nannte ihn Hanni, in Erinnerung an jene Elefanten, die den Feldzug Hannibals beim Übergang über die Alpen begleitet hatten. Hanni nahm an der berühmt gewordenen Prozession anläßlich eines Sieges über die Mauren teil, sank an der Engelsbrücke dreimal vor dem Papst in die Knie und sprühte mit seinem Rüssel Wasser über die begeisterten Zuschauer. Als Hanni im Juni 1516 starb, wurde kein Geringerer als Raffael beauftragt, ein lebensgroßes Bild von ihm zu malen. Der Elefant wurde mit allen Ehren am Fuß eines Turms an der vatikanischen Mauer bestattet, und der Papst war untröstlich.

In den liturgischen Ritualen seiner Kirche war Leo X. – einmal mehr das Klischee der Theologen – »gewissenhaft«. Er beachtete die Fastenzeiten, besuchte die Messe, schritt einmal sogar an der Spitze einer Prozession, die Reliquien mit sich führte und um Rettung vor den Türken flehte, barfuß ein kurzes Stück durch Rom. War er gewohnt, beim Kartenspiel seine Zuflucht zu Göttern und Sternen zu suchen, besann er sich bei Gefahr auf den Gott seiner Kirche.

Leo X. ließ 1517 den wie bei der Pazzi-Verschwörung unter Sixtus IV. engagierten Kardinal Raffaele Riario zusammen mit Kardinal Alfonso Petrucci wegen eines Anschlags auf sein Leben erdrosseln. Das Todesurteil wurde den beiden von Pietro Bembo verlesen, bekanntlich einem mutmaßlichen Liebhaber der Papsttochter Lucrezia Borgia und späteren Kardinal.

Im Karneval seines Todesjahres 1521, als Europa vor der Glaubensspaltung stand und der Sultan die Einnahme Belgrads vorbereitete, suspendierte der Papst alle Regierungsgeschäfte des Vatikans, weil ihm ein Ballett über die Geschichte von Venus und Amor wichtiger war. Er starb wahrscheinlich an der Malaria, nicht durch Gift. Da kein Geld mehr vorhanden war, mußten heruntergebrannte Kerzen, die schon einmal benutzt worden waren, neben den Sarg des Verschwenders gestellt werden. Die Zeitgenossen kommentierten, dieser Herr habe sich wie ein Fuchs ins Papsttum geschlichen und wie ein Löwe regiert, aber verreckt sei er wie ein Hund.

Während Julius II. einen reichen Schatz hinterlassen hatte, war das Papsttum nun völlig bankrott. Die Schulden beliefen sich auf 800000 Dukaten (Luther verdiente als Professor zu Wittenberg um die acht Dukaten pro Jahr).

Nebenbei: Giftspezialist Adriano Castellesi da Corneto, der nach Alexander VI. auch Leo X. hatte umbringen wollen, den Häschern aber entgangen war, versuchte nach dem Tod des Papstes nach Rom zurückzukehren, starb jedoch unterwegs durch die Hand seines eigenen Dieners. Die geraubte Börse war fast leer; der Kardinal, der selbst nach dem Papstamt getrachtet hatte, wäre ohne Geld ohnedies chancenlos gewesen.

Der neue Papst Klemens VII. Medici (1523–1534), Nepot Leos X. und unehelicher Sohn von dessen Onkel Giuliano, dem Bruder des Lorenzo il Magnifico, zerstörte gleich wieder alle Ansätze für Frieden und Reform. Diese waren dem aus lauter Verlegenheit, wenn nicht Langeweile gewählten »Ausländer« Hadrian VI. zuzuschreiben gewesen, dessen anderthalbjährige Regierung zwischen die der beiden Medici-Päpste fiel. Hadrians Wahl war, nachdem keine rationalen Gründe beizubringen waren, dem »Eingreifen des Heiligen

Geistes« zugeschrieben worden. Und Rom hatte gejubelt, als der ernsthaft gesinnte Hadrian bald wieder den Thron freimachte.

Nachfolger Klemens VII., den Kaiser Karl V. einen Einfaltspinsel genannt hat, lavierte seine ganze Regierungszeit hindurch zwischen allen Mächten der Zeit. Er paßte sich stets den wechselnden Bündnissen an und war mal auf der Seite des Kaisers, mal mitten unter dessen Gegnern anzutreffen. Währenddessen verfiel das Land, die Felder blieben ohne Saat, ohne Ernte, auf den Straßen waren weinende, verhungernde Kinder anzutreffen. Der grausame *Sacco di Roma* von 1527, wohl die schlimmste Plünderung der Ewigen Stadt überhaupt, zwang den Heiligen Vater schließlich – über den von Alexander VI. angelegten Gang – in die Engelsburg, doch öffnete er ihm nicht die Augen für den Zustand der Kirche. Statt dessen gelang es Klemens VII., seinen durchaus mißratenen Sohn Alessandro de' Medici zum Herzog von Florenz und Schwiegersohn des Kaisers machen zu lassen; dieser wird 1537 ermordet.

An einem Reformkonzil hatte der Papst kein Interesse. B. Tuchman nimmt an, Klemens VII. habe gefürchtet, die Kirchenversammlung werde ihm wegen des Makels seiner illegitimen Geburt das Papstamt aberkennen.

Beim Tod dieses zweiten und letzten Medici-Papstes (1534) jubelte vor allem Florenz, wo er früher Erzbischof gewesen war, und feierte mit Feuerwerken und Freudenfeuern. Ähnliches war bereits bei Leo X. geschehen. Die ehemalige Anhänglichkeit an die Bankiersfamilie Medici war längst dahin. Ein römischer Mob riß den Leichnam Klemens' VII. aus dem Grab, besudelte und verstümmelte ihn. Eines Morgens wurde entdeckt, daß jemand dem Toten ein

Schwert durch die Brust gestoßen hatte. Es würde lange dauern, bis die Überreste dieses Papstes in der Familiengruft Ruhe fanden, die Michelangelo gestaltet hatte.

Nun war endlich Paul III. Farnese (1534–1549) an der Reihe, jener aus dem Unterrock seiner Schwester geschlüpfte Kardinal, der seine Erhebung der Tatsache verdankte, daß Papst Alexander VI. seine ausnehmend schöne Schwester, *Giulia la Bella*, zur Geliebten bekommen hatte. Auch Luther, der diesen Papst eine »epikuräische Sau« heißt, kannte und nutzte die Geschichte.

Der neue Papst brachte Kinder mit. Farnese hatte nach unbestätigten Quellen schon früh eine Tochter, einen Sohn, und dann – wahrscheinlich zusammen mit seiner (verheirateten) Geliebten Silvia Ruffini († 1561) – vier Kinder: Costanza (1500–1545), Pier Luigi (1503–1547), Paolo (1504 bis 1512?) und der früh im Kampf gefallene Ranuccio (1509 bis 1528). Er hat diese anerkannt, doch fehlt die Legitimation für Costanza ganz, und auf den Legitimationsurkunden für die Söhne vermißt man wie so häufig (Ausweichbezeichnung ist »mulier soluta«, alleinstehende Frau) den Namen der Mutter. Einer der ehelichen Söhne Silvias wird 1544 von Paul III. den roten Hut erhalten, eine hübsche Geste ihres früheren Liebhabers.

Der Farnese-Papst hatte »eine bequeme, prächtige, geräumige Art, zu sein« (L. v. Ranke). Immerhin konnte er Kinder aufweisen, von denen der älteste Sohn, Pier Luigi Farnese, einer der berüchtigsten Papstsöhne überhaupt wurde. Paul III. scheute sich auch nicht, intensiv für seine sechzehn Enkel zu sorgen. Drei, der Sohn der einflußreichen Lieblingstochter Costanza und zwei Söhne des Pier Luigi, wurden blutjung zu Kardinälen erhoben, zumal andere nach seiner Aussage »schon in der Wiege« Kardinäle geworden waren (ein zwölfjähriger Knabe erhielt schließlich auch von diesem Papst den roten Hut).

Die drei Enkel-Kardinäle: Guido Ascanio, Costanzas Sohn, führt schon mit 23 Jahren den Titel eines Patriarchen von Alexandrien, Ranuccio, Sohn des Pier Luigi Farnese, den Titel eines Patriarchen von Konstantinopel. Und Alessandro, ein weiterer Sohn des Pier Luigi, mit vierzehn Jahren erhoben, mit fünfzehn zum Vizekanzler der Kirche ernannt, trägt über fünfzig Jahre lang den Purpur. Seine Geliebte schenkt ihm eine Tochter, Clelia, und diese wird die Geliebte des Kardinals Ferdinando de' Medici. Auch ein Urenkel Pauls III., Francesco di S. Fiora (1583–1624), wird Kardinal; auch er läßt zwei uneheliche Kinder legitimieren.

Der von keinem Geringeren als Tizian porträtierte Sohn Pier Luigi selbst, ein völlig enthemmter Lüstling, wurde 1537 zum Bannerträger der Heiligen Römischen Kirche ernannt und 1545 mit dem Herzogtum von Parma und Piacenza beschenkt, das Paul III. aus dem Kirchenstaat herausgelöst hatte. Die päpstliche Familie Farnese stieg, Folge einer effektiven Sippenpolitik, zu einer der wichtigsten Dynastien Italiens auf: Nicht weniger als acht Abkömmlinge des Papstes sollten in direkter Linie Herzöge von Parma-Piacenza werden; die Dynastie regiert bis 1731. Die Taufe seines Urenkels feierte Paul III. unbekümmert an dem Tag, da seiner Krönung gedacht wurde.

Wieder das bekannte doppelgesichtige Phänomen: Zum einen bediente der Papst skrupellos, doch politisch nicht ungeschickt seine Nepoten, Kinder und Enkel. Bald waren die Farnese mit den beiden größten Häusern der Welt, dem kaiserlichen und dem französischen, verknüpft und endgültig etabliert. Auch fand Paul III. keinen Lebenswandel, schon gar nicht seinen eigenen, schlimm genug, um einzuschreiten. Wichtige Termine nahm er nur wahr, nachdem die Hofastrologen befragt worden waren, die Ungunst oder Gunst der Stunde zu bestimmen hatten. Im Essen, im Trinken war er maßlos. Um seine regelmäßigen Ausschweifungen ungeschehen zu machen, hatte er sich, so B. Cellini, eine ebenso regelmäßige »Kotzstunde« verordnet.

Andererseits war dieser Papst, der traditionell zu Allerseelen zwölf Fackeln am Grab seines Vorgängers Alexander VI. Borgia abbrennen ließ, in den Angelegenheiten der Lehre streng: Unter anderem rief er 1542 das Hl. Offizium ins Leben, jenes berüchtigte Inquisitionsamt gegen die Häresien, das – unter einem angepaßteren Namen – noch heute wirkt. Auch war Paul III., ein meisterlicher Diplomat und Förderer Michelangelos, um die Reform der Kirche eifrig besorgt. 1545 wurde das gegenreformatorische Konzil von Trient eröffnet, das berühmt werden sollte.

Paul III. suchte stets unter glücklichen Gestirnen zu stehen und glaubte, alle bedrohlichen Stürme beschwören zu können. Er erschien am 10. September 1547 besonders heiter, zählte in der Audienz die Glücksfälle seines Lebens auf und verglich sich dabei mit dem römischen Kaiser Tiberius. Am selben Tag wurde sein – vermutlich homosexueller – Sohn Pier Luigi in Piacenza ermordet, ein politisch motiviertes Verbrechen. Ein Sohn wird nicht schon deswegen verschont, weil sein Vater Papst ist.

Papst Paul III., der auf dem Sterbebett den Kardinälen, darunter den drei Enkeln, vor allem seine Nepoten anempfahl, hat das wohl beeindruckendste Grabmal bekommen, das der Petersdom aufweist. Das Monument ist aber nicht nur wegen seiner Schönheit berühmt geworden. Eine der Frauenstatuen, die es schmücken, die völlig nackte, weil vorurteilslose, nichts verbergende »Gerechtigkeit«, ist derart lebensecht und sinnlich gestaltet, daß der römische Volksdichter G. G. Belli berichtet, päpstliche Wachen hätten einmal vor dieser Statue einen englischen Lord angetroffen, wie er »einen obszönen Akt vollzog«. Unter dem hemmungslosen Nepotistenpapst Klemens VIII. (1592–1605) wurde dieser Frau (wohl *Giulia La Bella* selbst oder aber die Papsttochter Costanza) ein – allerdings abnehmbares – Metallhemd verpaßt. Moral und Unmoral liegen wieder einmal sehr nahe beisammen.

Paul III., ein Feind der Borgia, wie es sich nahelegte, war angeblich aus Kummer über seinen eigenen unvollkommenen Nachwuchs gestorben. Von einem Papst, der aus Kummer über seine unvollkommene Kirche gestorben wäre, ist bis heute nichts bekannt geworden.

Schon gar nicht ließ der Nachfolger des Farnese-Papstes, Julius III. del Monte (1550–1555), etwas in dieser Hinsicht hören. Er, der 1545 als erster Kardinal dem Konzil von Trient präsidiert hatte, beschäftigte sich vor allem mit Maskeraden, Stierkämpfen, Jagden, Glücksspielen um höchste Summen und Gastmählern, die gewöhnlich in ordinäre Lustbarkeiten ausarteten. Gleichzeitig aber hielten wie schon unter Paul III. Heuchler dem toten Alexander VI. Borgia ähnliche Vergnügungen vor.

Der *hilaritas publica* (öffentliche Heiterkeit, allgemeiner Frohsinn), die Julius III. auf einer Medaille verherrlichte, widmete er sich stets eifriger als seinen Amtspflichten. Der Papst, ein ringsum bekannter Witzeerzähler und Kartenspieler, errichtete auf dem linken Ufer des Tiber eine luxuriöse

Villa, ließ sich bei jeder Gelegenheit auf teppichgeschmückten Lustbooten zu diesem Ruhesitz fahren, feierte rauschende Feste mit den Seinen – und fand Finanziers.

Selbstverständlich vergaß Julius III., der kaum die äußeren Formen seines Amtes zu wahren wußte (H. Kühner), seine Familie nicht. Ein Enkel seines Vorgängers hatte Diana von Frankreich, die uneheliche Tochter des französischen Königs Heinrich II., geheiratet. Um so dringlicher war es, daß der amtierende Papst eigene Erfolge vorwies: Zwei Nepoten wurden zu Kardinälen erhoben, und, einer der Höhepunkte des päpstlichen Wirkens, ein siebzehnjähriger Affenwärter 1550 zum Kardinal gemacht. Der aus der Gosse aufgestiegene Jungmann, den der Bruder des Papstes hatte adoptieren müssen, um wenigstens ein wenig die Form zu wahren, fungierte während seiner Blitzkarriere als Innocenzo del Monte – und galt als der 1532 geborene uneheliche Sohn des Heiligen Vaters. Er gehörte 22 Jahre lang dem Heiligen Kollegium an.

Die Historikerin B. Tuchman macht für die Päpste der Renaissance insgesamt drei herausragende Haltungen aus: die völlige Mißachtung der unzufriedenen Massen, den Primat der Selbstvergottung und die Illusion eigener Unverwundbarkeit. Alle drei Haltungen sind »Aspekte der Torheit«, wie sie diesen Regenten zu eigen war, ohne daß sie einem von diesen aufgefallen wäre.

»Nicht nur das Tragische schmerzt; auch das Groteske führt Waffen, würdelose, lächerliche zwar, doch auch sie verletzen.« (G. Greene)

XIII.
Hinauf, hinauf, ans Geld!
Wie sich sogar der Zölibat ertragen läßt

»Kein ärmer vich uf erden ist / dan pristerschaft, der narung gebrist.«

Sebastian Brant, 1494

»Ob der Mensch an Reichtum … Überfluß habe oder Mangel leide, darauf kommt es für die ewige Seligkeit nicht an.«

Papst Leo XIII., 1891

Diego Velázquez
Papst Innozenz X.
(1650)

Nepotismus (von lat. *nepos*, Neffe, Verwandter) meint die mehr oder weniger offen gezeigte, doch stets nachdrückliche Sorge der Heiligen Väter für Personen und Belange der eigenen Familie. Der Nepotismus stellt durchaus nicht das vorübergehende, leicht zu isolierende Einzelphänomen dar, als das ihn Kirchenhistoriker darzustellen suchen. Im Gegenteil, er zieht sich in seinen Spielformen quer durch die meisten Jahrhunderte des Papsttums – bis hinein in die Mitte des 20. Jahrhunderts. Da das gebräuchliche Wort »Kardinalnepot« zu sehr vom Vater ablenkt sowie die Neffen ausschließt, die keine Kardinäle, dafür beispielsweise Herzöge wurden, wähle ich die Bezeichnung »Papstnepot«.

Die Existenz von Papstkindern habe »für die Gesamtkirche keinerlei negative Auswirkungen« gehabt, meint A. Uhl. Wirklich nicht? Allein die finanziellen Auswirkungen, die Kosten in Millionenhöhe wirkten negativ genug. Das bekannte Wort »Habemus papam« bekam für einige wenige seinen tieferen Sinn: »Hatte« eine Sippe einen Papst aus der Reihe der Ihren gewonnen, zahlte sich das aus, oft über Jahrhunderte hinweg.

Zwischen 1493 und 1899 haben nicht weniger als 114 Geistliche, die Nachkommen eines Papstes waren, den roten Hut eines Kardinals erhalten.

Warum ist die Rede von Neffen? *Si non caste, tamen caute*,

wenn schon nicht keusch, so doch vorsichtig, hieß (und heißt) ein probates Prinzip. Nach ihm ließ sich sogar der Zölibat ertragen. So wurden die leiblichen Söhne eines Papstes, da es sie eigentlich nicht geben konnte, eben »Neffen« genannt, aus dem Vater Papst wurde ein Onkel, und alles hatte seine Richtigkeit.

Es gibt nichts Traurigeres als Kinder, denen ihr bloßes Dasein zum Vorwurf gemacht wird.

Simonie, der Verkauf geistlicher Gnaden und Ämter, und Nepotismus, die Förderung der jeweiligen Familie und Sippe durch einen Papst, sind spezifisch oberhirtliche Wortschöpfungen. Nicht von ungefähr. In diesen und ähnlichen Methoden, sich Geld zu beschaffen und Geld richtig anzulegen, waren Hirten wegweisend. Sie haben Epochen geprägt – und verdorben. Selbstverständlich waren Wucher, Simonie, Nepotentum von denselben Kirchenfürsten strikt untersagt, die sie – privat, halböffentlich, offiziell – bis zum Exzeß betrieben. Doppelmoralisches Verhalten ist unter Oberhirten nicht unüblich. Ein Prinzip im Kirchenfürstentum lautet: Je häufiger ein Laster untersagt wird, je lautstärker Hirten darüber klagen, desto fröhlicher wird es ausgeübt. Päpste verboten immer wieder den Kauf der Papstwürde; bei Dutzenden unter ihnen war das Bestechungsgeld erfolgreich. Schon im 4. Jahrhundert lassen römische Bischöfe ihre Wähler bestechen. Und so geht es weiter.

Bereits Klemens VI. (1342–1352), ein Papst mit einer geradezu orientalischen Verschwendungssucht (H. Kühner), hatte mehrfach geprahlt, seine Vorgänger hätten nicht verstanden, Papst zu sein. Er zog Konsequenzen: Finanzmanipulationen größten Stils sind für ihn charakteristisch. Allein die beanspruchten Taxen für den Erwerb vakanter englischer

Pfründen überstiegen die Einkünfte des Königs von England um das Fünffache. »Will der englische König«, meinte dieser Heilige Vater, »seinen Esel zum Bischof ernannt haben, braucht er mich nur zu fragen!«

Französische Könige erhielten von Klemens VI. Millionenanleihen in Goldgulden für die Fortsetzung des Hundertjährigen Krieges; der deutsche Kaiser Ludwig IV. hingegen wurde Sonntag um Sonntag in den Kirchenbann getan.

Als Klemens VI. an einem Leiden, das er sich im Bett geholt hat, stirbt und seine Geliebten, Nepoten und anerkannten Kinder aufgeben muß, wird er nach eigenem Wunsch in einem Grabmal mit 44 Marmorsäulen beigesetzt (von Calvinisten 1562 zerstört). Auch seine sämtlichen Favoriten nebst den Frauen, Kindern und Enkeln seines fürstlichen Hauses sollten in diesem Monument ruhen – die einmalige Selbstverherrlichung einer Papstdynastie.

Pius V. verbot zwar zweihundert Jahre später (1567) die Vergabe weltlicher Territorien an Nepoten, und Innozenz XII. war nach weiteren hundert Jahren (1692) so beherzt, den Nepoten durch eine eigene Bulle »auf ewig« den Garaus zu machen und jede Form der Förderung für immer zu verbieten. Genützt haben die päpstlichen Verdikte so wenig wie die bis in die Gegenwart hinein aufrechterhaltenen Verbote von Wucher und Simonie. Offensichtlich gehören diese Laster so eindeutig zum System, daß sie strukturell genannt werden müssen.

Neuerdings wird beklagt, unter diesen Umständen sei es beinahe unmöglich gewesen, die eigentlich kirchlichen Interessen gegen die Päpste durchzusetzen. Andererseits habe der Nepotismus nur während des sogenannten Renaissance-Papsttums geherrscht. Beide Annahmen sind falsch. Einmal macht die gescholtene Renaissance keine Ausnahme, und zum zweiten lassen sich irgendwelche eigentliche Interessen der Kirche nicht gegen die erwähnten Methoden der Geld- und Hausmachtbeschaffung abgrenzen; beide sind identisch. Was sich die Hirten auf diesem Gebiet leisteten, war aus dem System geboren und blieb systemgerecht.

Wer sein Amt als Ausübung von Gewalt von Menschen über Menschen versteht, verginge sich an der eigenen Idee, schüfe und stabilisierte er nicht deren äußere Bedingungen. Es läßt sich auch hierin keine Mohrenwäsche betreiben; für Ehrenrettungen dieser Art eignet sich der Gegenstand nicht.

Das Finanzsystem des Kirchenfürstentums war nicht nur für dieses selbst von Bedeutung; es gab ein Beispiel für Europa ab. Die ausgiebigen Wechselgeschäfte des Mittelalters verdanken sich der Natur der päpstlichen Einkünfte. Taxen waren immer fällig, waren von überall her an die Kurie des Oberhirten zu entrichten; das prägte sich den Menschen ein, verlockte die Fürsten zum Nacheifern.

Zwar zahlte ganz Europa an den jeweiligen Heiligen Vater, doch war dieser selten flüssig. Denn das Geld, das in Form von Taxen, Steuern und Spenden nach Rom floß, verteilte sich dort sofort auf tausend Hände. Die vielen Ämter, deren Einkünfte der Pontifex selbst nur einstrich, wenn sie neu zu besetzen waren, fraßen das Gold in aller Stille auf. Wollte der Papst eine kostspielige Unternehmung des Hirtenamtes finanzieren, Kreuzzüge oder Türkenkriege mitbezahlen, zu denen ihn die eigene Ideologie trieb, mußte er sich anderweitig umtun. Das hieß noch intensivere Geldwäsche betreiben, teurere Gnadenerweise erfinden, neue Jubiläen feiern, häufiger Heilige Jahre veranstalten, weitere käufliche Ämter ausschreiben. 1471 gab es bereits um 650 solcher Posten; ihr Kaufpreis betrug an die 100000 Dukaten. Vierzig Jahre später war die Zahl der Ämter auf 2150 angewachsen; ihr Preis lag jetzt bei 230000 Goldstücken.

Geld und geistliche Gnaden wurden so unverfroren gleichgesetzt wie heute Kirchensteuer und kirchliche Caritas. Die Heiligen Väter brauchten Geld, und nichts war leichter zu Geld zu machen als »Gnade«. Waren dann die Beträge eingegangen, konnten die Verkäufer feiern. Aber nichts half den Hirten weiter. »Daß Leo X. jemals tausend Dukaten beisammenhalten sollte, war ebenso gut unmöglich, als daß ein Stein von selbst in die Höhe fliege«, meinte ein Kenner. Ein Papst lieh sich Geld, wo immer er es bekommen konnte; sein Tod ruinierte alle Gläubiger, zumal kein Nachfolger sich verpflichtet sah, für die Schulden aufzukommen Die Einkünfte des Kirchenstaats lagen beim Tod Pauls III. (1549) bei 700000 Dukaten; freilich hinterließ der Papst auch 500000 Dukaten Schulden.

Denn die Taschen der lieben Verwandten standen ebenso offen wie die der Postenkäufer, die sich für den Erwerb ihrer Lizenz entschädigen ließen. Die Verschuldung wuchs ins Gigantische. 1587 waren die päpstlichen Einnahmen auf 1,58 Millionen, die Verbindlichkeiten auf 12,24 Millionen gestiegen; 1599 verschlangen die Zinsen, die zu zahlen waren, drei Viertel des Gesamteinkommens. 1623 betrugen die Schulden 18 Millionen (bei 1,8 Millionen Einnahmen); ein Jahrzehnt später erhöhte Urban VIII., dessen Schreibtisch übersät war mit den Plänen von Kanonen und Festungsanlagen, auf dreißig Millionen.

Die Reihe der Papstnepoten ist lang. Über Jahrhunderte hinweg sollen sich die Stellvertreter Christi gezwungen gesehen haben, sich um eine eigene Hausmacht zu bemühen, um ihre Stellung zu festigen. Wer oder was hat die Päpste eigentlich gezwungen? Ihr Machtanspruch? Ihre Gier, sich auf dem Thron zu halten? Ihre alles andere als biblische Bindung an die Sippe? Das letzte Wort ist hier noch nicht gesprochen, die Frage, warum auch und gerade die Päpste handeln mußten wie der letzte Duodezfürst, nicht beantwortet.

Noch mehr: Gleichsam als sittliche Verpflichtung (auf der Grundlage des Evangeliums?) legitimieren kirchennahe Historiker noch immer die päpstliche Sitte, den eigenen Angehörigen zukommen zu lassen, was die Kasse des Kirchenfürstentums hergab. Verwandte jeden Grades wurden dotiert, auf einflußreiche Posten gehoben, mit Leckerbissen aus oberhirtlichen Pfründen gesättigt. Ganze Territorien, die aus dem Grundbesitz des Kirchenstaats geschnitten waren, gingen in die Hände der Neffen über. Nichten, denen patriarchale Mentalität keine Herrschermacht anvertrauen wollte, wurden anderweitig abgefunden.

Nepoten früherer Päpste hatten, wenn sie nicht selbst Papst wurden, allerhand zu befürchten. Nicht wenige unter ihnen fielen dem Haß des Nachfolgers zum Opfer, wurden verfolgt, verbannt, ermordet. Freilich taten die Neffen alles, um es soweit nicht kommen zu lassen: Am meisten nützte ihnen, wenn ihr Hauspapst so viele von ihnen zu Kardinälen erhob, daß auch im nächsten Konklave das eigene Haus über eine veritable Mehrheit verfügte und die Wahl eines feindlichen Hirten zu vermeiden war. So gingen bare 48 Kardinäle als Papstnepoten Urbans VIII. 1644 ins Konklave, Kreaturen des hingegangenen Onkels; nie zuvor hatte es eine ähnlich starke Faktion gegeben. Aber dennoch gelang es ihnen nicht, ihren Kandidaten durchzubringen, den Kollegen Sacchetti; über dessen Karriere später ein Detail.

Bereits Bonifaz IX. (1389–1404) hatte den Kirchenstaat in Vikariate aufgeteilt, die sich gewinnbringend an zahlungskräftige Familien und Erb-Tyranneien verpachten ließen. Die Papstkirche, schon im Mittelalter die entschiedenste Vertreterin eines mit rationellen Mitteln gestützten Machtgedankens, sah inzwischen, daß der Ausbau eines zentralistischen Machtapparates vor allem Geld braucht (A. v. Martin). Sie wurde mit zur treibenden Kraft im Abbau der mittelalterlichen Wirtschaftsordnung. Und die Kurie in Rom wird mehr und mehr zur *mater pecuniarum*, zur Mutter aller Geldgeschäfte. Nach L.B. Alberti († 1472) waren »bekanntlich fast alle Priester im höchsten Grad geldgierig«.

In der Renaissance hatten die Päpste, sobald sie nach dem Avignoneser Exil sowie einigem Hin und Her endgültig nach Rom zurückgekehrt waren, die Ansichten und den Lebensstil der räuberischen Fürsten übernommen, die in den italienischen Stadtstaaten herrschten. Reich und vornehm, gewissenlos und in endlose Streitereien miteinander verwickelt, waren die Herrscher über Italien infolge ihrer Uneinigkeit und der Beschränktheit ihrer Territorien nichts weiter als Potentaten der Zwietracht (B. Tuchman).

Auch später besserte sich nichts. Die Päpste, die den weltlichen Herrschern in Habgier, Verschwendungssucht und Mammonismus nicht nachstehen wollten, machten es nicht besser als ihre Vorbilder, aufgrund ihrer Stellung eher schlechter. Ständig blieben sie auf der Suche nach neuen Möglichkeiten, Profite aus ihrem Amt zu schlagen. Fast jeder Papst war voller Ehrgeiz, ein Familienvermögen anzuhäufen, das ihn überdauern sollte.

Doch wo findet sich der Mann im öffentlichen Leben und Amt, der nicht entweder des Geizes oder der Verschwendung beschuldigt worden wäre?

Die Päpste mischten sich wie jeder andere Fürst in die Politik, in eine Politik der ständig wechselnden Bündnisse, der Intrigen und Täuschungsmanöver, die sich ohne beharrliches Interesse und ohne leitendes Prinzip einzig und allein an den vermeintlichen Machtverhältnissen des Augenblicks ausrichtete. Weil das politische Gleichgewicht so brüchig war, scheiterten Abmachungen immer wieder an Vertragsbruch oder Verrat, so daß es möglich, vielleicht sogar notwendig wurde, ein überlegtes, planvolles Handeln durch Unredlichkeit, Bestechung und Verschwörung zu ersetzen.

Die Kirche selbst, vor allem ihr Papsttum, war in eine Zwittersituation geraten: Zum einen stellte ihre eigene biblische Tradition, die nachzulesen war, bestimmte Forderungen an sie, zum anderen verlangte ihr finanzielles Interesse meist das Gegenteil von dem, was da geschrieben stand. Die Institution mußte also einen Mittelweg suchen. Sie fand ihn freilich schnell, indem sie wie gewohnt den Weg des geringsten Widerstandes einschlug.

»Die Tugenden des Papstes wurden bei weitem von seinen Lastern übertroffen: obszöne Sitten, mangelnde Ernsthaftigkeit, mangelnde Keuschheit, mangelnde Schamhaftigkeit, keine Wahrhaftigkeit, weder Glaube noch Religion, unersättlicher Geiz, maßlose Ruhmsucht, Grausamkeit und endlich das barbarische und brennende Begehren, die Kinder auf jede erdenkliche Weise zu erhöhen«, schreibt F. Guicciardini, als ein Nachfolger des Cesare Borgia Befehlshaber der päpstlichen Truppen und seit 1524 Kommandant der gesamten Romagna.

Guicciardini, der die Borgia sich nicht entwickeln, sondern von Anfang schlecht sein und ihre Laster maskieren läßt (M. Hermann-Röttgen), orientiert sich bis ins Detail an einem überlieferten – und kurz nach dem Pontifikat Alexanders VI. wiederbelebten und rückwärtsgewandten – Sünden- und Lasterkatalog. Dieser listet die sogenannten Sieben Todsünden auf, eine wohlfeile Handhabe, dem Borgia, dieser »Schlange, die eine ganze Welt vergiftete«, am Zeug zu flicken. Mit der Frage nach eventuellen Motiven hält Guicciardini, der nichts Genaues wissen kann, sich erst gar nicht auf; sie liegen griffbereit.

Wieder die These vom Einzelfall Rodrigo Borgia, den es nun einmal, was jeder versteht, unter 270 Päpsten geben mußte?

Doch sie hält sich nicht, die entschuldigende These, so suggestiv sie ist. Nachweislich blieb »das barbarische und brennende Begehren« nicht auf Alexander VI. beschränkt. Dutzende von Päpsten haben es verspürt – und nichts unternommen, es zu löschen.

Jeder Hausvater, nicht zuletzt der Inhaber des Papstamtes, war das Schattenbild Gottes und des absolutistischen Fürsten. Er verwaltete die Familie, leitete sie und erhielt den Wohlstand, ein Prinzip der Einheit und der Ordnung (J. van Ussel). Sein »Haus« bildete einen möglichst autarken Mikrokosmos, von dem Nichtmitglieder die Finger zu lassen hatten. Familie oder Sippe galten zuerst als Einheiten des Besitzes. Das Zusammenleben kam ohne intensive emotionale Interaktionen aus. Intimität im heutigen Sinn war kaum gefragt.

Und das neuzeitliche »Kind« stellt nur eines der möglichen Modelle des Kindseins dar – ein infantiles. Deswegen eignet es sich so gut für Herrscher aller Art, Päpste nicht ausgenommen: Sie kosen jedes Kind, das ihnen entgegengehalten wird. So etwas möchte die Masse sehen. Was sich der Herr sonst leistet, ist vergessen.

Kein Wunder, daß Päpste und Bischöfe die Symbole der »Vatergewalt« lieben, mit Hirtenstäben und ähnlichen Phallussymbolen glänzen, hohe Hüte (Mitren) tragen. Diese Schmuckstücke sind samt und sonders fremden Herrenkulturen entliehen, die päpstliche Tiara den persischen Großkönigen, der Krummstab byzantinischen Marschällen. Und die Hirten kommen durch den Gebrauch solcher Herrenzeichen dem Willen zu Unterwerfung und Gehorsam der Ihren entgegen, bestätigen die in sie gesetzten Erwartungen – und verlängern die Infantilität der Gotteskinder von Epoche zu Epoche.

So konnte, nur ein Beispiel, noch im 19. Jahrhundert aus jedem Anlaß der Papst, dieser »Vizegott der Menschheit«, bejubelt werden. Der englische Laiendogmatiker W. C. Ward wünschte sich seinerzeit »zu jedem Frühstück eine Enzyklika«; die offiziöse Zeitung des Vatikans schrieb, es sei Gott, der im Papst denke, wenn dieser meditiere. Jenem Papst, Pius IX. (1846–1878), wurde von seinen Schafen sogar Wunderkraft angedichtet: Oberhirten schickten Wäschestücke und Haare des Papstes zu Heilzwecken ins Land, und der belgische Erzbischof Dechamps zeigte sich davon überzeugt, der päpstliche Segen könne wie »der Schlag der Vorsehung« wirken. Drei Jahre nach dem Tod dieses Papstes wäre der Sarg mit seinem Leichnam freilich von einer aufgebrachten Menge beinahe in den Tiber geworfen worden.

Doch kindliche Ergebenheit blieb das Charakteristikum der Herde. Die Hirten wußten dies zu nutzen.

Der extrem grausame Paul IV. Carafa (1555–1559), kahlköpfig, schmal, arthritisch, wollte sich als Antipode zu den Borgia-Päpsten verstanden wissen. Er verstärkte, schon um von sich selbst abzulenken, die Verdammung Alexanders VI., an dessen Grab er den Leibhaftigen zu sehen glaubte. Auch dessen Familie, die ein halbes Jahrhundert lang die Geschichte Europas beeinflußt hatte, haßte er. Das hielt ihn nicht davon ab, seinerseits den übelsten Nepotismus zu betreiben. Sein Neffe Carlo, ein wüster Söldner, wurde Kardinal, dessen Bruder, ein ähnlich brutaler Abenteurer, Generalkapitän der Kirche.

Der erst im Alter von 79 Jahren gewählte Heilige Vater war, den Arm »bis zum Ellbogen ins Blut getaucht«, ein veritabler Sadist. Er schlug Kardinäle eigenhändig mit dem Stock, trat den Stadtpräfekten Roms mit Füßen, fluchte nach Belieben. Auch ließ er die Scheiterhaufen anheizen, die Juden ins Ghetto stecken, sie gelbe Hüte tragen, zwei Dutzend von ihnen öffentlich verbrennen, einen »Index der verbotenen Bücher« erstellen. Die Werke Machiavellis wurden auf diesen Index gesetzt (1559), ihr Autor von Jesuiten in Ingolstadt symbolisch verbrannt.

Pius IV. de' Medici (1559–1565) hatte drei eigene Kinder, die er verschwieg. Sein Pontifikat begleiteten um so mehr Gerüchte; er zeugte angeblich noch als Papst Kinder. Doch scheint er die Seinen vergleichsweise wenig gefördert zu haben.

Gregor XIII. Boncompagni (1572–1585), von Natur heiter und lebenslustig (L. v. Ranke), hatte noch vor seiner Wahl zum Papst außerhalb einer Ehe einen Sohn namens Giacomo (1548–1612) gezeugt. Diesen unterstützte er nach Kräften: Er erhob ihn zum Bannerträger der Kirche, offenbar ein unter Papstsöhnen beliebtes Amt, erhob ihn zu fürstlichen Würden und verheiratete ihn sinnigerweise mit einer Urenkelin seines Vorgängers Paul III. (bei dieser Gelegenheit wird der Bruder der Braut schon mal zum Kardinal vorgemerkt). Auch ließ der Papst seinen Sohn von Venedig zum Nobile, von Spanien zum General, von Rom zum Ehrenbürger machen. Ein Enkel (1621) wie ein Urenkel (1664) erhalten von späteren Päpsten den roten Hut. Nachfahren des päpstlichen Fürstenhauses Boncompagni sind noch heute in Rom seßhaft.

Klemens VIII. Aldobrandini (1592–1605) dagegen schenkte während seiner Regierung den Nepoten eine Million bar auf die Hand. Vier Mitglieder der Familie, darunter zwei unfähige Schüler, wurden Kardinäle; Neffe Gian Francesco der erste päpstliche Barockfürst.

Paul V. Borghese (1605–1621) finanzierte zwar den Krieg mit, der als Dreißigjähriger Krieg in die Geschichtsbücher eingehen sollte, doch gab der Heilige Vater weitaus geringere Summen für die als gerecht gepredigte katholische Sache aus als für sein Haus Borghese. 1612 zog ein Papstnepot aus seinen kirchlichen Pfründen 150000 Goldstücke pro Jahr. Die Geschenke, die Paul V. den Seinen machte (der Name dieses Papstes steht in Riesenlettern an der Fassade des Petersdoms), sind in eigenen Verzeichnissen nachzulesen: Edelsteine, Silbergeräte, prächtige Tapeten und fürstliches Mobiliar wurden direkt dem Papstpalast entnommen und der Sippe überbracht; Karossen und Prunkwaffen folgten.

Die Hauptsache aber blieb stets – und bei allen Päpsten – das Bargeld. Dieses ließ sich ohne Umschweife weitergeben oder, was weitsichtiger wirkte, in Grund und Boden anlegen.

Die Familie Pauls V. brachte allein in der römischen Campagna achtzig Landgüter an sich. Päpstliche Privilegien ermöglichten es ihr, den Besitz relativ unangefochten und steuerfrei zu genießen.

Gregor XV. (1621–1623), der nicht lange zu leben glaubte, kaufte nach seinem Amtsantritt flugs zwei Herzogtümer für die Familie und finanzierte die Kaufsumme von einer Million in Gold aus der Kirchenkasse. Zudem sicherte er der Sippe durch kluge Verheiratungen vier weitere Fürstentümer und übergab, nachdem er alles getan hatte, was seiner Meinung nach ein Papst leisten konnte, die weitere Regierung einem fünfundzwanzigjährigen Nepoten. Der Heilige Vater war im übrigen bei seinem Amtsantritt gelobt worden, weil er der Frau treu blieb, die seine Gunst genossen hatte, als er noch Kardinal war.

Urban VIII. Barberini (1623–1644), ein ungewöhnlich von sich eingenommener Hirte, ließ es zu, daß die Neffen den gesamten Haushalt des Kirchenstaats ruinierten. Der Papst zahlte angeblich allein seinen ersten drei Nepoten fünfzehn Millionen in Gold. Hinzu kamen die Erträge aus zwanzig Pfründen. Kein Wunder, daß die Herren sich Hoftheater für jeweils 3000 Besucher genehmigten. Die Familie des Papstes wurde zur größten Grundbesitzerin im Kirchenstaat. Die Ausgaben des Oberhirten für die katholische Sache im Dreißigjährigen Krieg nehmen sich vergleichsweise bescheiden aus. In fünf Jahren kam keine halbe Million zusammen; die Monatsraten betrugen jämmerliche 6000 Goldstücke.

Der Bruder Urbans VIII., Generalkapitän der Kirche, war von Anfang an zielstrebig vorgegangen, um mit dem Segen des Papstes der Familie die Zukunft zu sichern. 1625 heißt es von ihm: »Er weiß, daß der Besitz von Geld einen vom großen Haufen abhebt, und er hält es nicht für angemessen, daß jemand, der einmal einen Papst zum Verwandten hatte, nach dessen Tod in beschränkter Lage erscheine.« Verständlich, daß die Herde munkelte, während der Regierung Urbans VIII. seien der Familie Barberini nicht weniger als 105 Millionen Dukaten in den Schoß gefallen. Ebenso einleuchtend, daß der Oberhirt sich den Nachschub bei der Herde besorgte. Seine Steuern legten sich auf alles und jedes, auf Brennholz, Salz, Brot und Wein, auf Schrot für die Vogeljagd.

So sollte, wenn schon von Kulturtaten der Päpste geredet wird, eines nicht vergessen werden: Es gelang den Heiligen Vätern auch in Sachen Steuermoral, Europa den richtigen Weg zu weisen.

Bereits unter Benedikt XII. Fournier (1334–1342) hatte sich eine Art päpstliches Geheimkabinett herausgebildet. Sekretäre übernahmen mehr und mehr die wichtigsten Tagesgeschäfte, bildeten schließlich ein ganzes Kollegium und überließen einem der Ihren die Führung. Später war dies meist ein Kardinal, fast immer ein Nepot des regierenden Papstes. Ihm konnte der Oberste Hirt am ehesten vertrauen. Ihn zog er in geheimen politischen Angelegenheiten heran, ihn überhäufte er mit Pfründen, Würden, Geld.

Einen der Ihren zur höchsten Würde erhoben zu sehen, die das Kirchenfürstentum Katholische Kirche vergibt, bedeutete den Beginn besonderen Glücks für eine Familie. Den Vetter, Onkel, Vater als Papst zu erleben hieß früher oder später Geld, Gut, Grund zu erben. Noch heute zehren italienische Adelsfamilien vom jeweiligen Glücksfall, gehören sie zu den reichsten Sippen des Landes. Verständlich, daß sie sich in den Fragen der italienischen Innenpolitik noch immer auf die Seite des Papstes schlagen, den »schwarzen Adel« Roms bilden, den Vatikan nicht nur ideologisch stützen.

1991 öffnete eine dieser Familien, die Sacchetti, dem Volk ihren Palast und ließ, erstmals seit ein paar hundert Jahren, die Herde bestaunen, was eine Hirten-Sippe aufhäufte. Bisher war es für die einfacheren Leute unmöglich, hinter die Kulissen zu schauen. Empfingen die Fürsten und Prinzen des schwarzen Rom früher ihre Untertanen, mußten diese im Vorraum auf die Audienz warten oder auf den an den Außenmauern angebrachten Steinbänken sitzen, bis die Hoheit vorbeikam. Die Bank, ein demokratisches Möbelstück; Herren nehmen auf Stühlen Platz, und nicht der unbequemste unter ihnen nennt sich Heiliger Stuhl.

Vielleicht wollten die Nachfahren Wiedergutmachung leisten. Als einer der Ihren, stadtbekannt als besonders plünderungshungrig, im 17. Jahrhundert zum Papst gewählt werden wollte, hatten die Römer geraten: »Nehmt nur nicht den Sacchetti, er schlägt Rom in *pezzetti* (Stücke)!« Und wirklich hatte der Nepot Urbans VIII., wenn auch aus anderen Gründen, sein Ziel nicht erreicht. Seine Familie blieb reich bis heute. Zu ihrer Ausstellung von 1991 steuerten römische Papstfamilien – die Colonna, Borghese, Barberini – Schaustücke bei. Alles in allem belief sich der Versicherungswert der Sacchetti-Ausstellung mit dem passenden Namen »Römische Pracht« auf siebzig Millionen DM.

Immerhin machte sich Urban VIII. gegen Lebensende Gedanken, ob er, ein Nepotist reinsten Wassers, unbesorgt vor Gottes Angesicht treten könne. Eine Beratergruppe, aus Kardinälen und Jesuiten zusammengesetzt, beruhigte das Gewissen ihres obersten Herrn: Da sich die Nepoten viele

Feinde gemacht hätten, sei es die Pflicht des Papstes gewesen, diese finanziell und militärisch zu unterstützen, damit deren Ehre auch nach seinem Tod erhalten bliebe.

Nachfolger Innozenz X. Pamfili (1644–1655) bedurfte eines solchen Trostes nicht. Das Kirchenfürstentum geriet völlig in die Hände der Schwägerin des Papstes. Ein englischer Biograph berichtet, diese eigentliche Herrin im Vatikan habe den Papst, wenn sie kurzfristig anderswo zu tun hatte, regelmäßig in seinem Zimmer eingesperrt und den Schlüssel mitgenommen.

Olimpia kassierte bei allen Amtsverleihungen mit, ihr machten die Botschafter beim Hl. Stuhl zuerst ihre Aufwartung, ihre Gunst suchten fremde Höfe durch Geschenke zu erwerben, ihr Bild stellten Kardinäle in ihren Palästen auf. Der Heilige Vater, der eine »morbide Leidenschaft« (M. Lucentini) zu dieser Frau hegte, ließ sich von Donna Olimpia die Ernennung ihres Sohnes und ihres Neffen zu Kardinälen aufschwatzen. Der eine war zu diesem Zeitpunkt fünfundzwanzig, der andere siebzehn Jahre alt. Als Olimpia Maidalchinis Sohn freilich eine noch bessere Partie machen und die reichste Erbin in Rom heiraten konnte, gab er seine Kardinalswürde sofort dran.

Durch Erpressungen und Schiebungen gelang es der heiligen Familie des Papstes, den Kirchenstaat auszunehmen. Die jahrelangen Hungersnöte im Land kümmerten den Stellvertreter Christi nicht. Vor seinem Tod konnte dieser gerade noch daran gehindert werden, ein siebenjähriges Kind zum Kardinal zu machen. Die Schulden des ausgebluteten Papststaats betrugen um 1670 gegen 52 Millionen Dukaten. Immer häufiger mußten die Gläubiger an der Verwaltung des Kirchenfürstentums beteiligt werden.

Wie pietätvoll gehen Verwandte aber miteinander um, wenn die Quelle versiegt, die sie versorgte? Es finden sich genug Beispiele für die besondere Auffassung, die oberhirtliche Sippen von der Dankbarkeit nach dem Tod hatten. Kaum ist der Kirchenfürst gestorben, dem eine Familie alles verdankt, erinnert sich niemand mehr an ihn.

Nach dem Tod Papst Innozenz' X., der Millionen an die Seinen vergeben hatte, verschwanden die Nepoten in alle Himmelsrichtungen und ließen sich nie wieder sehen. Schwägerin Olimpia, die den Heiligen Vater seine Regierungszeit hindurch ausgenommen hatte, rafft zusammen, was sie bekommen kann. Den Sarg für den toten Gönner zu bezahlen weigert sie sich, weil sie eine mittellose Witwe sei. So bleibt der Leichnam tagelang unbestattet liegen, bis er – für einen halben Dukaten! – ein armseliges Grab erhält.

Innozenz XII. Pignatelli (1691–1700), Nachfolger des hochnepotistischen Alexander VIII. Ottoboni (1689–1691), verbot in der Bulle *Romanum decet Pontificem* (1692) ein für alle mal den Nepotismus. Es hatte sich herausgestellt, daß die Nepoten innerhalb weniger Jahrzehnte neben anderen überreichen Einkünften an die sieben Millionen Dukaten Kirchenstaatsgelder vergeudet hatten. Wieder einmal war ein Papst bankrott.

Wer scherte sich um das Verbot? Päpste bis in die jüngste Vergangenheit hinein jedenfalls nicht.

Benedikt XIII. Orsini (1724–1730) zum Beispiel las irgendwo eine Verbrechergestalt namens Niccolò Cascia auf, machte ihn zum Wahlnepoten, Günstling, Kardinal. Als der Papst starb, betrugen die Schulden seiner Kurie sechzig Millionen in Gold. Der Papstnepot wanderte zwar unter dem nächsten Papst, Klemens XII. Corsini, in die Engelsburg. Doch noch zwanzig Jahre nach dem unseligen Pontifikat Benedikts XIII. erweis es sich als beinahe unmöglich, des Gelichters der Günstlinge, die sich an der Kurie eingenistet hatten, Herr zu werden (H. Kühner).

Es hatte sich herumgesprochen, daß Hirten nicht gar so schlecht leben wie Herden: 1763 sollen über 18 Erzbischöfe, 109 Bischöfe (darunter nur ein nichtadeliger), 40000 Pfarrer, 70000 Hilfspriester, 100000 Mönche und Nonnen, 12000 Domherren in Frankreich gewirkt haben. Im Königreich Neapel finden sich 1734 bei einer Bevölkerung von vier Millionen 22 Erzbischöfe, 118 Bischöfe, 56500 Weltgeistliche, 31800 Mönche und 25600 Nonnen. Allein in Neapel betreiben über 16000 Geistliche das Geschäft mit dem Glauben. Und noch ein gutes Jahrhundert später hat sich die Zahl nicht vermindert. Rom, Hauptstadt des Kirchenstaats, zählt damals gegen 200000 Einwohner. Um sie kümmern sich 74 Kardinäle und Bischöfe, über 1800 Priester und Priesterschüler, 2600 Mönche und 2000 Nonnen, die sich auf 120 Klöster verteilen.

Ausbeutung gehörte zum geistlichen Geschäft. Leibeigenschaft erhielt sich am längsten auf den französischen Klostergütern. Ein Domkapitel im Jura besaß noch im 18. Jahrhundert 12000 Leibeigene und widersetzte sich jeder Einschränkung seiner Feudalherrschaft. Bischöfe und Äbte hatten die Rechte und Pflichten von adeligen Herren. Ihre weitläufigen Besitzungen – die Kirche besaß vor der Revolution ein Fünftel des französischen Bodens – erstreckten sich manchmal auf ganze Städte und wurden nach Art mittelalterlicher Lehen verwaltet. In manchen Gemeinden ernannte der Bischof sämtliche Richter und Beamten. Eigentum und Einkommen der Kirche waren von den allgemeinen Steuern befreit; sie dienten höheren Zwecken.

Die Kirche, die ein Drittel des Gesamtvermögens Frankreichs besaß und nach dem König die reichste Macht im Land war, nahm Jahr für Jahr den Zehnten von den Feldfrüchten und dem Vieh eines jeden Bodenbesitzers ein. Mit diesem Geld, mit Spenden, Vermächtnissen, Pachteinnahmen unterhielt sie ihre Dorfpfarrer in Armut, ihre Bischöfe in Luxus. Sammelte der schlichte Pfarrer den Zehnten, so murrte das Volk. Freilich wußten die Gläubigen, daß mindestens zwei Drittel des Zehnten in die Taschen eines Bischofs wanderten, der sich nie blicken ließ. Hilfsgeistliche mußten damals mit 200 Livres pro Jahr auskommen, während Kardinal E. von Rohan ein Spitzenchorhemd trug, das auf 100000 Livres geschätzt wurde. Zum Vergleich: Die spitzenbesetzte Wäsche für das Prunkbett der Herzogin von La Ferté hatte 40000 Livres gekostet.

Die Kirchenfürsten darbten nicht, doch Luxus war nicht alles, was sie offerierten. Sie machten sich auch nach Kräften um ihre Kirche verdient. So konnte Chamfort 1769 den Unglauben eines Hirten an dessen innerkirchlichem Rang messen: »Der Pfarrer muß ein bißchen Glauben bewahren … der Vikar darf bei einer abfälligen Bemerkung über die Religion lächeln; der Bischof lacht laut auf; und der Kardinal macht selbst noch einen Witz darüber.«

Und ein Papst? Auch Pius VI. Graf Braschi (1775–1799) genoß mit den Seinen Pracht und Pomp – und beantwortete die Französische Revolution, die Immanuel Kant mit Freudentränen begrüßt hatte, durch rigorose Ausnahmegesetze und Polizeiaktionen im Kirchenstaat. Hinzu kam die ausdrückliche Verdammung der Religionsfreiheit (1790) sowie das berüchtigte Breve *Quod aliquantum*, in dem er 1791 von der Höhe eines menschenfernen Papstthrones herab die reine Lehre wahrte – und Gedankenfreiheit, Redefreiheit, Pressefreiheit als »Ungeheuerlichkeiten« verdammte: »Kann etwas Unsinnigeres erdacht werden, als eine derartige Freiheit und Gleichheit für alle zu dekretieren?«

Das kann dem nach eigener Einschätzung unfehlbar agierenden Papsttum nun doch nicht nachgesehen werden. Behaupten Päpste, ihre Kirche sei von allem Anfang an für die Menschenrechte eingetreten, so lügen sie. Die Menschenrechte mußten vielmehr Stück um Stück gegen das Papsttum durchgesetzt werden. Sie hatten Glück, im Vatikan überhaupt einmal, wenigstens theoretisch, zur Kenntnis genommen zu werden. Kann in diesem Zusammenhang schon von Menschenrechten gesprochen werden, dann bezogen sie sich auf das als ganz selbstverständlich geltende Recht der Heiligen Väter, ihrem Vergnügen nachzugehen und ihr eigenes Fleisch und Blut zu bedienen.

Pius VI. hatte seine lange Regierung 1775 mit einem Edikt gegen die Juden eingeleitet, das an die schlimmsten Zeiten päpstlicher Judenverfolgung erinnerte und zu Zwangsbekehrungen und -taufen sowie Einkerkerungen selbst vieler Kinder führte. Seinen eigenen Neffen, den nichtswürdigen Grafen Luigi Ornesti-Braschi, den letzten Staatsnepoten der Kirchengeschichte, versorgte der Heilige Vater um so skrupelloser mit einem Herzogtum, gewiß die Ausübung eines Menschenrechts nach eigenem Gusto.

Nachfolger Gregor XVI. Cappellari (1831–1846), ein militanter Mönch, der seine Wahl dem erzreaktionären Fürsten Metternich verdankte, hielt sich aus welchen Gründen auch immer einen Nepoten besonderer Art, seinen Barbier G. Moroni, der einen verhängnisvollen Einfluß auf ihn ausübte. Der Papst ließ sich auch gern zu fürstlichen Gelagen bitten. Zudem bewährte er sich als Herr des von Korruption und Amtsmißbrauch lebenden Kirchenstaates: Er richtete ambulante Kriegsgerichte ein, ließ Katholiken, die freitags Fleisch aßen, ins Gefängnis werfen, setzte seine Soldaten gegen die eigenen Landsleute ein und wurde für den Tod vieler Menschen verantwortlich. Ganz selbstverständlich verdammte auch er alle »verderblichen Neuerungen« der Zeit und bezeichnete die Gewissensfreiheit als Wahnsinn, die Pressefreiheit als »schändlich und nicht genug zu verabscheuen«. Gasleuchten, Eisenbahnen, Hängebrücken, Impfungen sowie die Abschaffung der Todesstrafe galten ihm gleichermaßen als Ausdruck der Rebellion.

Für den Heiligen Vater, einen getreuen Nachbeter der reinen Lehre seiner Vorgänger, gab es außer dem Recht der Fürsten kein Menschenrecht, noch weniger Völkerrecht. Auch dies war ein Beitrag zur Geschichte des Umgangs der Päpste mit allgemeinen Rechten. Immerhin übernahmen auch Pius IX. (✝ 1878), Leo XIII. (✝ 1903), Pius X. (✝ 1914) die Verdammung der Menschenrechte, beschämende Beweise ihrer Furcht, ihres Seelenterrors, ihrer Herrschsucht bis ins 20. Jahrhundert hinein (K. Deschner).

Und so sind, was Wunder, noch heute alle Ideologien, die zur Inquisition führten, im real existierenden Katholizismus lebendig und gültig. Sie können, bei günstiger Gelegenheit, jederzeit reaktiviert werden; das Potential steht auch in einem postkatholischen Zeitalter bereit.

Leo XIII. Graf Pecci (1878–1903), »das politische Haupt aller Völker, die erste politische Potenz der Welt« (Vatikanblatt

Osservatore Romano), hinterließ bei seinem Tod ein Vermögen in Höhe von 60–70 Millionen. Er hatte sich einmal einen Löwen genannt, seinen engsten Mitarbeiter, den Kardinalstaatssekretär, einen Hund, der ihm zu gehorchen habe. Mit Ausnahme von Souveränen, Prinzen von Geblüt und Kardinälen ließ dieser Heilige Vater, der sich nie mit der Rolle eines Herrschers ohne (Kirchen-)Staat abfand und als »ideale Inkarnation des Stellvertreters Christi« (J. Schmidlin) galt, Menschen nur in kniender Stellung zur Audienz vor.

Ganz unmenschlich war er nicht, hatte er doch in seinen jüngeren Jahren weltliche Genüsse nicht verschmäht, ein leidenschaftlicher Reiter und Jäger, Spezialist für Vogelfang. Er soll sogar während seiner Amtszeit als Päpstlicher Nuntius in Brüssel (ab 1843) ein Kind gezeugt haben. Über dieses ist nichts weiter bekannt. Die Tagebücher des J. Montel von Treuefest, eines bei Pius IX. höchstes Vertrauen genießenden Prälaten, hatten Auskunft über die Vaterschaft des Grafen Pecci gegeben. Sie wurden unter Pius XII. (1939–1958) aus dem Archiv entfernt und sind bis heute verschollen.

Je näher die Päpste der Gegenwart kommen, wird es ohnedies schwieriger, verläßliche Aussagen zu machen. Der Vatikan, der die Kinder früherer Päpste kaum mehr verheimlichen kann, unternimmt alles, um entsprechende Recherchen zu unterbinden. Als ob es eine Schande für die Päpste des 20. Jahrhunderts wäre, ebenso wie ihre Vorgänger Kinder zu zeugen, gilt mittlerweile schon der leiseste Verdacht als Majestätsverbrechen.

Diese Entwicklung führe ich nicht auf eine von Grund auf gewandelte Natur eines Mannes und Papstes zurück. Es handelt sich vielmehr um eine im 18. Jahrhundert einsetzende, von Heuchelei, Prüderie und Apologetik bestimmte, durchweg moralisierende Sicht der Dinge. Doch sobald Moral das Sagen hat, ist der Wirklichkeit kaum mehr beizukommen. Wahrscheinlich aber wird sich die eingetretene Verengung der Perspektive eines Tages wieder ändern.

Woher die Kirchenherren die Dreistigkeit nehmen, sich über das Lebensglück der Menschen zu setzen? Zu bestimmen, was recht ist und was nicht? Ein Kirchenfürstentum, das seine gesamte Geschichte hindurch im Schmutz watete, dessen Nutznießer sich in nichts von denen unterschieden, die sie knechteten, es sei denn in Qualität und Quantität der eigenen Verfehlungen?

Papst Paul VI. Montini (1963–1978) hatte persönliche Schwierigkeiten. Er soll als junger Priester wie noch als Heiliger Vater ein mit Metallspitzen besetztes härenes Unterhemd getragen haben, um sich gegen sexuelle Anfeindungen zu wappnen. Vielleicht wußte er, warum. Denn seine Vergangenheit blieb nicht von Verdächtigungen frei. Im April 1976 erschien ein Artikel des französischen Schriftstellers R. Peyrefitte, der Paul VI. beschuldigte, zu seiner Zeit als Erzbischof von Mailand einen jungen Geliebten gehabt zu haben. Peyrefitte irrte; in eingeweihten Kreisen war es kein Geheimnis, daß Montini nie einen Freund hatte, bevor er Papst wurde, jedoch eine Freundin.

Wäre jedoch Homosexualität, theoretisch als abscheuliche Perversion verdammt, unter Kirchenfürsten unbekannt? Gab es nicht Päpste, nicht dutzendfach Kardinäle und Bischöfe, die sich mit Lustknaben vergnügten? Verdankte nicht sogar der eine oder der andere seine Hirten-Karriere dem Umstand, einem schon Arrivierten für spezielle Spielchen zur Verfügung gestanden zu haben? Hatten die strengen Strafandrohungen des Mittelalters, die einem Bischof, der »mit einem vierfüßigen Tier herumhurt«, zwölf Jahre Buße versprachen, keine reale Basis? Sprach Papst Hadrian I. 791 nur in Bildern, als er Karl I. den Großen belehrte, ein römischer Bischofskandidat werde vor der heiligen Weihe ausdrücklich nicht nur nach seinem Glauben befragt, sondern auch danach, ob und wie er Verkehr mit einer Frau, einem Knaben oder einem Tier genossen habe?

Auffällig bleibt, daß alle Details, die mit der Sexualität eines Papstes zu tun haben, neuerdings nicht einmal mehr offen angesprochen werden dürfen. Über so etwas »spricht man nicht«. Andererseits wird dies Prinzip bürgerlicher Moral nicht gleich streng auf alle Praktiken Roms angewandt. Das gilt vor allem für die Suche der Päpste nach Geldquellen. Sie wird als geradezu notwendig, keinesfalls als unmoralisch betrachtet und argumentativ entsprechend gebilligt, auch wenn bis auf weiteres keine Kinder mehr versorgt werden müssen.

Pius XII. Pacelli (1939–1958), kein Aristokrat von Geburt, sondern Sproß einer der kleineren »schwarzen Patrizier« Roms, war bei seiner Krönung offiziell als »Vater der Fürsten und Könige« und als »Lenker des Erdkreises« tituliert worden. Der Papst ließ sich wie keiner seiner Vorgänger sogar als »lebender Petrus« feiern. Und er lebte seit seiner Zeit als Päpstlicher Nuntius vierzig Jahre lang im Haushalt einer fast zwanzig Jahre jüngeren bayerischen Nonne, die frivole Zungen im Vatikan schlicht *La papessa* (Frau Päpstin) oder *virgo potens* (mächtige Jungfrau) nannten.

Dieser Papst hatte nach der Machtübernahme Hitlers seinen Wunsch und Willen geäußert, »ein blühendes, großes und starkes Deutschland« zu sehen. Während Hekatomben von

Juden gemordet wurden, schwieg er bekanntlich. Pius XII. hat Faschismus und Nazismus, solange deren Führer an der Macht waren und Millionen mordeten, nicht öffentlich und amtlich verurteilt. Doch Hitlers Angriffskrieg bekam seinen Segen wie später der Kalte Krieg. Die deutschen Bischöfe standen unter diesen Umständen nicht zurück. Die USA schließlich wurden nach dem Zweiten Weltkrieg »Waffenarsenal und Finanzquelle« der katholischen Kirche (K. Deschner).

»Die Kirche Christi geht den Weg, den ihr der göttliche Erlöser vorgezeichnet hat ... Sie mischt sich nicht in rein ... wirtschaftliche Fragen ein«, hatte der Papst gelehrt. Doch die Seinen, vor allem seine drei auf Empfehlung Mussolinis in den Fürstenstand erhobenen Neffen, förderte Pius XII. nach Gebühr: Neffe Marcantonio, Oberst der päpstlichen Nobelgarde, saß in vielen Aufsichtsräten. Der Lieblingsneffe Carlo erhielt mehrere vatikanische Ämter und nahm wichtige Funktionen bei Banken und Monopolgesellschaften wahr. Neffe Giulio, auch er unter anderem Oberst der Nobelgarde des Papstes, saß in verschiedenen Aufsichtsräten (Banco di Roma, Ital-Gas, Malpensa, PIBI-Gas). Die Einkünfte dieser drei Neffen, die nach dem Zweiten Weltkrieg an fast allen großen Finanzskandalen Italiens beteiligt waren, beliefen sich während der Amtszeit ihres Papstonkels auf ungefähr 120 Millionen DM.

Der als ätherische Hirtengestalt vermarktete Papst, der amtlich erklärt hatte, es werde immer Reiche und Arme geben, hinterließ seinerseits bei seinem Tod ein Privatvermögen in Gold und Valuten in Höhe von 80 Millionen.

Freilich soll die Kirche an sich ärmer sein, »als die meisten Menschen denken« (Johannes Paul II.). Daher versucht der seit 1978 regierende Heilige Vater, der vielleicht politisch und innerkirchlich gefährlichste Papst seit langem, seiner Kirche Geld zu beschaffen. Johannes Paul II. – »keinem Papst ist mehr gehuldigt und weniger gehorcht worden« (P. de la Rosa) – findet wie selbstverständlich seine Finanziers. Die Affären um vatikanische Banken und Erzbischöfe sind nicht vergessen. Allerdings fließt zur Zeit der Spendenstrom in den USA wegen der klerikalen Sexskandale spärlicher. Doch auch in der postkatholischen Epoche kostet eine päpstliche Segensurkunde dem Vernehmen nach an die 2500 Euro, Orden werden je nach Grad für Summen bis zu 60000 Euro verhökert, Adelstitel desgleichen. Der Preis für einen Baronen-Titel soll bei 150000 Euro liegen. Warum nicht? Noch dürfen jene harmlos Blinden seliggepriesen werden, denen kein Hirte die Augen öffnet.

So nicht?

Wir können doch nicht alle an dasselbe glauben

»Man höhnt manchmal, ich renne offene Türen ein. Ich bestreite nicht, daß das meiste meiner Kritik wenigen schon bekannt war. Aber ich bestreite, daß es den meisten bekannt ist. Und besonders bestreite ich das Bekannte.«

Robert Mächler, 1967

Eine Reaktion auf das vorliegende Buch, das als eine aus persönlichen Gründen erfolgende »Abrechnung« gedeutet werden wird, ist bereits zu kalkulieren: »*So* nicht«!

Wirklich nicht? Jedes Buch, das sich über den Schreibtisch hinauswagt, wird aufgrund bestimmter Fakten und wegen der notwendigerweise subjektiven Auswahl dieser Fakten Entscheidungen treffen und Wertungen in sich schließen. Irrtümer sind ebensowenig ausgeschlossen.

Dieser Grundsatz gilt, auch wenn sich kein einschlägiger Autor dazu bekennt, gerade für die »frömmsten« Schriften: Wer wollte bestreiten, daß bei ihnen Vorentscheidungen, Vorurteile, Vorlieben das Interesse leiten? Wer annehmen, nur kirchentreue Schriften besäßen einen womöglich unbestreitbaren Anspruch auf Objektivität? Diese wird zwar ungleich häufiger beansprucht als die von vielen mißtrauisch beäugte Parteilichkeit – und doch findet Objektivität sich so gut wie nicht. Am seltensten ist sie bei denen anzutreffen, die sie ständig wie ein Panier vor sich her tragen, als gelte es, auch wissenschaftlich einen »gerechten Krieg« zu führen. Schon die Wahl oder Nichtwahl eines Themas sind parteilich engagiert; das Erscheinen oder Nichterscheinen eines Buches nicht weniger. Wie wäre es auch hierin mit etwas mehr Ehrlichkeit?

Freilich sagte noch Anfang des 20. Jahrhunderts Kardinal

G. de Lai, der wichtigste Mitarbeiter des Papstes Pius X., als er auf die richtige Geschichtsschreibung in Sachen Papst und Kirche angesprochen wurde, »weniger Wahrheit und mehr Liebe« seien am besten.

Was daraus folgt? Ein krampfhaftes, ein verzweifeltes Zurechtschauen der Vergangenheit und Gegenwart. Doch wir wären gut beraten, die verschiedenen Meinungen »aufeinanderplatzen« (M. Luther) zu lassen und Endurteile weit in die Zukunft hinein zu verschieben. Niemand ist fähig oder befugt, ein Thema für erledigt zu halten. Viele anerkannte Denkleistungen sind schon weggefegt worden; die Wahrheit dankt es. Und Objektivität ist, wenn schon, denn schon, etwas anderes als eine verdauliche Speise oder eine Massenkost.

Wer sich mit den hier getroffenen Aussagen und Interpretationen nicht einverstanden zeigt, weil er sie mit seinem Weltbild nicht vereinen darf, mag jederzeit eigene Ergebnisse vorlegen und zur Diskussion stellen. Dann kann auch die gegenteilige Meinung begründet »*so* nicht« sagen. Er hätte freilich schon längst den Stand seines Wissens offen dartun können. Nicht wenige Jugendliche fragen zu Recht, beispielsweise über das Internet, Informationen nach.

Den Vorwurf, inmitten einer komplexer werdenden Welt nur eine auf wenige Ursachen reduzierte Deutung vorgelegt zu haben, nehme ich von jenen nicht an, die ihre eigene Welt seit eh und je reduziert interpretieren, nämlich auf Papst- und Kirchentreue bedacht und damit unverfroren unwissenschaftlich. Die ihren Brotberuf in der Kirche haben, finden und sammeln in aller Regel nur jene Fragen, die von den Betroffenen und Befaßten ertragen und daher auch bearbeitet werden können. Was sie selbst oder die Oberhirten oder das Kirchenvolk erschreckt und ängstigt, halten sie für halbwissenschaftlich. Daher schreiben sie, nicht ohne Imponiergehabe, Fragestellungen vor und weisen den Weg zu Methoden, die die richtigen Antworten auf die richtigen Fragen erbringen. Sie können nicht anders, sie leben davon.

Es gibt in der Forschung Angstgrenzen. Sie sind da gezogen, wo ForschHerren eine Untersuchung für abgeschlossen oder einen Text für gedeutet erklären. »Dies nenne ich die endgültige Wahrheit«, bestimmen sie, »denn dies ist alles, was man wissen muß.« Die Kategorie der Erträglichkeit wird zur Leitfigur des erkenntnisleitenden Interesses: Eine Frage kann damit als wissenschaftlich wertlos deklariert werden. Als unwissenschaftlich gilt auch eine richtige Antwort auf eine falsche Frage. Und so werden statt der Ist-Zustände vor allem Soll-Zustände beschrieben, eine der Lebenslügen der Theologie.

Auch selbsternannte Laienhistoriker und Amateurtheologen wollen stets alles so haben und lesen, wie sie es gewohnt sind und ihr Kirchenglaube es ertragen kann. Sie haben ihr Wissen aus dem Religionsunterricht und aus wohlaufbereiteten Sekundärquellen klerikaler Provenienz bezogen. Das hält sie nicht davon ab, eifrig mitzureden, als verstünden sie etwas von der Sache. Sie lieben nun einmal die Bestätigung ihrer Vorurteile und merken nicht, wie eng ihre Argumentationen ausfallen. Die mit einer eifernden Frömmigkeit gepaarte Engstirnigkeit solcher »Gläubigen«, unter ihnen leider manche Jugendliche, läßt an schlimme Verdrängungen denken. Was nicht sein darf, kann eben nicht sein.

Gewiß kann ich nicht den Anspruch erheben, alle Papstkinder der Geschichte entdeckt zu haben. Wie viele es waren, weiß niemand. Forschung hat zu ermitteln, was war und was ist, nicht, was sein könnte oder hätte sein sollen. Leistet sie das nicht, bedient sie die schiere Heuchelei.

Menschen erfinden Doktrinen, um ihre Ängste zu verhüllen und ihre Wunschträume zu befriedigen. Menschen erzählen sich ein Märchen nach dem anderen, um sich gegenseitig zu trösten. Und Verdrängungen gelten als Leistungen des angstbesetzten Individuums, als Mechanismen zur Abwehr von Triebwünschen und von den damit verknüpften Vorstellungen wie Erinnerungen, die im Konflikt mit anderen, als höherwertig definierten Forderungen (Gewissen, Über-Ich, Selbstzensur) stehen. Die Abwehr gegen Konfliktlagen, die Unlust oder Schmerz auslösen, läuft mechanisch ab. Nicht nur der einzelne Mensch, sondern eine ganze Gesellschaft wie die Kirche leistet sie sich. Beispiele sind Aggression, Regression, Realitätsleugnung, Sublimation, Überkompensation.

Wo aber steht geschrieben, daß wir alle miteinander stets dasselbe wissen dürfen, ja glauben müssen?

Einmal abgesehen von der Frage, ob die Welt überhaupt eine katholische Kirche brauche und diese einen Papst: A. Uhl spricht von Visionen und Projektionen in die Zukunft, von einer päpstlichen First Lady im Familienflügel des Vatikan. Er schließt die Frage an, die nicht wenigen Uralt-Frommen eine Gänsehaut beschert: »Würde beim Segen ›urbi et orbi‹ eine Frau mit drei Kindern im Hintergrund sehr stören oder gar den Segen verderben?«

Was, wenn nicht eigene Angst, hindert Theologen und Bischöfe, der innerkirchlichen Friedhofsruhe zu entkommen und sich ins Lebendige, Freie zu wagen? Die Bundesländer – und nicht die Kirchensteuer – besolden im übrigen, eine einmalige Spezialität Deutschlands, nach wie vor ein paar hundert Hochschullehrer der Theologie und die deutschen Bischöfe sowieso. Ist es da unbillig, von Theologen mehr als die gewohnt kirchendienerischen und damit für die eigene Stellung ungefährlichen Fragestellungen und Resultate zu erwarten? Wäre es nicht fair, einmal Ergebnisse vorzulegen, die nicht durch Verschweigen, Vertuschen, Schönfärben brillieren?

Jedenfalls wird in der herkömmlichen Forschung, der üblichen Taktik des Schweigens oder Ausweichens auf ungefährliche und längst dutzendfach durchgekaute Fragestellungen getreu, auch das Problem der Papstkinder eher beiläufig, wenn überhaupt, abgehandelt. Bleibt aber die Tatsache, daß Päpste Kinder zeugten und überreich versorgten, eine »aufs große Ganze gesehen« wirklich zu vernachlässigende Randerscheinung der Papstgeschichte? Auch wenn die meisten Kinder zunächst einmal Priesterkinder, Bischofskinder, Kardinalskinder waren, jedenfalls den Aufstieg ihres Vaters mitmachten und erst spät den Status eines Papstkinds erlangten (A. Uhl)?

Welches »große Ganze«, mit Verlaub? Etwa eine Institution, deren Geschichte eine Abfolge von Mord und Totschlag, Lug und Trug, Krieg und Landnahme, Fälschung und Verfolgung, Hurerei und Heuchelei darstellt? Die wie keine andere Kirche oder Religion so zielstrebig und verheerend, offen oder verdeckt, unter dem Vorwand der »Seelsorge« in der politischen Arena für ihr eigenes Fortkommen kämpft? Der sich dennoch ein Heer wohlbesoldeter Vernebler, nicht nur in weißen, purpurnen, violetten, schwarzen Soutanen, andient, um Geschichte wie Gegenwart in Weihrauch zu hüllen?

Sollte sich nicht auch dies ändern? Gewiß, die Kirche wird sich nicht ändern; sie fuhr bisher, wie sie war, nach eigener Einschätzung ganz gut. Doch ein schärferer Blick auf diese Institution täte vielen auch ganz gut.

»Sollte Dir, Heiliger Vater, dieses Büchlein gefallen und solltest Du mir das öffentlich zu erkennen geben, so will ich mich bemühen, mit ähnlichen Geschenken aufzuwartem.« (Ulrich von Hutten, 1488–1523)

Literaturverzeichnis

A. Ademollo, Alessandro VI., Giulio II. e Leone X. nel carnevale di Roma. Documenti inediti: 1499–1520 (Firenze 1886).

J.F.E. Albrecht, Julia Farnese. Aus den Zeiten Alexanders VI. (Berlin 1796).

E. Alvisi, Cesare Borgia, Duca di Romagna. Notizie e Documenti (Imola 1878).

G. Antonelli, Lucrezia Borgia in Ferrara (Ferrara 1897).

K.O. v. Aretin, Papsttum und moderne Welt (München 1970).

G. Barraclough, The Medieval Papacy (London 1968).

M. Batllori S.J., Die Renaissancepolitik Alexanders VI.: Rom–Italien–Spanien–Europa, in: E. Schraut (Hg.), Die Renaissancefamilie Borgia – Geschichte und Legende (Sigmaringen 1992), S. 24–27.

M. Bellonci, Lucrezia Borgia (Roma 1952).

J. Bernhart, Der Vatikan als Weltmacht (München 1951).

S. Bradford, Cesar Borgia. His life and times (London 1976, dt. Hamburg 1979).

J. Brambach, Die Borgia. Faszination einer Renaissancefamilie (München 1995).

M. Brion, Les Borgia (Paris 1979).

Ders., Die Medici. Eine Florentiner Familie (München 1975).

D. Büchel – V. Reinhardt (Hg.), Die Kreise der Nepoten (Bern 2001).

J. Burchardus, Tagebuch (Ausgabe L. Bianchi, Alla corte di cinque Papi, Milano 1988).

J. Burckhardt, Die Kultur der Renaissance in Italien (1866, Ausgabe Frankfurt a.M. 1989).

E. Burman, Italienische Dynastien (Bergisch Gladbach 1991).

M. Catalano, Lucrezia Borgia – Duchessa di Ferrara (Ferrara 1920).
E. R. Chamberlain, The Fall of the House of Borgia (London 1974).
I. Cloulas, Die Borgias. Biographie einer Familiendynastie (Paris 1987; dt. Düsseldorf 1994).
E. Cyran, Lucrezia Borgia. Fluch und Befreiung (Heilbronn 1990).

K. Deschner, Kriminalgeschichte des Christentums. 7 Bde. (Reinbek 1986–2002).
Ders., Die Politik der Päpste im 20. Jahrhundert (Reinbek 1991).
I. v. Döllinger, Die Papst-Fabeln des Mittelalters. Ein Beitrag zur Kirchengeschichte (München 1863, Nachdruck Essen 1992).
L. Duchesne (Hg.), *Liber Pontificalis*, 2 Bde. (Nachdruck Paris 1955 bis 1957).
W. u. A. Durant, Kulturgeschichte der Menschheit, Bd. 14, Das Zeitalter Voltaires (Köln 1985).

O. Ferrara, The Borgia Pope Alexander VI. (New York 1949, dt. Zürich 1957).
C. Fornari, Giulia Farnese. Una donna schiava della propria bellezza (Parma 1995).
R. Friedenthal, Luther. Sein Leben und seine Zeit (München 2003).
Ders., Ketzer und Rebell. Jan Hus und das Jahrhundert der Revolutionskriege (München 1984).
L. Fusero, Vita di Cesare Borgia (Milano 1966).

E. Garin (Hg.), Der Mensch der Renaissance (Frankfurt a.M. 1996).
F. Gilbert, Machiavelli and Guicciardini (Princeton – New York 1965, dt. Berlin 1991).
A. Gramsci, Note sul Machiavelli (Torino 1966).
G. Granzotto, Cristoforo Colombo (Mailand 1984).
F. Gregorovius, Lucrezia Borgia (Stuttgart 1875; mit einem Nachwort H. Lutz, München 1991).
Ders., Geschichte der Stadt Rom im Mittelalter (Hg. W. Kampf, München 1978).
M. Grillandi, Lucrezia Borgia (Düsseldorf 1991).

R. Guerdan, Cesar Borgia. Le Prince de Machiavel (Paris 1974).
H. Güttich, Die andere Lucrezia Borgia. Eine Fürstenehe in der Renaissance (Berg 1987).
F. Guicciardini, Storia d'Italia (Hg. R. Palmarocchi, Bari 1929).

M. Hermann-Röttgen, Die Geschichte der Borgia-Legende (Diss. Stuttgart 1992).
Dies., Die Borgia. Geschichte und Geschichten, in: E. Schraut (Hg.), Die Renaissancefamilie Borgia – Geschichte und Legende (Sigmaringen 1992) S. 15–23.
I. Hermann, Lucrezia Borgia und die Familienbande im Vatikan, in: H.-C. Huf (Hg.), Sphinx 2. Geheimnisse der Geschichte. Von Marco Polo bis Rasputin (Bergisch Gladbach 1998), S. 190–235.
R. Hernegger, Macht ohne Auftrag (Olten – Freiburg 1963).
H. Herrmann, Martin Luther. Eine Biographie (Berlin 2003).
Ders., Savonarola. Der Ketzer von San Marco (München 1977).
Ders., Die Stellung unehelicher Kinder nach kanonischem Recht (Amsterdam 1971).
K. Heussi, War Petrus wirklich römischer Märtyrer? (Stuttgart – Göttingen 1937).

M. Johnson, Casa Borgia (Roma 1982).

R. König, N. Machiavelli. Zur Krisenanalyse einer Zeitenwende (München 1979).
H. Kühner, Das Imperium der Päpste. Kirchengeschichte – Weltgeschichte – Zeitgeschichte. Von Petrus bis heute (Zürich – Stuttgart 1977).

F. La Torre, Del conclave di Alessandro VI. (Firenze 1933).
F. Leist, Der Gefangene des Vatikans (München 1971).
A. Leonetti, Papa Alessandro VI. secondo documenti e carteggi del tempo (Bologna 1980).
M. Lucentini, Rom. Wege in die Stadt (Augsburg 1995).

N. Machiavelli, Der Fürst (Nachwort H. Günther, Frankfurt a.M. 1990).
A. v. Martin, Soziologie der Renaissance (München 1974).
M. Müller (Hg.), Kirchenfürsten und Intriganten. Ungewöhnliche Hofnachrichten aus dem Tagebuch des Joannes Burcardus (Zürich 1985).
H. Münkler, Machiavelli. Die Begründung des politischen Denkens der Neuzeit aus der Krise der Republik Florenz (Frankfurt a.M. 1982).

K.-H. Ohlig, Braucht die Kirche einen Papst? (Düsseldorf 1973).

L. v. Pastor, Geschichte der Päpste seit dem Ausgang des Mittelalters. 16 Bde. (Freiburg i. Br. 1955–1961).
S. Poeschel, Pinturicchios Fresken im Appartamento Borgia. Die Gestaltung einer Papstwohnung, in: E. Schraut (Hg.), Die Renaissancefamilie Borgia – Geschichte und Legende (Sigmaringen 1992), S. 28–50.
Dies., Alexander Borgia, der heilige Vater. Bemerkungen zur Authentizität der Borgia-Bildnisse im Vatikan, ebd., S. 51–67.

L. v. Ranke, Die römischen Päpste in den letzten vier Jahrhunderten (Hg. J. Peevs) (o.O. 1996).
F. Rehm, Vaterlehren und Vorsichtslehren über die Keuschheit (Erfurt 1791).
C. Ricci, Il figlio di Cesare Borgia (Roma 1909).
H. Röttgen, Alexander VI. als »Patron« und Fürbitter oder »Die Würde des Hl. Petrus geht auch in einem unwürdigen Erben nicht verloren«, in: E. Schraut (Hg.), Die Renaissancefamilie Borgia – Geschichte und Legende (Sigmaringen 1992), S. 68–74.
E. Rücker, Hartmann Schedels Weltchronik (München 1988).

C. Saint-Lorent, Lucrezia Borgia – Aus dunkler Schale Gift und Lust (Bonn 1954).
L. Schmugge, Kirche, Kinder, Karrieren. Päpstliche Dispense von der unehelichen Geburt im Spätmittelalter (Zürich 1995).

E. Schraut (Hg.), Die Renaissancefamilie Borgia – Geschichte und Legende. Katalog des Hällisch-Fränkischen Museums Schwäbisch Hall, Bd. 6 (Sigmaringen 1992).

S. Schüller-Piroli, Die Borgia-Dynastie. Legende und Geschichte (Münhen 1985).

Dies., Die Borgia-Päpste Kalixt III. und Alexander VI. (München 1980).

F. X. Seppelt – G. Schwaiger, Geschichte der Päpste von den Anfängen bis zur Gegenwart (München 1964).

C. Shaw, Julius II. The Warrior Pope (Oxford 1993).

A. Spinosa, La Saga dei Borgia (Milano 1999).

P. Stanford, Die wahre Geschichte der Päpstin Johanna (Berlin 1999).

T. Tomasi, La Vita del Duca Valentino (Monte Chiaro 1655).

B. Tuchman, Die Torheit der Regierenden. Von Troja bis Vietnam (Frankfurt a.M. 1984).

A. Uhl, Papstkinder. Lebensbilder aus der Zeit der Renaissance (Düsseldorf–Zürich 2003).

J. van Ussel, Sexualunterdrückung. Geschichte der Sexualfeindschaft (Gießen 1979).

M. Vannucci, I Borgia. Dalla Spagna a Roma. La storia di una famiglia che del potere e della ricchezza fece il proprio Dio (Roma 2002).

C. Weber, Senatus Divinus. Verborgene Strukturen im Kardinalskollegium der frühen Neuzeit (1500–1800), (Frankfurt a.M. 1996).

M. Yeo, The greatest of the Borgias (London 1936).

C. Yriarte, César Borgia. Sa vie – sa captivité – sa mort (Paris 1930).

R. Zapperi, Die vier Frauen des Papstes. Das Leben Pauls III. zwischen Legende und Zensur (München 1997).

H. Zimmermann, Das dunkle Jahrhundert. Ein historisches Porträt (Graz – Wien – Köln 1971).

Starke Geschichten.
Historische Romane bei AtV

DONNA W. CROSS
Die Päpstin
Der Bestseller: Millionen haben sie verschlungen, die mitreißende Geschichte der Päpstin Johanna von Ingelheim. »Donna W. Cross erzählt Johannas Geschichte als spannendes und historisch glaubwürdiges Beispiel einer unglaublichen Emanzipationsgeschichte.« BRIGITTE
Roman. Aus dem Amerikanischen von Wolfgang Neuhaus. 566 Seiten. AtV 1400. Audiobuch: Hörspiel mit Angelica Domröse, Hilmar Thate u. a. DAV 069

FREDERIK BERGER
Die Geliebte des Papstes
Rom, Ende des 15. Jahrhunderts: Der Adlige Alessandro befreit die junge Silvia aus der Hand von Wegelagerern. Beide spüren, daß sie ein besonderes Schicksal verbindet. Erst drei Jahre später treffen sie sich wieder. Sie lieben sich noch immer, Silvia ist aber einem anderen versprochen. Doch Alessandro gibt nicht auf. »Das ist beste Spannungslektüre voller Abenteuer, Leidenschaft und Sinnlichkeit und – das alles beruht dennoch auf Tatsachen!« WILHELMSHAVENER ZEITUNG
Roman. 568 Seiten. AtV 1690

PHILIPPA GREGORY
Die Farben der Liebe
Die Geschichte einer verbotenen Liebe während der Zeit des Sklavenhandels in England: Francis, ungeliebte Ehefrau eines Bristoler Kaufmanns, soll für ihren Gatten Sklaven von der Westküste Afrikas zu Hausmädchen und Butlern ausbilden. Unter Francis' ersten Schülern ist ein Schwarzer vornehmer Herkunft, viel gebildeter und sensibler als ihr rauhbeiniger Ehemann. In seinen Armen findet sie endlich Zärtlichkeit und Leidenschaft.
»Viel Intensität und innere Spannung« NEUE RUNDSCHAU
Roman. Aus dem Englischen von Justine Hubert. 540 Seiten. AtV 1699

GUIDO DIECKMANN
Die Poetin
Deutschland im Spätsommer 1819: Mit Frau und Tochter reist der Tuchhändler Joseph Schildesheim nach Heidelberg. Tochter Nanetta, frühreif und wissensdurstig, fällt es schwer, den Verlockungen der Heidelberger Altstadt zu widerstehen. Als sie ein Treffen von Verschwörern belauscht, gerät sie plötzlich in den Verdacht, eine wichtige Depesche gestohlen zu haben.
Roman. Originalausgabe. 297 Seiten. AtV 1661

Mehr Informationen erhalten Sie unter www.aufbau-verlag.de oder bei Ihrem Buchhändler

AtV